영미
아동청소년문학의 이해

앨리스에서 캣니스까지

영미아동청소년문학의 이해
앨리스에서 캣니스까지

인 쇄 2019년 1월 23일
발 행 2019년 1월 28일

저 자 이수진
발행인 정병석
발행처 전남대학교출판문화원

등 록 1981. 5. 21. 제53호
주 소 61186 광주광역시 북구 용봉로 77
전 화 (062) 530-0571~2 마케팅 530-0573
팩 스 (062) 530-0579
홈페이지 http://www.cnup.co.kr
이메일 cnup0571@hanmail.net

값 18,000원

ISBN 978-89-6849-594-6 (93840)

이 도서의 국립중앙도서관 출판예정도서목록(CIP)은
서지정보유통지원시스템 홈페이지(http://seoji.nl.go.kr)와
국가자료종합목록시스템(http://www.nl.go.kr/kolisnet)에서 이용하실 수 있습니다.
(CIP제어번호 : CIP2019002860)

영미
아동청소년문학의 이해

앨리스에서 캣니스까지

이수진 저

전남대학교출판문화원

저자의 말

책을 읽는 일은 여행하는 일과 같다.
새로움을 만나는 기대와 설렘을 가득 품고
마음에 드는 곳에 앉아 따뜻한 차 한 잔 마시며 휴식할 수 있고
때로는 길을 헤매며 같은 자리를 빙빙 도는 듯하지만
어느 순간 눈앞에 펼쳐지는 마법 같은 광경을 마주할 수 있기 때문이다.

책을 읽고, 책 속에서 즐거움을 찾으며, 즐거움을 나누기 위해
긴 시간을 고민하며 책상 앞에 앉아있었고
강의실에서 학생들을 만났다.

여전히
부족하다는 걸 느낀다.
그 부족함이 불러오는 부끄러움을 무릅쓰고 다시 두 번째 책을 엮는다.

첫 번째 연구모음집인『판타지 매혹적 상상의 세계: 영미아동문학 들여다보기』에서 다루었던 작품들에서 관심을 더욱 확장시켜 이번 연구모음집에서는 영미권의 아동문학, 청소년문학, 그림책, 전래동화와 이에 기반한 영화들, 동화책을 활용한 영어교육까지 다양한 주제의 글들을 담았다.
아동청소년문학과 영어교육에 관심을 갖는 학생들과 연구자들, 일반 독자들에게 조금이나마 도움이 되기를 바란다.

나의 부족함에 사랑으로 답해주시는 많은 분들이 떠오른다.
부모님과 두 딸, 가족들, 무한히 지지해주는 사랑하는 분들, 고민을 나누어주신 모든 분들에게 감사드린다.

일러두기

1. 이 책에는 그 동안 『현대영미소설』, 『근대영미소설』, 『영미문학교육』, 『영어영문학 21』, 『통합인문학연구』 등 다수의 학회지에 발표한 기고문들을 수정, 보완하여 재수록했다.
2. 수록 글들의 출처와 최초 발표 시기는 각 글의 맨 마지막에 밝혀두었다. 최초 발표본의 제목과 내용을 다소 손질하였음도 아울러 밝힌다.

Ⅰ. 젠더

Ⅱ. 이야기의 힘

Ⅲ. 성장의 고통

Ⅳ. 문학작품을 활용한 영어교육

I

젠더

앨리스와 분노하는 여성들
『앨리스』 시리즈

Ⅰ. 앨리스, "너는 누구냐"

판타지 문학의 즐거움은 현실과는 다른 시공간에서 색다른 인물들이 벌이는 엉뚱한 모험에 있다. 루이스 캐럴(Lewis Carroll)이 『이상한 나라의 앨리스』(*Alice's Adventures in Wonderland*)와 『거울 나라의 앨리스』(*Through the Looking-Glass and What Alice Found There*)를 쓸 때 가장 염두에 둔 것은 어린이독자가 느끼게 될 이런 즐거움이었다. 19세기 이전의 아동문학은 대체적으로 교훈적 태도를 견지하면서 아이들에게 어떤 식으로든 도덕적 가치관을 정립시키고 미덕을 가르치려 했다. 이에 대해 단턴(Harvey F. J. Darton)은 "어린이를 위한 책들은 항상 가르침과 즐거움, 억압과 자유, 내키지 않은 도덕과 자연스러운 행복 사이 전투의 장이었다"(v-vi)고 설명한다. 반면, 19세기에 출판된 에드워드 리어(Edward Lear)의 『넌센스 책』(*A Book of Nonsense*)과 더불어 캐럴의 『이상한 나라』는 "도덕이 아니라 상상력이 지배적인 역할을 담당하는"(Manlove 21) 시기를 열어젖힌 획기적인 작품이었으며, 당시 아동들을 겨냥한 작품들과는 다르게 교훈이나 가르침을 전면에 내세우지 않았다.

『이상한 나라』에서 언니가 읽던, “그림도 대화도 없는”(9) 지루한 책에서 앨리스를 벗어나게 해 준 것은 조끼에서 시계를 꺼내 “이런, 늦고 말 거야”(9)를 연발하며 달려가는 분홍색 눈의 흰토끼(White Rabbit)였다.[1] ‘그림도 대화도 없는’ 재미없고 지루한 책의 세계는 아이들에게 지식과 예의범절을 가르치며 교훈을 늘어놓는 당시의 교훈서와 예절책에 대한 캐럴의 통렬한 풍자이다. 상상력을 억압하는 이런 세계를 벗어나게 만드는 것은 앨리스가 품고 있는 강렬한 호기심인데, 그녀는 곧장 토끼굴을 통해 흥미로움과 즐거움이 가득 찬 세상으로 떨어진다. 이 세계에는 현실세계에서 결코 만날 수 없는 엉뚱한 인물들이 등장한다. 담배를 피우면서 “너는 누구냐”(40)를 연발하는 애벌레(The Caterpillar), 미소를 짓거나 공중에 뜬 채로 사라지는 체셔고양이(The Cheshire Cat), 눈물을 뚝뚝 흘리며 바다 속 학교 이야기를 들려주는 가짜 거북(The Mock Turtle), 담벼락 위에 위태롭게 앉아있는 험티 덤티(Humpty Dumpty) 등을 만난 독자들은 앨리스가 모험하는 판타지 세계의 놀라운 인물들에 흥분을 감추지 못할 것이다.

물론 앨리스가 즐거움과 당황스러움을 동시에 안겨주는 이런 인물들만 만나게 되는 것은 아니다. 앨리스의 판타지 세계에는 쉽게 분노하는 거친 여성인물들도 등장한다. 아름다운 장미정원을 다스리는 하트의 여왕(The Queen of Hearts), 커다란 머리에 사각턱을 한 공작부인(The Duchess), 공작부인의 부엌에서 일하던 요리사, 거울 나라에서 만난 붉은 여왕(The Red Queen) 등은 모두 화를 잘 내고 남의 말을

---

1 Lewis Carroll, Alice’s Adventures in Wonderland *and* Through the Looking-Glass and What Alice Found There. Ed. Peter Hunt (Oxford: Oxford UP, 2009). 원문 인용은 이 책을 사용한다. 각각 『이상한 나라』와 『거울나라』로 약칭하며, 두 권을 함께 논의할 때는 『앨리스』라 칭한다.

끝까지 듣지 않으며 때로는 상대방을 무시하거나 없애려 한다. "사려 깊고 예의바르며 관대하고 정직하며 정중한 빅토리아 시대 소녀의 이상화된 버전"(Susina 40)인 앨리스는, 때로는 당돌하며 무례하기도 하고 자신만만하여 자신이 하고 싶은 말을 어떻게든 하고야 만다. 이런 점에서 앨리스와 판타지 세계의 거친 여성인물들과의 연관성을 생각하지 않을 수 없다.

『앨리스』가 전래동화나 당대에 쓰인 아동문학 작품과 차이를 보이는 지점이 바로 여기에 있다. 주인공이나 주인공 주변의 여성인물들이 자신의 처지를 알고 순종적인 태도를 보이며 타인을 위해 희생하는 미덕을 발휘하고 가정의 가치를 중시하는 가부장적 이데올로기를 재현하는 내용을 담은 것이 전래동화나 18세기 혹은 19세기 초반의 작품들이라면, 이와 달리 앨리스와 『앨리스』에 등장하는 여성들은 수동적이거나 순종적이지 않으며, 남을 위해 자신의 삶을 희생하지도 않는다. 한편 남성인물들의 재현은 『앨리스』나 다른 아동문학작품들 사이에서 차이를 발견하기 어렵다. 남성들은 주로 주인공들을 직접적으로나 간접적으로 돕는 역할을 담당하며, 대체적으로 관대하고 여성인물들에 비해 상대적으로 어리석거나 자비로운 인물들로 등장한다. 그들이 어리석은 인물로 그려진다고 해도 남성인물들의 공적 위치는 확고하며 많은 경우 일정한 권위를 지닌 위치를 점유하는 듯 보인다.

『앨리스』에 대한 연구는 국내외에서 요약할 수 없을 정도로 다양한 관점으로 진행되어 왔다. 앨리스의 성장의 문제와 정체성 연구, 작품 전반에 걸쳐 드러나는 언어유희 탐구, 꿈과 현실의 경계를 무너뜨리는 환상적 요소에 대한 분석을 비롯하여 시대적 풍자로서의 정치적 해석 등 간략히 열거하기 어렵다. 이 글에서는 그동안 연구되어 온 성장 문제와 정체성 찾기, 언어유희, 환상적 요소들에 대한 논의의 전면에, 여성인물들과 남성인물들의 재현방식을 부각시키고자 한다. 앨리스를 비롯한 공작부인과 하트의 여왕에 대한 서술과 재현의 방식을 살펴볼 때, 한결같이 화를 내거나 상황을 악화시키는 인물들로 그려지고 있다는 점이 이 글이 제기하는 논의의 출발이 되었다. 캐럴은 라임(rhyme)이나 펀(pun), 혼성어(portmanteau)[2] 등의 언어유희를 즐겨 사용하여 이야기의 즐거움을 배가시킨다. 캐럴이 만들어내는 즐거운 혼돈의 단어들 속에서 여성인물들의 재현이 어떻게 다루어지는가를 살펴보며, 19세기에 쓰인 아동문학에서 그려지는 남성인물과 여성인물들을 일별하고, 두 권의 『앨리스』 책에 등장하는 인물들과의 젠더 재현방식의 차이를 통해 앨리스의 성장의 문제를 분석한다.

Ⅱ. 성역할의 재현방식

빅토리아 시대 아동문학의 발전에 영향을 미친 것은 크게 두 가지로, 하나는 어린이와 어린시절을 이상화하는 낭만주의적 시각이었으며, 다른 하나는 산업혁명이었다. 특히 산업혁명은 급속한 도시화, 중산층의 발전과 가정 이데올로기의 확산을 가져온다. 경제적으로 힘을 얻고 여유를 갖게 된 중산계급은 가정과 아이들의 교육에 많은 시간을 들이게 되었는데, "가족이라는 가치는 사회적, 성적 안정성을 나타냈고, 어

2 캐럴은 『앨리스』에서 전래동요인 너서리 라임(nursery rhyme)을 패러디하여 사용하기도 하고, "고양이가 박쥐를 먹는가? 박쥐가 고양이를 먹는가?"(Do cats eat bats? Do bats eat cats? [11]) 같은 라임을 이용한 말장난을 즐겨 사용했다. 혼성어의 대표적인 예는 『거울나라』의 첫 부분에 등장하는 시 「재버워키」("Jabberwocky")에서 찾아볼 수 있다.

린이는 순수함과 순결함을 암시"(Wullschläger 15)하게 됨에 따라 아동 문학 시장은 대단한 발전을 거듭하게 된다.

빅토리아 시대의 작가들이 영향을 받은 낭만주의의 중요한 특징 중 하나는 "어린시절에 대한 환상과 세계에 대한 순수한 인식을 되찾으려는 욕망"이었다(Thacker and Webb 13). 어린시절을 자신들이 되돌아가야 할, 그렇지만 되돌아갈 수는 없는 원형으로 여겼던 그들은 노스탤지아를 품고 어린이와 어린시절을 바라보았다.

> 어린시절은 종종 어른들의 타락과 책임으로부터 피신처가 되는 공간으로 여겨진다. 이러한 관점은 어린시절에 대한 낭만주의의 개념에서 생긴 것이다. 낭만주의자와 그 계승자들에게 어린이들은 어른들보다도 훨씬 더 많은 상상적 힘을 지니고 있으며, 자연과 신에 가까운 순진하고 순수한 존재였다. 그들은 희망과 미래의 상징이었다. (Hintz and Ostry 5-6)

어린이를 '희망과 미래의 상징'으로 보는 어른작가들의 이런 태도는 작품 속에 그대로 반영되는데, 어린이 주인공은 어리고 미숙하지만 주어진 시험을 통과하고 고난을 겪으며 성장한 뒤 마침내 타락한 어른들과 부패한 어른세계를 구원하는 자가 된다. 만일 타락한 세계에 대항할 힘이 부족하다면 구원자가 되도록 교육을 받아야만 한다. 이에 대해 킨케이드(James Kincaid)는 어린이에게 부여되는 "순수성의 특질은 '보호되는' 것일 뿐만 아니라 가르치고 강화되는 것이다"(72)고 주장한다. 다시 말해서 어린이가 갖는 순진성과 순수성이란 분명히 보호받아야 마땅한 것으로 여겨지지만, 실제로는 어린이에게 순진해야 하고 순수해야 한다는 것을 가르치고 주입하는 것 역시 어른작가들의 의도에 따른 것이다.

이렇게 아동을 순진하고 순수한 존재로 전형적으로 그리는 것처럼 여성인물들에 대한 묘사 역시 전형성을 벗어나지 못한다. 보통 여성인물들의 경우(소녀주인공을 포함하여) 가정을 지키고 가족들에게 헌신하며 자신의 삶을 뒷전에 미룬 인물을 이상적인 어머니/아내/딸로 그린다. 19세기까지도 아동문학에서 소년, 소녀의 역할에 대한 개념은 특정한 지배 이데올로기를 벗어나지 못했으며, "19세기 후반 어린 관객을 위한 작품들은 젠더에 따라 구분되었다"(Thacker and Webb 53). 니콜라예바(Maria Nikolajeva) 역시 "아동소설에서 소녀들은 여성으로서 그리고 어린이로서 이중으로 억압받는다"(151)고 주장한다. 여성이나 소녀에게 가정을 돌보고 가부장제사회를 지지하는 미덕을 가르치기 위하여 일정한 규범과 교묘한 억압적 통제가 시행된다.

남성을 위한 공적 영역과 여성을 위한 사적 영역의 구분이 확실하던 시기에 젠더 역할에 대한 사고를 강화시키는 방향으로 아동문학작품들이 쓰였다는 것은 쉽게 알 수 있다. 노들만(Perry Nodelman)은 "청소년을 위한 소설이든, 어린아이들을 위한 그림책이든간에 소년을 위한 텍스트는 […] 여전히 더 넓은 세상 바깥에서 활기찬 모험을 반복하는 경향이 있다. 소녀들을 위한 책들은 […] 가정적 배경과 관계를 반복하는 경향이 있다"(173)고 설명한다. 소년들이 집을 떠나 모험을 통해 신체적 정신적 지평을 열어젖힐 때, 소녀들은 여전히 집안에 머무르며 예절과 관습을 배우고 남성 세계의 순종적인 지지자이자 봉사자가 될 것을 요구받는다. 가부장제 사회에서 여성들에게 요구되는 순종과 인내 같은 덕목들은 현실 세계의 소녀들에게 그리고 작품 속의 소녀들에게도 동일하게 요구된다.

어린이주인공들을 돌보고 교육시키는 것은 주로 여성인물들로, 이들에게서 소년과 소녀에 대한 상이한 태도를 쉽게 찾아볼 수 있다. 특히 소녀가 주인공인 경우 가정 내에서 여성에게 요구하는 역할을 피해갈 수 없다. 전래동화에는 이런 역할의 요구가 매우 분명하게 드러나는데, 예를 들어 백설 공주(Snow White)는 사악한 왕비의 위협에서 달아나 일곱 개의 산을 넘어 도착한 일곱 난쟁이 집에서 "집을 지키고, 요리하고, 잠자리를 정리하고, 빨래하고, 바느질하고, 뜨개질하고, 모든 것을 깔끔하고 단정하게 해 놓겠다"(Tatar 85)고 약속한 뒤에 그 집에 머물 수 있었다. 신데렐라(Cinderella)는 "날마다 해가 뜨기 전에 일어나 물을 긷고 불을 피우고 요리하고 청소했다"(Tatar 117). 18세기 후반이나 19세기 초반에 이르렀을 때 당대의 가치관을 교육시키는 것이 바람직한 아동문학의 방향이라고 믿었던 엣지워스(Maria Edgeworth) 같은 작가들은 작품 속에서 소년과 소녀의 역할을 분명하게 설정하고 이를 통해 교훈을 주려 애썼다.

이후 19세기의 아동문학에 등장하는 여성인물들은 때로는 자애롭게 때로는 매섭게 아이들을 훈육하여 성장시킨다. 캐럴과 동시대를 살았던 킹슬리(Charles Kingsley)의 『물의 아이들』(*The Water Babies*)과 맥더널드(George MacDonald)의 『북풍의 등 뒤에서』(*At the Back of the North Wind*)에는 톰(Tom)과 다이아몬드(Diamond)라는 소년들이 등장하는데, 이들은 여성인물들로부터 정신적인 지지를 받고 보다 나은 인물로 성장할 수 있는 커다란 도움을 얻는다. 『물의 아이들』에서 톰을 가르치는 물의 요정들은 이름부터 매우 교훈적인데,[3] 이 시기까지의 아동문학에서 소녀/여성의 재현은 아이들의 양육을 담당하는 어머니/

3 물의 요정들의 이름은 "남한테한만큼너도받으리" 요정(Mrs. Bedonebyasyoudid)과 "남한테바라만큼너도하라" 요정(Mrs. Doasyouwouldbedoneby)으로, 바른 생각과 행동에 대한 교훈을 담고 있다.

양육자가 되거나 순결한 천상의 존재인 천사가 되는 등, 둘 중 하나의 이미지로 고착되어 있다는 것을 보여준다.

이러한 작품들에서는 순수한 어린이와 돌보는 여성 사이의 연관성이 당연하게 받아들여진다. 여성인물들의 자애로움과 단호함은 어린이 주인공을, 특히 남자어린이를 훌륭한 어른으로 키우는 데 절대적으로 요구되는 덕목으로 그려진다. 이상적인 가정과 이상적인 모성의 이데올로기 교육을 위해서 "18세기 이래 숙녀를 위한 행실 규범서가 양산되어 어린 소녀들에게 순종과 겸양과 헌신을 강요했고, 모든 여성들에게 그들이 천사처럼 되어야 한다는 것을 상기시켰다"(Gilbert and Gubar 23). 씨엘(Elizabeth Thiel) 역시 빅토리아 시대에 이상적인 가정과 가족의 모습이 어떻게 신화화되어 아동문학에 반영되었는가에 대해 다음과 같이 분석한다.

> 세기의 초반에 울려 퍼진 가정과 가족의 신화는 동시에, 자식들의 도덕적이며 혹은 정신적인 행복을 위해 헌신하는 아버지와 어머니가 그들의 의무를 늘 잊지 않고 항상 마음을 쓰고 있다는, 그런 세계의 원형을 만들어내기 위하여 대중적인 아동문학을 통해서 복제되었다. (5)

이렇듯 어린이가 새하얀 눈같이 타락하지 않은 순수하고 천진난만한 상태로 풍요로운 어린시절을 보내려면, 이 어린이를 잘 돌보고 가르치는 모성을 지닌 자애로운 여성이 필요하다는 인식이 당연시되었다. 이런 여성의 모습은 아동문학 속 바람직한 어머니/돌보는 사람/여성으로 이상화된다.

『피터 팬』(*Peter Pan*)의 웬디(Wendy)조차 네버랜드(Neverland)에 날아가서는 잠자리를 정리하고 양말을 꿰매는 등 집안일을 해야만 한다.

웬디가 피터 팬을 따라 나선 이유 중 하나는 네버랜드의 집 없는 소년들(The Lost Boys)의 엄마가 되어달라는 피터 팬의 요청을 거절하지 못했기 때문이다. 피터 팬은 "아무도 밤에 우리에게 이불을 덮어준 적이 없어"(*Peter Pan* 31)라는 말로 웬디의 모성애를 자극하고, 후크 선장(Captain Hook)은 아이들에게 엄마가 생겼다는 말을 듣고 "게임은 끝났어"(*Peter Pan* 77)라고 좌절한다. 돌보고 양육하는 양육자이자 어머니로서의 역할이 웬디에게 요구되는 것이다. 『오즈의 놀라운 마법사』(*The Wonderful Wizard of Oz*)의 도로시(Dorothy)도 서쪽 마녀에게 붙잡혔을 때 "냄비와 주전자를 닦고 마룻바닥을 쓸고 땔감을 넣어 불을 잘 피우라는"(*Oz* 151) 등 청소와 집안일을 하라는 명령을 받는다. 서쪽 마녀를 없애버리면서 도로시가 한 일 역시 가사노동과 관련된 것으로, "물 한 양동이를 더 가져와 지저분한 것 위에 뿌렸다. 그리고는 그것을 문밖으로 쓸어내 버렸"(*Oz* 155)던 것이다.

소녀주인공들은 여성들의 사적영역의 일을 그대로 배우도록 강요당하는데, 초도로우(Nancy J. Chodorow)가 지적하듯이 "여성의 어머니노릇이, 젠더 활동의 다른 모습들처럼 여성 역할 훈련이나 역할 동일시의 산물이 된다"(45). 성인 여성일 경우 그들은 어린이주인공을 돌보고 양육하는 모성적인 인물이어야 하며, 그렇지 않을 경우 대부분 악인이나 마녀가 된다. 자신의 모험이나 주체성의 탐색 대신에, 그리고 자신의 능력을 발휘하고 계발하여 더 나은 인물로 성장하는 데 힘을 쏟는 대신에, 이들 여성인물들은 모성성을 지니고 누군가를 돌보며 자신을 지우며 희생하는 가정이데올로기와 가부장제 이데올로기에 봉사했던 것이다.

Ⅲ. 『앨리스』의 여성인물들

『앨리스』에는 이와 전혀 다른 특성을 지닌 여성인물들이 등장한다. 이 여성들은 누군가를 위해, 혹은 무엇을 위해 자신을 지워버리지 않으며, 상대방에게 교훈을 주거나 가르치려는 의도도 없다. 잭슨(Rosemary Jackson)은 "캐럴의 작품은 가장 명백하게 '환상적'이다. 그 작품들은 절대적인 의미나 '현실'을 재현하려는 주장을 하지 않는, 혼란스럽고 뒤집어진 현실을 그려내면서 의미의 문제에 관심을 기울인다"(141)고 설명한다. 호기심에 가득 찬 모험을 좋아하는 소녀 앨리스는 끊임없이 자기 자신에 대해 의문을 갖고 "나는 누구지? 어제의 나와 오늘의 나는 달라졌나?"(18)를 묻는다. 앨리스가 하는 질문의 답은 물론 당연히 "그렇다"이다. 모든 사람들은 매일 조금씩 자라고, 매번 새로운 상황에 놓이기 때문이다.

『앨리스』가 그리는 판타지 세계는 현실 세계와는 다른 질서와 논리가 자리 잡고 있다. 앞뒤가 맞지 않는 말들을 주고받는 이상한 인물들로 가득한, 무질서하고 혼란스러운 이 판타지 세계는 단어들이 그 의미를 잃어버리는 무의미의 공간, 즉 넌센스의 공간이다. 논리정연한 합리적 현실 세계에서 뒤죽박죽의 판타지 세계로 던져진 앨리스가 여러 번에 걸쳐서 그 정체성을 오인 받는다는 것은 당연한 일일지도 모른다. 또한 빅토리아 시대에 소녀나 여성에게 요구되는 덕목이 집 안에 머무르는 순종적이고 자기희생적인 미덕이라는 점을 생각해보면, 정중한 태도를 보이거나 예의범절을 지키지 않은 채 판타지 세계를 여기저기 모험하는 앨리스가 판타지 세계의 구성원들에게는 일종의 위협이 될 수밖에 없다.

앨리스뿐만 아니라 판타지 세계의 여성인물들 역시 끊임없이 다른 구성원들로부터 도전을 받는다. 앨리스가 흰토끼에 의해서 하녀로 오인 받는 상황은 이름을 잃어버린 여성들이 집이라는 사적 영역의 노동에 사로잡혀 있다는 것을 은유적으로 보여준다. 흰토끼는 앨리스를 자신의 하녀로 착각하고 "메리 앤"(Mary Ann)으로 부르면서 "당장 집으로 뛰어가서 장갑이랑 부채를 찾아와! 빨리, 당장!"(31)이라고 다그치며 심부름을 시킨다. '메리 앤'이 사람의 이름이라기보다 당시의 하녀들을 부르던 영국식 호칭이었다는 점(Gardner 38)에서, 앨리스는 이름조차 없는 존재로 격하되는 것이다. 흰토끼의 추궁에 놀란 앨리스는 자신이 메리 앤이 아니라는 대꾸도 하지 못한 채 집안으로 달려 들어가지만, 부채와 장갑을 찾다가 탁자 위에 있던 병의 음료를 마시고는 커다랗게 변한다. 흰토끼에 의해서 "메리 앤"이라는 이름 아닌 이름으로 불리게 된 앨리스는 몸이 너무 커져서 집밖으로 나올 수 없게 된다.

하녀의 본분이 주인의 명령에 순응하고 재빠르게 이를 수행하는 것이라고 본다면, 커다란 몸으로 집을 꽉 채워버린 '메리 앤'이 하녀의 역할을 제대로 하지 못하는 쓸모없는 존재가 되는 것은 명백하다. 그러나 집안에 갇힌 앨리스의 몸이 커지는 것을 신체적 크기에 비례한 힘의 크기로 생각해본다면, 앨리스/메리 앤을 하녀로 부리던 흰토끼에게 그녀는 쓸모없는 존재에 그치는 것이 아니라, 오히려 대단히 위협적인 존재가 되는 셈이다. 흰토끼는 자신이 통제할 수 없는 커다란 몸의 소녀를 집밖으로 쫓아내서 자신의 공간을 지켜야만 하고, 메리 앤의 상태로 쫓겨날 수 없는 앨리스는 손을 휘저으면서 흰토끼를 방해한다. 흰토끼가 앨리스를 집안에서 몰아내기 위해 불러온 정원사 빌(Bill)마저 앨리스의 발길질에 하늘로 날아가 버리자, 앨리스를 당해낼 수 없는 흰토끼는 "집을 불태워야겠군"(36)이라고 협박한다.

흰토끼네 집에서 일어난 일련의 소동은, 이름을 빼앗기고 '메리 앤'

과 같이 의미 없는 아무 이름으로나 불리는 여성의 삶의 조건을 반영한다. 이런 여성들은 사적 노동에 얽매인 채 집안에 갇히고, 일단 집안에 갇힌 여성은 집밖으로 나올 수 없다. 집이 불태워지거나 부서져 없어지지 않는다면 집에 갇힌 채로 살아야만 한다. 집안에 갇힌 여성의 몸이, 다시 말해서 여성의 힘이 앨리스처럼 커져서 집안 전체를 압도적으로 채우지 않는 한, 남성들은 여성들의 노동의 크기를 알지 못한다. 그런데 또한 만일 여성의 힘이 압도적으로 커지게 되면, 이를 위협적으로 느낀 남성들은 여성의 힘을 축소시켜 쫓아내려고 한다. 쫓아낼 수 없다면 흰토끼가 집 자체를 불태우려는 것처럼, 보다 폭력적인 방법으로 존재를 지워버리려 할 수도 있다.

'메리 앤'으로 불리면서 이름을 빼앗긴 앨리스는 다음 순간 "뱀"(47)이 된다. 단지 목이 길다는 이유로 비둘기가 앨리스를 뱀으로 오인하는 순간은 소녀/인간이라는 존재에 대한 의문이자 위협의 상황이다. 앨리스는 자신이 소녀라고 말하지만, 처음에는 목이 너무 길어서 소녀처럼 보이지 않기 때문에, 다음에는 알을 먹어보았다는 이유로 뱀이 되어버린다. 앨리스는 자신이 뱀과 관련 없는 이유를 열심히 설명하다가, 결국 "뱀들이 알을 먹는 것처럼 소녀들도 알을 먹어"(48)라고 말하면서 스스로 소녀와 뱀이 연관성이 있다는 것을 시인한다. 새커(Deborah Cogan Thacker)와 웹(Jean Webb)은 "앨리스는 여성이면서 뱀이라는 것을 받아들이는 함정에 빠진다"(67)고 설명한다. 앨리스와 비둘기의 대면은 앨리스가 판타지 세계의 구성원들에게는 이질적인 존재라는 것을 부각시키면서 동시에 앨리스가 겪는 정체성의 혼란을 극명하게 드러낸다.

이름과 존재에 대한 위협은 판타지 바깥세계에서 온 앨리스에게만 일어나는 것은 아니다. 『앨리스』 세계에 속한 다른 여성들은 분명 훨씬 더 극심한 위협에 시달리며 극도의 억압 아래 놓여있음이 틀림없다. 이 여성들은 항상 기분이 좋지 않고 성마르게 화를 내며 이해할 수 없는 행동과 말을 하고 때로는 정신이 나가있다. 공작부인의 집에서 앨리스는 공작부인이 아이를 돌보고 요리사가 요리를 하는, 지극히 일상적인 여성의 노동을 보게 된다.

> 문은 바로 커다란 부엌으로 이어져 있었는데, 부엌은 이쪽 끝에서 저쪽 끝까지 연기로 가득 차 있었다. 공작부인은 부엌 한 가운데 삼발의자에 앉아서 아기를 어르고 있었다. 요리사는 불 위에 몸을 수그리고 수프가 가득 담겨 있는 것 같은 커다란 솥단지를 젓고 있었다. (53)

하지만 정지된 그림이라면 행복했을지도 모르는 이 장면은 실제로는 요리사가 뿌려대는 후추와 아기 울음소리, 공작부인의 화난 목소리로 가득 차 있다. 음식이 만들어지는 따뜻한 공간이어야 할 부엌은 공작부인의 집에서 분노와 불안, 위협이 공존하는 공간으로 변한다. 공작부인은 우는 아이를 자장가로 달래는 것이 아니라 심하게 흔들어대면서 "이 꼬마 녀석한테 거칠게 말해야지/재채기를 하면 때려줄 테야"(54)라고 노래를 부른다.[4] 그녀는 앨리스가 말을 하려 하자 "성가시게 하지

4 가드너(Martin Gardner)는 공작부인이 아이를 어르면서 부르는 자장가가 「부드럽게 말해요」("Speak Gently")라는 시의 패러디라고 설명한다(62-64). 그런데 "네가 울면 때려준다"는 등의 혹독한 내용을 담은 공작부인의 자장가는 전래동요 자체에 대한 패러디로 볼 수도 있다. 전래동요의 시작은 사람들의 일상생활을 반영한 것이었으며 이 속에는 고단한 삶과 교훈적 태도가 동시에 들어있었다. 훨씬 더 가혹한 훈계와 처벌을 암시하는 전래동요들도 있다는 것을 생각해보면, 공작부인이 아이에게 불러주는 자장가는 신분과 지위에 상관없이 여전히 여성들의 삶의 조건은 변하지 않는다는 것을 보여주는 장치로 읽을 수도 있다.

마라"(54)고 나무라며, 심지어 요리사가 던진 접시에 맞아도 신경을 쓰지 않고 아이가 심하게 울어도 눈 깜짝하지 않는다. 오히려 조심하라고 말하는 앨리스에게 "너만 좋다면 아기를 돌봐도 된다"(55)면서 앨리스에게 아기를 던져버린다.

공작부인의 "거친 목소리"(54)는 단순한 신체적 특징이라기보다, 신체적으로나 심적으로 힘든 상태에 놓인 그녀의 신경질적인 반응이 만들어낸 음색이다. 공작부인은 가정이라는 여성의 공간에 얽매인 19세기 여성들의 어두운 측면을 반영한다. 그녀는 이상적인 여성이라면 '마땅히 지녀야 할' 모성성을 지키기 위해 열심히 양육에 매달리지만 결국 양육에 지치고 만 여성을 보여준다. 공작부인은 마침내 앨리스에게 아기를 던져버리면서 양육을 포기한 채 부엌을 박차고 나가버린다. 씨엘은 "빅토리아 시대의 이데올로기에 따르면, 이상적인 가정은 모두에게 대단히 실현가능한 것이었으며, 신성화된 가정의 울타리 안에 있는 가족들은 충분히 완전할 수 있었고 완전해야만 했다"(3)고 설명한다. 그러나 이 가정 이데올로기가 현실에서 실현되려면, 지배적 이데올로기를 떠받드는 여성들의 희생이 필요할 수밖에 없다.

부엌을 빠져나간 공작부인은 하트의 여왕의 귀를 때려 교수형을 선고받는 신세가 된다. 자기희생을 강요당하며 양육에 시달리던 공작부인은 결국 다른 여성을 향해 억눌린 억압을 분출해낸다. 그러면서도 공작부인은 "세상을 움직이는 것은 사랑"(79)이라고 주장하는데, 이것이 "자기 일에만 신경 쓰라"(54)는 말과 같다고 설명한다. '자기 일에만 신경 쓰라'는 말과 '세상을 움직이는 것은 사랑'이라는 말이 같은 뜻이라면, 결국 자기 일에만 신경 쓰지 말라는 뜻이 된다. 초도로우는 빅토리아 시대를 지난 뒤 두 세기가 흐르면서 오히려 가정 내에서 여성에게 부과되는 역할이 훨씬 더 커졌다고 말하면서 다음과 같이 설명한다.

> 유아와 아이를 돌보는 것은 점점 더 다른 친족들과 고립되어 가는 생물학적 어머니의 배타적 영역이 되었는데, 부모노릇을 하는 동안 그 어머니에게는 사회적 접촉의 기회가 더 적어지고 일상적 도움을 얻기가 더 어려워진다. 임금노동에 참여하는 것이 이것을 변화시키지 않는다. 여성이 집에 있을 때 그녀는 여전히 아이들에 대해 거의 전적인 책임을 지게 된다. (5)

공작부인 역시 양육에 대한 부담감과 가정에 대한 책임감으로 짓눌리는데, 이런 억압된 감정은 "불편한 정도로 뾰족한 턱"(80)으로 앨리스의 어깨를 누르는 것으로 표출된다. 그녀가 반복해서 읊조리는 '사랑'과 '교훈'은 스스로에게 하는 채찍질이면서, 동시에 이러한 노동을 개인에게 전적으로 떠넘기고 어떤 도움을 주려하지 않는 사회에 대한 조롱이 된다.

이러한 조롱의 태도는 공작부인의 요리사에게서도 볼 수 있다. 요리사는 자신의 본분에 충실하지 않는 인물로 그려진다. 사람들이 맛있게 먹을 수 있는 음식을 만들어야 하는 요리사가 요리를 하는 것이 아니라 오히려 요리를 먹을 수 없게 후추를 뿌려대는 것이다. 게다가 요리사는 가장 소중히 여겨야 할 요리기구들을 모조리 던져 깨뜨린다.

> 그녀[앨리스]가 말을 해보려고 하는 동안에, 요리사는 수프 냄비를 불에서 내리고는 곧 손에 잡히는 것을 족족 공작부인과 아기에게 던지기 시작했다. 다리미를 먼저 던지고는 소스냄비와 쟁반, 접시들을 닥치는 대로 던졌다. (53)

아기를 앨리스에게 맡기고 집을 나서는 공작부인의 등 뒤로 아무런 말도 없이 접시와 냄비 등을 던져대는 요리사는 『앨리스』의 모든 인물들을 통틀어 가장 짧게 등장하는데, 아무런 이유도 제시하지 않은 채 폭력을 행사하는 인물로 그려진다. 테니얼(John Tenniel)이 그린 삽화를 보면, 요리사는 부엌 한가운데 자리한 공작부인의 뒤쪽에서 한손에 후추통을 든 채 수프가 든 솥단지를 열심히 젓고 있다. 하지만 그녀의 얼굴 대부분은 머리 수건에 가려져있고, 오로지 심술궂게 그려진 입만 보인다(52). 그녀의 얼굴은 전혀 중요하거나 궁금하지 않으며, 필요한 것은 그녀의 노동력, 즉 그녀의 손이라는 사실이 드러난다. 래컴(Arthur Rackham)의 삽화는 테니얼의 삽화와는 달리 얼굴을 정면으로 보여주지만(Menges 18), 요리사의 화난 눈썹 아래 커다란 눈동자와 분노로 들끓는 표정, 그녀 뒤에 뭉게뭉게 피어오르는 후추 구름은 그녀가 얼마나 자신의 삶에 행복해하지 않는지를 명백하게 보여준다.

요리사는 부엌이라는 공간에 사로잡혀 끊임없는 일상적 노동에 종사해야 하는 여성들의 신경질적인 자아를 반영한다. 게다가 판타지 세계의 다른 여성인물들과는 달리 얼굴이 거의 드러나지 않으며, 드러나더라도 그녀의 현재 상태에 대한 어떤 설명도 덧붙여지지 않는다. 요리사는 유일하게 『이상한 나라』의 법정에서 말을 하지만, "싫어요"(102)와 "거의 후추에요"(102)라는 짧은 두 마디가 채 이어지기도 전에 동면쥐(Dormouse)가 그녀의 말을 가로막는다. 킨케이드에 따르면 "침묵은 빅토리아인들에게는 강한 부정적 끈으로 섹슈얼리티와 관련되어 있다"(36). 자신의 계급에 묶인 채 말할 기회를 박탈당한 요리사는 수프에 지나치게 많은 후추를 뿌리고 자신을 옭아매는 부엌 노동의 도구인 접시와 후라이팬을 여기저기 던져 깨뜨리는 것으로 자신의 분노를 드러낸다. 사적 영역에 갇힌 채 끊임없는 노동에 시달리지만, 그 노동에 대한 정당한 대우를 받지 못하며 침묵을 강요당하고 심지어 그 존재조차도 분명하게 드러나지 않는 당시의 하층민 여성들의 재현인 것이다.

귀족계급인 공작부인과 하층 노동계급인 요리사가 이렇게 불안하고 신경질적인 모습으로 그려진 이유가 그들의 신분상의 불안정이나 사회적 제약, 그들에게 부과된 노동의 과도함 때문이라고 한다면, 더 높은 계급출신은 다른 모습을 보여야만 할 것이다. 하지만 여성에게 가해지는 억압과 제약은 계급과는 상관없다는 것이 여왕을 통해 밝혀진다. 앨리스가 그토록 가고 싶어하던 아름다운 장미정원에서 만난 하트의 여왕은 요리사의 비천한 신분과는 비교도 하지 못할 정도의 고귀한 신분의 여성이다. 그녀는 이름에서부터 사랑을 뜻하는 하트를 갖고 있지만, 전혀 사랑을 보여주지 못하는 인물로 그려진다. 하트의 여왕이 가장 많이 하는 말은 '목을 쳐라'는 명령이며, 남의 말을 끝까지 듣는다거나 남의 상황을 배려하는 모습은 전혀 보이지 않는다. 장미정원에 위엄 있게 등장한 여왕은 엎드려 있는 카드정원사들에 대한 질문에 앨리스가 "제가 어떻게 알겠어요? 제 소관이 아닌 걸요"(72)라며 당돌하게 대답하자마자 "저 애의 머리를 잘라라, 머리를"(72)이라고 성마르게 명령한다. 화를 내는 여왕을 말리는 이는 "여보, 제발. 그 애는 그냥 어린아이라오"(72)라고 말하는 왕이다.

하트의 여왕을 묘사하는 단어는 모두 그녀가 어떤 성격의 인물인가를 쉽게 보여준다. 앨리스와 장미정원에서 마주친 장면을 묘사한 두 페이지만 살펴보더라도 "매섭게"(71), "성급하게"(71), "분노로 얼굴이 빨갛게 달아올랐다"(72), "잠시 동안 앨리스를 야수처럼 노려보면서"(72), "화를 내며 소리 지르고"(72), "커다란 쇳소리로"(72), "천둥 같은 목소리로"(73) 등의 표현들이 등장한다. '목을 쳐라'는 무시무시한 명령을 수시로 내리는 하트의 여왕은 심지어 법정에서 선고와 평결의 순서를 마음대로 뒤바꾸며 법정의 권위마저 자신의 마음대로 무시하려 든다.

하트의 여왕은 타인을 배려하지 않으며 참을성이 없고 상황이나 맥락을 고려하지 않는다. 자신의 입장만을 배타적으로 주장하는 그녀는 마치 원하는 것을 얻기 위해서 혹은 마음에 들지 않는 것을 표현하기 위해서 무조건 소리를 지르거나 떼를 쓰는 어린아이처럼 보이기도 한다. 하지만 다른 한편으로 하트의 여왕은 빅토리아 시대 여성들이 마음에 품고 있는 욕망의 반영이다. 정숙함과 예의범절이 강조되는 사회의 두터운 표층을 뚫고 나오려는 내면의 갈망은 억압이 강하면 강할수록 거친 모습으로 표현될 수밖에 없게 된다.

문제는 이렇게 대단히 폭압적으로 보이는 하트의 여왕에게 실제로는 어떤 힘이나 권위도 없다는 점이다. 장미정원에서 열린 크로케(Croquet) 게임에서 하트의 여왕이 너무 많은 교수형 선고를 내린 탓에 "반 시간쯤 지나자 골대가 하나도 남아있지 않았으며, 왕과 여왕, 앨리스를 제외하고는 모든 사람들이 수감되거나 교수형의 선고를 받아"(82) 게임은 엉망진창이 되어버린다. 그녀의 명령은 아름다운 장미정원을 죽음이 가득한 공간으로 만드는 위협적인 것으로 보일 수 있다. 하얀 장미를 심지 않았다거나 제대로 공을 치지 못한다거나 하는 사소한 이유들이 무시무시한 교수형 선고로 이어지기 때문이다. 하지만 이는 실제로는 실행되지 않은 공허한 명령에 불과하며, 장미정원에 드리워진 죽음의 그림자는 이상한 나라의 인물들이 받아들이는(혹은 받아들이는 체 하는) 한계 내에서만 작동할 뿐이다. 결국 그녀가 갖는 권위는 오히려 웃음거리가 된다. 노골적으로 여왕의 명령과 권위를 조롱하는 인물은 그리펀(Gryphon)이다. 그는 소리 내어 웃으면서 "모든 것은 여왕의 상상"(83)이라고 잘라 말한다. 이상한 나라가 하트의 여왕이 다스리는 공간이라면, 모든 구성원들이 그녀의 존재를 두려워해야 한다. 그러나 "아무도 교수형 시키지 않는다"(83)라는 사실을 알고 있는 그리펀은 여왕의 말을 심각하게 받아들이지 않는다. 판타지 세계 속의 상상의 동물인 그리펀에게서조차 하트의 여왕의 권위는 인정받지 못한다.

거울 속으로 들어간 앨리스가 그곳에서 만난 붉은 여왕 역시 하트의 여왕처럼 앨리스에게 명령을 내린다. 붉은 여왕의 명령은 위협이나 교수형 선고가 아니라, 오히려 그보다 더 큰 논리의 전복과 연결되어 있다. 모든 것이 뒤집어져 있는 거울 속 세상에서 살고 있는 붉은 여왕은 앨리스에게 무슨 일이든 반대로 해야 한다고 말한다. 붉은 여왕의 충고를 당시의 억압적인 가정 이데올로기에 대한 은유로 읽는다면, 억눌려 있는 여성의 입장에서 19세기는 뒤집어져야만 제대로 가는 세상이 되는 것이다.

> "지금이야, 지금!" 여왕이 외쳤다. "더 빨리! 더 빨리!" 그들은 정말 빨리 달려서 마침내 발이 거의 땅에 닫지 않고 공중으로 미끄러지듯 달리는 것만 같았다. 앨리스가 완전히 지쳤을 때쯤 갑자기 멈췄다. 앨리스는 숨을 헐떡거리면서 현기증이 난 채로 땅바닥에 주저앉았다. (145)

붉은 여왕과 앨리스는 이렇게 정신없이 달려보지만, 여전히 "계속 이 나무 아래에 있다"(145)는 것을 발견하게 된다. "같은 자리를 지키고 있으려면 계속 달릴 수밖에 없다"(145)고 붉은 여왕은 말하는데, 이는 거울나라가 두 배나 세 배의 속도로 달려야만 한 자리에 가만히 있을 수 있는 나라이며, 동시에 아무리 달려도 그 자리에 붙들려 있을 수밖에 없는 나라이기도 하다는 것을 보여준다. 여성이 무슨 일이든 반대로 해야 한다고, 앞으로 가려면 뒤로 가야 한다고 말한다고 하더라도 결국에는 '이 나무 아래'를 벗어날 수 없는 것이다. 하트의 여왕의 명령에 권위가 없는 것처럼 붉은 여왕의 충고는 혼란스러운 판타지 세계에 더 많은 혼돈을 초래할 뿐이다. 앞으로 가기 위해서 뒤로 걷고, 제자리에 있기 위해서 빨리 달리며, 목이 마르면 먼저 비스킷을 먹어야 하는 뒤죽박죽인 세상에서 그녀의 말이 권위를 갖기는 어렵다.

하트의 여왕과 공작부인, 요리사, 붉은 여왕이 보여주는 분노와 신경증, 거칠고 폭력적인 언사와 행동 등은 여성을 속박하는 19세기 가부장적 이데올로기를 벗어나려는 몸부림이다. 아름다운 장미정원은 앨리스가 "망원경처럼"(13) 몸을 작게 만들어서 들어가고 싶어 하는 이상적인 공간이지만, 하트의 여왕에게는 단 한 송이의 하얀 장미도 용납할 수 없는 신경증적인 빨간 장미의 정원으로, 그녀를 정신적으로 구속하는 공간이다. 그녀가 이 장미정원에서 무차별적으로 외치는 '목을 쳐라'는 명령이 누군가의 죽음을 외치고 있다고 볼 때, 그녀의 명령이 비록 권위 없는 허망한 외침에 불과하더라도 그녀는 진정으로 이곳을 죽음의 공간으로 만들어 그 안에 속한 모든 것을 지워버리려는 의도를 필사적으로 드러낸다. 하트의 여왕의 불합리하고 비논리적인 교수형의 남발은 결국 이 아름다운 장미정원의 구속을 없애버리려는 욕망, 자신이 속한 세계를 부정하려는 욕망, 나아가 이런 파괴의 행위를 통해 이 제한된 공간을 벗어나려는 욕망의 반영이다.

공작부인과 요리사는 가정과 부엌에 사로잡힌 존재들로, 각각 양육과 여성의 가사노동이라는 이상적 이데올로기에 구속당한다. 제약과 억압으로 가득 차 있으며 과도한 노동이 부과되는 구속의 공간이 된 가정은 여성들에게 "신성한 장소가 아니라 감옥으로, 자아발견과 독립을 위하여 절대적으로 도망쳐야만 하는 장소"가 된다(Rubenstein 2). 공작부인은 요리사보다도 더 규범에 매어있는데, 앨리스가 나타나기 전까지 그녀는 아이를 미워하면서도 차마 던져버리지 못하며, 아이를 괴롭히면서도 안고 있다. 가정과 부엌은 안전과 따뜻함, 돌봄의 공간이어야 하지만 실제로는 위협의 공간이 된다. 안전한 공간으로서의 집/가정/부엌은 철저히 거부된다. 하녀로 취급받았던 앨리스 역시 그녀가 집에 갇혔을 때 그 집에서 벗어나기 위해 자신을 위협하는 흰토끼와 도마뱀 빌을 발로 차서 날려버리고 손으로 잡아 던져버리려 한다. 자신의 뜻을 거스르는 사람들을 모두 교수형에 처하라고 소리치거나 연약한 아이를 때리고 던지거나 혹은 접시를 아무 곳에나 던져 깨뜨리는 등 이상한 행동과 과도한 반응, 이해하기 어려운 폭력성을 보이는 『앨리스』의 여성인물들은 자신들의 삶을 구속하는 모든 제약에 몸과 말을 동원하여 저항한다.

여성을 구속하는 제도와 이데올로기에서 벗어나려고 노력해도 벗어날 수 없다면, 그래서 자신의 분노를 발산하지만 아무런 권위를 가질 수 없고, 억압의 상황에 어떤 변화도 없다면, 그들은 미칠 수밖에 없다. 길버트(Sandra Gilbert)와 구바(Susan Gubar)는 "19세기 문학을 살펴보면, […] 물론 여성 작가들은 자신들의 반항적 충동을 여주인공이 아니라 미치거나 괴물 같은 여자에게 투사함으로써, 자신의 자아분열, 즉 가부장적 사회의 억압을 수용하고자 하는 욕망과 거부하고자 하는 욕망을 동시에 극화시키고 있다"(77-78)고 설명한다. 광기에 사로잡힌 여성인물들은 외부의 억압과 내부의 욕망 사이에서 분열하게 되고, 그들 내면의 광기는 폭발하며, 이 여성인물들은 결국 정신 나간 버린 여인, 하얀 여왕(The White Queen)이 된다.

> 하얀 여왕은 겁에 질린 듯한 기운 없는 얼굴로 앨리스를 바라보았다. 그러면서 계속 무언가를 혼자서 중얼거렸는데, '버터 바른 빵'이라고 말하는 것처럼 들렸다. 앨리스는 대화를 하려면 뭔가 해야만 한다고 느꼈

다. 그래서 앨리스는 조금 소심하게 물었다. "제가 지금 하얀 여왕께 인사드리고 있는 거지요?"

"글쎄, 뭐, 네가 그걸 옷 입기라고 부른다면 말이다." 하얀 여왕이 대답했다. "난 전혀 그렇게 생각하지는 않는단다."

앨리스는 대화를 시작하면서부터 논쟁을 벌이고 싶지 않았다. 그래서 웃으면서 말했다. "폐하께서 제게 시작하는 올바른 방법을 알려주시면 최선을 다할게요." (173)

하얀 여왕 역시 거울 속 세계를 다스리는 여왕 중 한 명이지만, 붉은 여왕과는 완전히 다르다. 붉은 여왕은 명령하고 충고하고 거울나라를 달려 다니지만, 하얀 여왕은 "겁에 질린 듯한", "어수선한", "우울한 목소리로"(173) 앨리스에게 의지한다. 혼자서 옷을 입으려 애쓰지만 순서가 뒤바뀐 탓에 제대로 입을 수 없는 하얀 여왕을 본 앨리스는 "모든 것이 다 비뚤어져 있다"(173)는 것을 알게 된다. 테니얼은 삽화에서 하얀 여왕을 초점 없는 눈동자에 흐트러진 머리카락을 하고 멍하니 서 있는 모습으로 그리고 있다. 판타지 세계를 다스리는 세 명의 여왕 중에 유일하게 무력하게 보이는 이 정신 나간 하얀 여왕은 어쩌면 거짓 권위와 스스로의 분노에 삼켜져 제정신을 잃어버린 하트의 여왕의 다른 모습일지도 모른다.

푸코는 "우울증은 결코 광포함으로 이르지 않는다. 우울증은 무력(無力)의 한계에 이른 광기이다"(437)고 설명한다. 이런 측면에서, 정신 나간 채로 서 있는 하얀 여왕의 내면 깊숙이 숨겨져 있는 것은 하트의 여왕의 분노이다. 길버트와 구바가 말하는 "다락방의 광녀"(the madwoman in the attic)가 심약한 인물의 신체적 정신적 결함 때문이 아니라 가부장제의 억압적 구조의 산물인 것처럼, 또한 전래동화의 사악한 계모나 마녀의 캐릭터가 마녀재판이라는 시대적 특성과 기득권을 지키려는 거대한 사회시스템과 관련되어 있는 것처럼, 마찬가지로 하얀 여왕 역시 단지 정신이 나가 돌봐주어야 할 어수룩한 인물이 아니라 내면의 욕망이 좌절되고 사회로부터 철저하게 무시되고 배제된 인물로 읽을 수 있다. 게다가 그녀는 "거꾸로 살고 있다"(175)고 말하면서 기억이 두 방향으로 작동하는 것은 대단한 이득이라고 설명한다. 다시 말하면 하얀 여왕은 두 세계를 동시에 살고 있는 것이다. 하나가 보통 사람들이 살아가는 제대로 된 합리적 세계라면, 다른 하나는 그녀와 마찬가지로 제정신을 놓아버린 사람들이 살아가는 광기의 세계이다.

Ⅳ. 『앨리스』의 남성인물들

여성인물들이 자신에게 주어진 제한된 공간 속에서 억압적인 가부장제 이데올로기를 벗어나려 애쓰며, 자신들의 존재가 갖는 무게감을 기억하려 노력하고, 부유하는 여성의 말의 권위를 어떻게 찾을 수 있을 것인지 고민할 때, 혹은 이러한 노력이 관철되지 못하여 분노로 들끓거나 정신을 놓아버릴 때, 판타지 세계의 남성인물들은 여성인물들보다 관대한 표정을 짓거나 여성인물들을 멀리서나 가까이서 관찰한다. 남성인물들의 역할이 상대적으로 적어 보이는 것은 그들이 여성인물들의 등 뒤에 서 있거나 사건의 전면에 등장하지 않기 때문인데, 그렇다고 해서 그들의 영향력이 적다고 말할 수는 없다. 하트의 왕은 분노를 참지 못하는 하트의 여왕을 "소심하게"(72) 다독이며, 하트의 기사(The Knave of Hearts)는 고개를 수그리고 "미소를 짓는"(72) 등 이들을 묘사하는 단어는 상대적으로 부드럽다. 법정에서 하트의 왕은

"중요한" 것과 "중요하지 않은" 것(103)을 구분하지 못하며, 앨리스의 커다란 키에 당황하고 "키가 일 마일이 넘는 경우 법정을 떠나야만 한다"(104)는 조항을 급조하였다가 앨리스의 반발을 산다. 테니얼이 그린 법정 장면은 화가 나서 얼굴을 잔뜩 찡그린 하트의 여왕과는 달리 온화한 표정을 짓고 있는 하트의 왕을 보여준다(2). 이처럼 『이상한 나라』에서 남성인물들의 행동과 말은 공작부인이나 하트의 여왕, 그리고 요리사에 비해 상대적으로 부드럽게 서술되어, 여성인물들이 보여주는 분노를 강조하게 되는 것이다.

한편 『거울나라』에서 남성인물들은 앨리스의 행동을 꾸짖으며 그녀를 다그친다(149). 앨리스가 기차에 올라탔을 때 승무원은 "화를 내며"(149) 앨리스를 쳐다보고, 기차에 탄 사람들은 한 목소리로 "승무원을 기다리게 해선 안 돼, 얘야! 그 사람의 시간은 일분이 천 파운드만큼이나 값진 것이란 말이다!"(149)라며 나무란다. 승무원은 세 가지 관찰도구(망원경과 현미경, 오페라 안경)로 앨리스를 들여다보며 그녀가 어떤 아이인지를 규정하려 하고, 심지어 앨리스에게 "길을 잘못 들었다"(150)고 말한다. 반대편에 앉아있는 신사까지도 "어디로 가는지 알고 있어야 한다"(150)는 충고를 건넨다. 테니얼의 삽화에서 앨리스는 이 남성인물들의 반응에 어떤 대꾸도 하지 않은 채 고개를 살짝 숙이고 얌전히 앉아있다. 남성인물들의 관찰과 권위, 명령과 충고는 앨리스를 수동적인 인물로 만들어 버린다.

아무런 행동도 하지 않고 심지어 아무런 말도 하지 않지만 가장 강력하게 앨리스와 앨리스의 세계를 위협하는 남성인물은 『거울나라』의 붉은 왕(The Red King)이다. 트위들덤(Tweedledum)과 트위들디(Tweedledee)는 앨리스에게 "너는 붉은 왕이 꾸는 꿈의 일부분에 불과하다"(167)고 말한다. 그들은 남성이 꿈을 꾸지 않거나 꿈에서 깨어난다면 여성들은 "펑 하고 촛불처럼 사라지게 될 꺼야"(167)라고 주장하는데, 이런 위협 앞에서 앨리스는 이야기를 이끌어가는 주체가 아니라 재현되는 대상이 된다. 게다가 앨리스의 말을 자신의 방식으로 규정하려는 현학적인 태도의 험티 덤티(Humpty Dumpty)도 있다. 그는 자신의 이름에는 특별한 "의미"가 있지만 앨리스는 "바보 같은 이름"(286)을 갖고 있다고 말한다. "영광"이라는 단어를 자신이 원하는 대로 "멋지게 때려눕히는 말싸움"(190)이라고 해석하는 험티 덤티는 스스로 "언어의 주인"(190)이라고 말한다. 이 넌센스한 선언 앞에서 언어는 험티 덤티에게 속한 것이며 앨리스의 것이 될 수는 없다.

Ⅴ. 괴물이 되는 앨리스/어린이

이로써 앨리스는 "나는 도대체 누구지?"(18)라는 질문을 스스로 던지다가 소녀가 아닌 '뱀'으로 오인 받고, '메리 앤'으로 격하되며, 애벌레로부터 '너는 누구냐'는 질문을 받지만 "내가 누군지 설명할 수 없어요"(41)라며 쩔쩔맨다. 기차역에서 '길을 잘못 들었다'는 말을 듣게 된 앨리스는 마침내 '바보 같은 이름'을 지닌, 결코 '언어의 주인'이 될 수 없는 소녀가 되어버린다. 그리하여 앨리스는 넌센스 세계의 구성원들이 받아들일 수 없는 "괴물"이 된다. 유니콘(The Unicorn)은 "정말 구역질 날 것 같은 표정으로"(205) 앨리스를 바라보면서 "난 항상 어린아이들이 터무니없는 괴물이라고만 생각했어"(205)라고 말한다. 판타지 세계에서 살고 있는 상상의 동물인 유니콘은 진짜 살아있는 어린아이를 오히려 실재하지 않는 어떤 것, 괴물로 보는 것이다.

모두가 미친 세계에서 미치지 않은 어린이/인간은 괴물로 인식되고 그 세계를 위협하는 위험한 인물이 된다. 흰토끼와 도마뱀 빌이 앨리스를 집안에 가둔 채 불태워버리려 했던 것이나, 험티 덤티가 앨리스의 이름과 존재 사이의 연관성을 부인한 것도, 붉은 왕이 앨리스를 꿈 속의 인물로 만들어 꿈에서 깨면 사라질 것이라고 위협한 것도 모두 앨리스가 자신들의 존재를 압도하는 '괴물'이었기 때문이다. 앨리스는 때로는 집을 가득 채운 거대한 몸을 지닌 여성으로, 때로는 남성의 언어에 도전하는 여성으로, 때로는 남성의 꿈을 어지럽히는 여성으로, 그리고 상상의 세계에 감히 발을 디딘 현실세계의 여성으로 '괴물'화되어 응시된다.

이상한 나라와 거울나라에서 여성들이 소리를 지르는 것은 그녀들을 억누르는 이데올로기와 권위에 달리 대적할만한 무기가 없기 때문이다. 기껏해야 그녀들은 접시와 냄비를 던지고 후추를 신경질적으로 뿌려대며 아무도 따르지 않는 명령을 목청껏 외칠 뿐이다. 그녀들의 뒤에서 남성인물들은 여성들의 권위와 힘이 모두 상상일 뿐이라고 조롱한다. 게다가 남성들은 이 판타지 세계의 모든 것은 붉은 왕의 꿈이라고 말한다. 여성들은 자신들의 존재가 지워질지도 모르는 불안함 속에서 그나마 남아있는 힘이라도 쥐어짜서 소리를 지르게 되는 것이다. 『앨리스』에 나오는 넌센스한 인물들의 행동과 말은 결국 현실세계의 은유로 읽힌다. 권력관계의 우위를 점한 지배층은 가정과 여성의 역할을 이상화시키고, 이 이상화된 기준에서 벗어나는 여성/소녀를 가혹하게 단죄하는데, 다시 말해서 "남성은 여성이 담당하는 어머니노릇이 지속되도록 강제하기 위하여 그들의 권력을 사용한다"(Chodorow 46). 하트의 여왕과 공작부인, 요리사, 붉은 여왕과 하얀 여왕이 분노하는 폭력적인 여성이 되거나 정신 나간 여성이 될 수밖에 없었던 이유는, 제한된 공간에 사로잡히고 이상화된 이데올로기에 억눌린 상태로 적절한 권위를 부여받지 못한 채 조롱당하며 권력관계에서 소외되어 변방으로 밀려났기 때문이다.

판타지 세계에서 앨리스는 분노하며 소리 지르고 접시를 던져대거나 그러다가 정신을 놓아버린 여성인물들과 자신이 다르다고 생각한다. 하지만 별다른 말이나 몸짓 없이 이 여성인물들을 무시하거나 조롱하는 남성인물들과 마주치면서 앨리스는 그녀 역시 다른 여성인물들처럼 억압당하거나 위협을 받고 사라져야만 할 처지에 놓여 있다는 것을 알게 된다. 앨리스가 사라지지 않고 살아남으려면 두 가지의 선택이 존재한다. 하나는 다른 여성인물들처럼 분노하거나 미치는 것이다. 또 하나는 표면적으로는 여성인물들이 이야기의 주도권을 쥐고 있는 듯 보이지만 실질적으로는 여왕의 권위를 조롱하면서 뒤에서 여왕을 이용하는 남성인물들이 이야기 전체를 쥐고 흔드는 이 판타지 세계에서 벗어나는 것이다. 두 가지 선택 모두 앨리스에게 합리적으로 보이는 세계를 뒤집어 볼 것을 요구한다. 조네이도(Joseph L. Zornado)는 "미친다는 것은 권력을 찾는 것이고, 권력을 찾는 것은 지배와 종속의 지배이데올로기를 규정하고 제정하려는 일방적인 권리를 찾는 것이며 권력을 향한 주장을 정당화하는 것이다"(115)고 주장한다. 앨리스가 이상한 나라의 인물들처럼 미친다면, 판타지 세계의 일원이 될 수 있다. 그렇지 않다면, 역설적으로 그녀는 남성가부장제의 빅토리아 시대인 현실 세계로 돌아와야만 자신의 존재를 증명하고 살아남을 수 있다. 앨리스는 꿈에서 깨어나 미치지 않았다는 것을 증명해야만 하는 것이다. 그녀는 판타지 세계의 일원이 되어 판타지의 광기 속에 빠져드는 대신 신랄하고 무심한 관찰자의 위치를 견지하면서 판타지 세계를 빠져나온다.

Ⅵ. "두 세계를 동시에 살아가는" 앨리스

앨리스는 '그림도 대화도 없는' 따분한 현실세계를 벗어나 판타지로 들어가지만, 이 판타지가 그녀에게 무한한 자유를 주는 것은 아니다. 이 세계에 속한 인물들은 자신들을 옭아매는 넌센스의 논리에서 벗어나지 못하기 때문에 화를 낸다. 특히 여성인물들은 그들을 속박하는 공간에 갇혀 수시로 자신들의 존재를 위협하는 남성인물들과 겨뤄야만 한다. 앨리스가 판타지 세계의 인물들에게 때때로 화를 낸다면, 그것은 논리적이고 합리적이라 믿어왔던 현실세계의 규칙이 이 세계와 들어맞지 않기 때문이다. 미친 모자장수(The Hatter)와 삼월토끼(The March Hare), 체셔 고양이는 모두 자신들이 미쳤다는 것을 알며 미쳤다고 말한다. 그런데 여성인물들은 스스로 미쳤다는 수사를 붙이거나 미쳤다고 말하지 않는다. 그들은 결코 자신들이 미쳤다고 말하지 않지만, 광기에 사로잡힌 이 세계가 그들을 미치지 않도록 내버려 두지 않는다. 하트의 여왕과 공작부인, 요리사, 붉은 여왕의 미래는 하얀 여왕인 것이다.

미쳐있는 이 세계에 질서가 있을 리 없으며, 앨리스는 이곳에 어떤 규칙도 없다는 것을 발견한다. 코커스 경주는 모두가 승자가 되며, 크로케 경기는 교수형 선고를 남발하는 여왕 때문에 뒤죽박죽이 되어버린다. 가장 권위적이어야 할 법정에서조차도 증인은 제멋대로 선정되고 선고와 평결이 뒤바뀌는 등 일정한 규칙이 없다. 근엄한 척 재판을 하고 있는 왕과 여왕 모두 제멋대로 규칙을 만들고 지운다. 게다가 『거울나라』에서는 아예 모든 것이 정반대로 전복된다. 앞으로 가려면 뒤로 가고 가만히 있으려면 미친 듯이 달려야 하는 세상에서 규칙은 깨어지고 미치지 않으면 이 세상에 적응할 수 없게 된다. 그래서 앨리스는 잠시 자신을 잃어버린다. 자신의 이름을 잃고 소녀/여성으로서의 정체성을 상실하며 심지어 인간으로서의 존재 자체를 의심받는다. 이름이나, 소녀/여성, 인간이라는 어떤 규정도 사라진 상태가 되어서야 비로소 앨리스는 평화롭게 사슴(Fawn)과 만날 수 있다. 사슴이 "너를 뭐라고 부르지?"(156)라고 물었을 때 "지금은 아무것도 아니야"(156)라고 말하는 앨리스는 체스 게임의 졸병(Pawn)이 되어 게임을 새롭게 시작할 수 있게 된다.

앨리스가 『앨리스』 세계의 여성인물들과 다른 점이 있다면, 판타지 세계를 벗어날 수 없는 억압과 구속의 공간에서 여전히 분노하고 미쳐가는 여성인물들과는 달리 꿈에서 깨어나 다른 세계로 건너올 수 있다는 것이고, 또 다른 하나는 붉은 왕의 꿈속에 앨리스가 있는 것이 아니라 그녀가 붉은 왕의 꿈을 꾸고 있다고 말할 수 있기 때문이다. 앨리스가 자신의 존재를 증명하는 방법은 우선 자신을 "괴물"이라면서 인정하지 않던 유니콘과 서로를 믿어주기로 "거래"(bargain [205])를 하는 것이며, "너희들은 기껏해야 카드일 뿐이잖아"(109)라고 소리치는 것이고, "더 이상 참을 수 없어"(238)라며 탁자를 뒤엎는 것이다. 하지만 가장 강력한 무기는 "붉은 왕은 내 꿈의 일부였어"(244)라고 "말"하는 것이다. 그녀는 붉은 왕의 꿈의 일부분으로 남지 않기 위해서 그녀 스스로가 꿈을 꾸어야 한다는 것을 깨닫게 된다.

이상한 나라와 거울 속을 여행하고 현실로 돌아왔던 앨리스가 여전히 "기억이 양방향으로 움직이는"(175) 두 세계를 동시에 살아갈 것이라는 전망은, "캐럴이 의도적으로 판타지와 현실의 관계를 흐리게 했다"(Shavit 83)는 점뿐만 아니라 앨리스가 항상 "두 사람인 체"(14)하는 놀이를 좋아했다는 점에서 가능해진다. 현실과 판타지 세계 각각의 두 사람인 채로 앨리스는 "삶은 한낱 꿈이던가?"(245)라는 질문을 던지며, 현실의 삶을 순식간에 건너뛰어 판타지 세계인 토끼굴과 거울 속을 재빠른 발걸음으로 즐겁게 돌아다닌다. 판타지 세계의 광기 속에서 정체성에 대한 의심과 상실, 대항과 전복의 과정을 거쳐 현실세계로 돌아오면서 성장을 받아들인 앨리스는 한편으로는 영원한 일곱 살 어린이의 판타지를 품은 채로, 분노하거나 반쯤 정신이 나간 여왕들을 돌본다. 판타지 세계의 이 여왕들은 어떤 힘도 부여받지 못한 권위가 헛된 명령으로 사라지는 세계, 무한한 상상이 가능한 것처럼 보이지만 실제로는 쉽게 깨질 꿈의 파편으로 이루어진 세계, 그리고 억압된 권위를 벗어나려고 몸부림치지만 벗어날 수 없는 견고한 구속의 세계에 살고 있는 현실의 우리 모습을 반영하고 있다.

이 글은 『영어영문학21』 27권 3호(2014)에 「앨리스와 분노하는 여성들–『앨리스』의 젠더 재현」이라는 제목으로 실린 논문이며, 오류 및 문장을 수정하였다.

"쿠션"과 "우산"

『작은 아씨들』

Ⅰ. 들어가기

루이자 메이 앨콧(Louisa May Alcott)의 『작은 아씨들』(*Little Women*)이 1868년 처음 출판되었을 때 당시 독자들은 미국사회를 지탱하는 가장 기본적인 가치 중 하나인 가족의 문제를 설득력 있게 제시하며, 네 자매의 매력을 솔직하면서도 따뜻한 시선으로 그려낸 이 작품에 많은 지지를 보냈다. 결혼과 사랑이 삶의 목표인 현실적인 메그(Meg), 순수하고 병 약한 천사 같은 베스(Beth), 그림에 재능이 있지만 아직은 물질에 더 관심 을 갖는 어린 에이미(Amy)와 더불어, 작가로서의 꿈을 키우며 독립적인 삶을 이루기를 바라는 주체적 인물인 조(Jo)로 이루어진 네 자매의 성장기는 여성들의 평화롭고 아기자기한 공동체인 마치가(the March)에서 자애롭고 현명한 마치 부인(Mrs. March)를 중심으로 펼쳐진다. 가정의 소중함과 노동의 신성함, 검약 정신과 종교적 헌신, 관대함과 신의 등 미국인들이 신대륙에 건설하고자 했던 새로운 나라의 미덕과 가치가 이 작품 곳곳에 녹아 들어있다. 황량하고 광활한 신대륙에서 개간되지 않은 땅에 발을 디디고 선 채, 비록 손은 노동으로 거칠어졌으나 얼굴은 신심으로 경건하게 불타며 이상을 잃지 않은 얼굴은 하늘을 향하고 있는 모습이 『작은 아씨들』을 읽고 난 후 독자들에게 남는 강렬한 이미지이다.

독자들이 열렬한 환호를 보냈던 이 작품은 대중적인 인기를 얻었음에도 불구하고 비평가들로부터 주목을 받지 못했는데, 『작은 아씨들』에 대한 평가는 "최근에서야 미국 문학의 고전으로 받아들여지고 문학비평가로부터 진지한 논의의 대상이 되었다"(Showalter vii). 특히 조와 로리(Laurie)의 낭만적 결말을 원했던 독자들이나 조의 독자적이고 주체적인 삶의 정립을 바랐던 비평가들은 수많은 논쟁적인 비평을 쏟아냈다. 더글러스(Ann Douglas)는 미국 남성작가들의 주인공들 못지않게 앨콧의 여성인물들이 "미국 문학의 신전에 영원한 구성원을 제공했으며" 이를 통해 "진정한 다원성, 여성주의 미국의 꿈(a feminist American dream)을 성취했다"(62)고 평한다. 아우얼바흐(Nina Auerbach)는 오스틴(Jane Austen)의 『오만과 편견』(*Pride and Prejudice*)을 『작은 아씨들』과 비교 분석하면서 두 작품의 공통점 중 하나는 "어머니가 주재하는 여성 세계의 집단 거주지에서 남성 보호의 공식적 권위로 향해가는 자매들의 여정"(8)이라고 설명한다. 페털리(Judith Fetterley)는 이 작품이 여성작가를 인정하지 않고 억압했던 "19세기 미국 여성작가의 위치를 반영한다"(40)고 분석한다. 페미니스트 비평가들은 조가 작가로서의 열망을 포기하고 결혼하는 것이 가부장제 사회의 가치관을 답습한 것이라고 비판한다. 그럼에도 불구하고 "『작은 아씨들』은 딸로서 지니는 여성적 구속과 예술적 자유 사이의 긴장을 보여주는 탁월한 작품"(Showalter ix)이라는 평을 동시에 받는다. 조는 글을 쓰려는 자신의 열망을 숨기지 않으면서도 항상 가족의 울타리를 벗어나지 않는다. 『작은 아씨들』이 조에게서 "세상에서 가장 아름다운 존재는 가족이야"(484)라는 말이 나올 때까지 가족과 성장, 사랑과 우정, 일과 직업 등이 제자리를 찾기 위해 달려가는 것으로 보아, 가족의 의미가 이 작품의 가장 중요한 주제로 부각된다는 것을 알 수 있다.

이 글에서는 작가가 되려던 창조적 열정을 품었던 조가 작가의 길을 포기하게 되는 이유를 조의 인생에 결정적 영향을 준 남성인물들, 로리와 바에르 교수(Professor Bhaer)와의 관계를 통해 분석한다. 이 과정에서 조가 사용한 물건들인 "쿠션"(the sausage)과 "우산"(the umbrella)이 그녀의 선택과 결정을 보여주는 중요한 상징이라는 것을 이들 남성인물들과의 연관성을 토대에 두고 밝힐 것이다. 나아가 선머슴 같던 소녀 말괄량이 조가 어떻게 자신의 불꽃같은 성격을 억누르고 다스리면서 마치 부인과 같은 자애로운 어머니가 되어 자신의 가정을 꾸리게 되는가를 19세기의 젠더 이데올로기로 고찰한다. 더불어 '가족'의 의미를 전면에 부각시킨 이 작품이 조의 성장과 독립을 어떻게 다루고 있는가를 살핀다.

Ⅱ. "쿠션"과 로리

마치 부인은 남북전쟁으로 떠나 있는 남편 마치 씨(Mr. March)를 대신하여 각기 다른 개성을 지닌 네 명의 십대 소녀들을 양육하고 가르친다. 그녀는 "'도와줄게'하는 표정을 지닌 풍채 좋고 자애로운"(7) 어머니로, 네 자매와 더불어 마치 가를 이상적인 여성공동체로 만든다. 마치 부인은 경제적 어려움에도 불구하고 아이들이 정신적으로나 신체적으로 올바르게 자랄 수 있도록 교육과 양육을 담당하는 전통적인 어머니상을 보여준다. 동시에 그녀는 아버지가 없는 가정의 중심을 잃지 않도록 아이들에게 따끔한 충고와 훈계를 잊지 않는다.

"선물이 없는 크리스마스는 크리스마스라고 할 수 없어"(1)라고 투덜대는 조의 모습으로 시작하는 작품의 첫 장면은 마치 가가 심각한 경제적 어려움에 봉착해 있다는 것을 보여준다. 불안한 전시상황과 전쟁에 참여한 마치 씨에 대한 걱정, 각자가 겪는 생활의 고단함 등이 네 자매의 개성을 드러내는 대화 속에서 선명하게 드러난다. 메그는 "갖고 싶은 예쁜 물건들"(1)을 떠올리고, 조는 사고 싶은 책을, 베스는 "새로운 음악"(2)을, 에이미는 "드로잉 연필 한 박스"(2)를 떠올린다. 아우얼바흐는 "소설 전체에서 마치 가의 여성들은 그들의 성격을 보여주는 '물건들'과 밀접한 관계 속에 서 묘사된다"(13)고 설명한다. 메그는 드레스와 물건에 많은 관심을 기울이는 인물로, 전통적인 성역할에서 벗어나지 않는 다소 허영심을 드러내는 인물로 그려진다. 네 자매 중 가장 병약하며 조용한 성품을 지닌 베스는 18세기나 19세기의 아동문학에서 흔히 나타나는 천사 같은 어린이의 재현이다. 타인을 먼저 생각하고 배려하는 그녀의 도덕성과 이타적인 행동, 사고방식은 흠결 없이 매끄럽고 완벽하여, 오히려 매우 비현실적인 인물로 여겨지는데 이런 베스가 현실의 가혹함과 변화무쌍함을 견뎌낼 힘을 갖지 못하는 것은 당연한 결과로 보인다. 에이미는 미술에 재능을 보이는 활력적인 어린 소녀로, 자신에 대한 과시욕과 자신감을 거리낌 없이 내보인다. 예술적 기질과 자존감으로 본다면 조와 에이미는 상당히 닮아있다.

네 자매가 지닌 삶의 가치관은 부모와 당대 이데올로기의 영향에서 벗어날 수 없는데, 19세기 아동문학에 대해 헌트(Peter Hunt)는 "식민적, 가부장적 가치가 문화에 적극적으로 새겨졌다"(122)고 주장하며, "소녀에게는 여성을 젠더화시키는 특성들(순수, 복종, 의존, 자기희생, 봉사)과 '여성적 이미지, 즉 영적인 지식, 자기 존중, 그리고 잠재적인 경제적 의존' 등을 받아들이도록 만들었다"(122)고 설명한다. 메그와 에이미는 물질적 세계를 즐기려는 세속적 인물들로 물질이 정신보다 우선이라고 생각하며 욕망이 충족되지 않을 때 몹시 괴로워한다. 반면 조와 베스는 각자 나름의 방식으로 현실세계를 개선시키려 노력한다. 그들은 물질에 가치를 두지 않으며 정신을 선호하고 탐욕에 굴복하지 않는다. 베스는 그녀 특유의 박애와 봉사정신으로 물질적 세계의 언저리에 놓인 가난한 사람들을 돕는다. 하지만 조와 에이미가 스스로를 계발하고 이를 통해 자신을 드러내 보이려는 적극성을 지닌 것과는 달리, 베스와 메그는 순종적이며 주어진 성역할에 충실하다. 베스의 비현실적인 선함은 순종하는 사람을 만들고, 메그와 에이미의 지나친 물욕은 "잠재적인 경제적 의존"(Hunt 122)을 키워 가부장제 이데올로기의 강화에 이바지하게 된다.

조는 19세기 사회의 이데올로기가 그녀에게 요구하는 여성성의 틀을 벗어나 대다수의 여성들에게는 불가능한 꿈이었던 '독립'을 성취하고자 노력한다. 그녀는 당시의 여성들이 마음속으로는 원했을지언정 쉽게 시도할 수 없었던 선머슴 같은 모습으로 당대의 교육과 답답한 남성위주의 시스템에 당돌하게 도전장을 던진다. 그녀는 치마를 걷어 달려다니고, 필요하다면 변장을 하며, 몸을 꾸미는 데 관심이 없고, 어른들에게 예의상 빈 말을 한다거나 아첨하지 못한다. 그녀는 선불리 로맨스를 꿈꾸지 않으며, 자신을 드러내는 데 관심이 많고, 스스로를 단련하며 독립적인 인물이 되기를 꿈꾼다. 그녀는 "소년이 아니라는 실망감을 극복할 수 없어… 아빠랑 같이 가서 싸우고 싶어 죽겠는데, 집안에 앉아서 굼뜬 할머니마냥 뜨개질이나 해야 한다니"(3)라고 괴로워하는데, 이런 조를 바라보는 마치 부인과 다른 자매들은 조의 거친 행동과 말에 대해 "무례하고 숙녀답지 않은 소녀"(3)라고 꾸짖는다. 그녀들은 여성적인 행동이나 말이 본래부터 여성에게 주어진 것, 여성이 지켜야 할 것으로 여긴다. 그러나 이런 개념은 역사 속에서 형성된 것이다. 버틀러(Judith Butler)는 "여성"이나 "젠더"의 정의란 고정되어 있는 것이 아니라면서 "언제나 다른 역사적 맥락 속에서 늘 가변적이고 모순적으로 성립되었다"(4)고 설명한다. 시대에 따라 변하는 여성적인 태도, 혹은 젠더 역할과 같은 개념들을 작가로서 성공하려는 열망이 가득한 조에게 강요하는 것은 어리석어 보인다. 그럼에도 불구하고 이 작품을 비롯한 많은 작품에서 여성성과 모성성의 강조는 가부장제 사회의 존립과 밀접한 관련을 맺는다. 특히 마치 부인이 보여주는 강인하면서도 자애로운 어머니상은 가정 내의 부재한 아버지의 자리를 채우는 역할을 담당한다.

마치 부인을 가장 닮고자 하는 인물은 표면적으로는 메그인데, 그녀는 다른 동생들과는 달리 사랑이나 결혼, 가정을 꾸리는 것에 많은 관심을 기울인다. 하지만 마치 부인이 부재한 남편의 역할까지 담당하고 있다는 점에서, 조야말로 아버지와 어머니의 삶을 가장 유사하게 따라가는 인물이다. 조는 비어있는 아버지의 자리를 대신하며 스스로 "아빠가 떠나 있는 동안 내가 집안에서 남자야"(5)라며 어머니와 다른 자매들을 돌보는 역할을 자처한다. 그녀는 소년 같은 행동과 말 뿐만 아니라 실제로 이를 실행에 옮기는 결단력까지 갖추고 있는데, 병든 아버지의 간호를 위해 어머니가 길을 떠날 때 부족한 여비를 충당하기 위해 자신의 머리카락을 팔아 받은 돈을 어머니에게 전달한다. 조의 얼굴에 "즐거움과 두려움, 만족과 후회가 섞여있었다"(161)는 설명은 그녀가 스스로의 선택을 어떻게 생각하고 있는지를 보여준다. 조는 "내 것[그녀의 머리카락]을 팔아"(161) 아버지와 어머니에게 "기여"(contribution)한다. 이것은 조가 단순히 생각이나 언어, 의복과 같은 개인적인 영역, 혹은 사적 영역에서 여성에게 틀 지워진 한계를 벗어나려 할뿐만 아니라 스스로 독립에의 의지를 행동으로 보여주며 나아가 그 녀 자신이 경제적 능력이 있다는 것을 입증해 낸 것으로, 다른 자매들과 매우 다른 특성인 것이다.

조가 간절히 독립적인 인물이 되기를 원한다면, 우선 경제적으로 자립 할 수 있어야만 한다. 그러나 직업도 없고 글쓰기의 재능이 아직 채 펼쳐지지 않은 상태의 조가 돈을 손에 쥐는 방법이란 이렇게 자신의 머리카락을 파는 일 밖에 없다. 따라서 머리카락을 팔아 집안 경제에 보탬이 되는 이 행동은 두 가지로 해석이 가능해진다. 하나는 우선 자신의 신체 일부를 팔 아 경제적인 힘을 얻으려는 의도이다. 페털리는 이를 다음과 같이 분석한다.

> 병든 아버지를 위해서 돈을 벌려면, 조는 자신의 머리카락을 팔 수 밖에 없다. 자신의 머리카락을 파는 것은 자신의 몸을 파는 모양새이며, 이 사소한 세부사항 밑에 잘 감추어져 있는 것은 여성의 자본이란 그들의 육체이며 물론 결혼에서 가장 최고의 값을 받는 것이 좋다는 인식이다. (34)

'사업'이라는 영역이 남성들의 세계에 속해있다고 여겨지는 이 사회에서, 자본이나 소유물이 없는 어린 소녀가 할 수 있는 것이라고는 신체 일부를 파는 일 밖에 없다. 또 다른 해석은 머리카락을 자르는 행위가 그녀의 여성성을 지워버리려는 잠재적 의도에서 비롯된다는 것이다. 조는 그녀를 옭아매며 자유를 억압하는 것이 자신이 여성이기 때문이라고 생각한다. 긴 머리카락이 여성의 아름다움을 상징한다고 볼 때 이런 머리카락을 자름으로써 조는 여성의 한계를 넘어보려고 시도한다. 하지만 돈이 자본화되어 확장되는 것과 달리, 그녀의 머리카락은 돈으로 바뀌기는 하지만 자본화되어 확장될 수 없다. 경제적 자립을 향한 조의 첫 번째 시도인 머리카락 판매는 자본이 주도하는 교환의 시장에서 일회성의 수입을 보장하는 데 그치고 만다.

아버지의 부재로 마치 가는 표면적으로 여성들만의 영역이 된다. 마치 부인을 중심으로 한 이 여성들의 천국에 끼어드는 첫 번째 남성은 로리이다. "고독하고 굶주린 눈빛"(50)의 로리는 생물학적으로는 남성이지만 자매들과 스스럼없이 어울리고 자매들의 연극공연에 아무런 거리낌 없이 끼어든다. 로리는 조와 여러 면에서 유사점을 보이는데, 우선 그들은 전통적인 성역할을 거부한다. 조는 여성적 의복에 관심이 없고 다소곳한 숙녀의 태도를 보이는 것에도 신경 쓰지 않는다. 로리는 할아버지의 기대와는 달리 남성적 영역인 사업에 관심이 없고 오히려 음악 같은 여성적 영역을 추구한다. 로렌스 씨(Mr. Laurence)는 조가 로리의 피아노 연주에 대해서 칭찬하자 "너무 많은 사탕발림은 좋지 않아. […] 나는 그가 더 중요한 일을 잘 하기를 바란다네"(55)라고 말하며 로리의 음악적 재능과 성향을 인정하기를 거부한다. 로렌스 씨의 입장에서 '더 중요한 일'이란 남성적 영역에서의 성공, 즉 공적 영역에서의 성공을 의미한다. 조는 글쓰기와 같은 생산의 영역, 특히 언어를 이용한 창조의 영역에서 자신의 길을 찾고자 한다. 게다가 둘은 자신들의 본래 이름인 조세핀(Josephine)과 시어도어(Theodore)를 좋아하지 않아 스스로 조와 로리라는 이름을 선택한다.

하지만 바로 이 지점에서 로리와 조의 결정적인 차이가 드러난다. 로리와 조가 삶에 대한 태도와 갈망에서 많은 유사점을 갖는다고 해도 "오로지 로리만이 능동적으로 잘못된 이름을 강요하고 잘못된 역할을 그에게 부여하는 사람들을 '때리고' 그들에게 도전할 수 있다. 조는 수동적으로 '견뎌야' 한다"(Estes and Lant 106). 로리는 남성이며 부자이기 때문에 자신의 세상을 바꿀 수 있는 힘을 지니고 있다. 만일 그가 세상을 바꿀 수 없다고 해도 세상으로부터 최소한 도망칠 수는 있다. 자신을 시어도어라고 부르는 아이들을 "때려준다"(28)고 말하는 로리의 적극적인 태도는 그가 남성이기 때문에 가능한 것이다. 반면 조는 자신을 조세핀이라고 부르는 숙모를 '감히' 때릴 수 없으며, 세상을 바꾸거나 세상으로부터 도망칠 수 없다.

또 다른 차이점은 로리가 "사업가"(51)라는 위치를 상속받을 수 있다는 사실이다. 언제나 경제적 궁핍함에 시달리며 어떻게 경제적 자립을 이뤄야 하는지가 매우 중요한 생존의 문제가 된 여성 공동체의 조와 달리 로리는 그가 원하지 않더라도 할아버지의 사업을 물려받아야 한다. 다시 말해서 그는 현 상황을 벗어나기 위해 애를 쓰고 노력하지 않아도 스스로 돈을 벌어 자립할 수 있는 것이다. 로리는 유명한 음악가가 되어 "돈이나 사업으로 괴로워하지 않고 내 자신을 즐기면서 좋아하는 것을 위해 사는 것"(142)이 미래의 꿈이라고 말한다. 이미 풍족한 생활을 하는 그는 생계에 대해서 걱정하지 않고 유유자적한 삶을 꿈꿀 수 있다. 조는 "아라비아산 말이 가득 찬 마굿간과 책이 쌓인 방을 갖고 싶다"면서 유명한 작품을 쓰는 것이 꿈이라고 말하지만, "사람은 책만으로 살 수 없어"(52)라고 말하는 로리는 조의 절박함을 이해하지 못한다. 여성에게 주어진 좁은 영역에 사로잡혀 있는 조는 자신의 재능을 계발하고 스스로를 정립하려 하고 이것이야말로 더 확장된 세계에서 경제적 자립을 이루어 독립적인 삶을 살 수 있는 방법이라고 간절히 소망한다. 그런데 여성에게는 쉽사리 교육을 받을 기회가 주어지지 않는다. 책은 조가 갈망하는 교육의 세계를 상징한다. 그녀가 탐구하고자 하는 광활하고 새로운 세계를 의미하지만, 사업의 영역에서 이미 자본을 소유한 로리에게 책이란 생기 없고 지루한 것들일 뿐이다.

그런 점에서 조와 로리는 매우 유사해보이지만, 실은 아주 다르다.

집을 벗어나 멀리 떠나자는 로리에게 조는 "내가 소년이었다면 우리가 함께 도망쳐서 근사한 시간을 보낼 수 있을 텐데. 하지만 난 비참한 소녀여서 제대로 행동하며 집에 있어야만 해"(213)라고 대답한다. 그녀에게 로리의 청은 "유혹하지 말라"(213)고 당부해야만 하는 위험한 것이다. 로리는 도망칠 수 있지만, 조는 그럴 수 없다. 우선 성별의 차이가 조를 가로막고, 다음으로는 가난이 그녀의 발목을 잡는다. 하지만 성별의 차이나 빈부격차보다 더 근본적인 장애물은 조에게 내면화된 여성성인데, 이것은 조가 뉴욕을 떠나 바에르를 만날 때 분명하게 가시화된다.

로리가 이미 사업가여서 달리 스스로를 정립할 필요를 느끼지 않는 것과 달리 조는 끊임없이 자신의 재능을 다듬으려 애쓴다. 조는 작가가 되려는 소망을 지닌 채 글을 쓰지만, "19세기 사회에서는 바늘이 아니라 펜을, 침묵이 아니라 목소리를 선택하는 여성의 표현이 쉽게 받아들여지지 않았다"(Blackford 9). 이런 분위기 속에서 그녀의 글은 "불태워"(75)지거나 "숙성할 때까지 기다려"(269) 보라는 말만을 듣게 된다. 조가 쓴 이야기의 초고가 불태워지는 것은 여러 층의 의미를 갖는다. 조는 자신의 이야기가 매우 뛰어난 것이라고 생각하지만, 어떤 경우에서건 초고가 완벽할 수는 없다. 초고는 여러 번에 걸쳐 수정되고 퇴고되어야 하는데, 작가로서의 첫 발을 내딛지도 못한 상태의 조가 자신의 글을 객관적으로 평가하기는 어렵다. 이런 점에서 본다면 에이미가 조의 초고를 불태운 것은 역설적으로 조의 글이 한 단계 성숙하는 데 도움을 준 사건이 된다.

재로 사라진 초고의 흔적을 되살리는 대신 조는 여러 번의 노력 끝에 새로운 작품을 완성하여 인정받고 마침내 그에 대한 고료를 받게 된다. 이 고료는 조가 머리카락을 팔아 번 돈 이후로 자신의 경제적 힘을 증명하는 두 번째 시도가 된다. “글쓰기는 조가 대리 남성(a surrogate man)으로 그녀의 가족을 부양하도록”(Stimpson 73) 해 주지만, 막상 편지 봉투 속의 수백 달러가 조의 무릎 위에 떨어질 때 조는 돈다발이 “마치 뱀인 것처럼”(268) 쳐다본다. 머리카락이나 작품 모두 조의 것으로 그녀가 “내[그녀 의] 것을 팔아”(161) 가족을 부양할 수 있는 돈을 번 것인데, 반응은 사뭇 다르다. 머리카락을 팔았을 때 주변 사람들은 그녀의 놀라운 행동을 경탄스럽게 바라보지만, 작품을 팔아 돈을 벌었을 때 그녀가 쓴 작품의 고료가 정당한 노동의 대가임에도 불구하고 스스로도 ‘마치 뱀인 것처럼’ 여기고, 마치 씨는 나아가 “네 책을 망치지 말거라. […] 숙성할 때까지 기다려 보렴”(269)이라고 충고한다. “작가인 조는 그녀 자신이 독립할 수 있도록, 그리고 가족을 언어의 사용으로 편안하게 만들도록 언어를 통제하기를 원하”(Estes and Lants 107)지만, 그녀가 글을 써서 벌어들인 돈은 열정적인 노력과 신성한 노동의 가치로 대우받지 못하고 폄하된다. 돈, 자본, 돈을 버는 행위 등이 오로지 남성의 영역에 속하는 것 마냥, 여성인 조가 이 영역에 발을 내딛자 그녀의 소중한 가치를 팔아버린 것처럼 당혹스럽게 반응한다.

조는 글을 쓰기 위해서는 자신의 시간과 공간이 다른 사람들로부터 간섭받지 않아야만 한다고 여긴다. 그녀는 글을 쓸 때 자신만의 특별한 의상을 착용하는데, 그것은 “글쓰기용 작업복”(scribbling suit [265])이라고 부르는 모자로, 조가 이 모자를 쓰고 있으면 가족들은 그녀를 가만히 두려고 노력한다. 또한 자신의 영역을 구분하기 위해 “소시지라고 부르는 쿠션”(325)을 이용한다. 모자가 조의 작업의 상태를 나타내며 단지 타인의 방해를 차단하는 물건이라면, “딱딱하고 둥글며 말털 같은 걸로 덮여 있고 양 끝에 단추가 달려있는”(325) 이 쿠션은 보다 분명하게 타인, 특히 로리와의 관계와 얽혀있다. 누구로부터도 간섭받지 않는 그녀만의 시간과 공간을 담보하는 일종의 장벽인 "쿠션"은 동시에 로리의 접근을 막는 "바리케이드"(325)이기도 하다. "심장보다는 뇌가 더 일찍 발달한"(324) 조는 자신을 사랑하는 여인으로 대하는 로리를 가까이하지 않기 위해 이 쿠션을 효과적으로 사용한다. 작가로서의 꿈을 완성하여 여성에게 강요되는 전통적인 젠더역할에 머무르지 않기를 바라는 조는 "쿠션"으로 불완전한 자신의 세계가 침범당하는 것을 막아낸다. "『작은 아씨들』에서 물품(material objects)은 어머니, 집, 어린시절의 편안한 세계를 재현할 뿐 아니라 텍스트 내의 여성의 예술, 노동, 창조성의 다양성을 재현"(Blackford 3)하는데, 조는 작업할 때 쓰는 모자와 소파에 놓는 쿠션을 이용하여 자신의 독립적인 시간과 공간을 확보하려 한다. 조는 로리의 사랑을 이성애적인 것으로 받아들이려 하지 않는데, 로리와 조는 여러 측면에서 형제이며 "경쟁자"(rebel [330])이다. 스스로 남성이 되고 싶어하는 조는 "로리처럼 되기를 원하지만, 로리를 얻고자 하지는 않는다"(Quimby 1). 남녀 간의 사랑을 받아들일 준비가 되어 있지 않은 조는 로리와의 결혼이 자신이 꿈꾸는 미래에 아무런 도움도 되지 못할 것이라고 생각한다. 그녀가 로리의 사랑을 거절하는 이유는 삶의 목표가 결혼이 아니며 작가라는 지향점이 말해주듯이 '언어'를 소유하는 데 있기 때문이다.

이런 방어의 과정을 통해 조는 마침내 "새로운 것을 보고 듣고, 새로운 아이디어를 얻"(329)을 수 있는 뉴욕으로 향한다. 뉴욕은 조가 작가로서, 그리고 성숙한 여인으로서 길을 가는 중요한 장을 제공한다. 친밀한 가족 내에서 사는 것은 안정적이고 평화롭다는 장점이 있지만, 이 장점은 동시에 단점으로 작동할 수 있다. 조가 쓴 소설에 날카로운 지적을 할 수 있는 비평가는 집 밖의 인물인 것이다. 쇼월터(Elaine

Showalter)는 "여성과 작가로서의 완전한 삶을 이뤄내기 위하여 조는 사랑과 의식의 여성적 세계를 떠나야만 한다. […] 조는 무비판적 사랑의 가족 연대로부터 벗어나 성숙해진다"(xxv)고 분석한다. 조의 글을 실어주겠다는 신문사는 조에게 "약간의 수정"(347)을 해야 한다고 말하는데, 이것은 실제로는 마치 "새 요람에 아기를 맞추기 위해서 아기의 다리를 잘라야 한다는 말을 들은 다정한 부모가 느끼는 심정"(347)으로 "모든 도덕적 언급에 줄이 그어진"(347) 자신의 원고를 통째로 바꿔야 하는 것을 말한다.

집과 뉴욕의 가장 큰 차이는 낯설음인데, 이 낯설음은 환경이 아니라 사람들에게서 비롯된다. 집/마치 부인과 자매들이 있던 '여성'의 영역에서 조는 충분히 '남성적'일 수 있었으며, 미숙한 글쓰기를 긍정적으로 평가받을 수 있었다. 마치 부인과 자매들, 그리고 로리는 다정한 배려를 통해 글을 쓰고 작가가 되고자 하는 조의 꿈을 지지한다. 하지만 뉴욕/도시는 남성적인 공간으로, 이곳은 양육과 교육, 자상함과 박애 정신이 있는 재생산의 가정공동체와는 달리 자본과 사업, 이윤과 경쟁으로 이루어진 생산 공동체이다. 수백 달러의 상금을 '뱀'처럼 바라보고 더 나은 작품을 위해 "숙성할 때까지 기다려보라"(269)던 다정한 순진무구의 세계에서 소년이 되기를 갈망하며 소년처럼 굴었던 조는, 이제 냉혹하고 가차 없는 '남성의 영역'에 들어선 것이다. 그녀는 "가장 좋은 옷으로 차려입고"(346) 주간지 편집장을 용감하게 만나러 가지만 "구름 같은 담배연기가 자욱하고 발꿈치를 모자보다 더 높이 올리고 앉은 세 명의 신사가 그녀의 등장에 어떤 움직임도 보이지 않자"(346) 당황한 채 자신의 글을 "친구"(346)의 것이라고 둘러말하며 사무실을 빠져나온다. 가족의 유대가 끊어진 낯선 공간에서 조는 꼼짝없이 여성적이며 수동적이 될 수밖에 없다.

특히 그녀의 글쓰기와 언어는 무시당하고 부정당한다. 조는 그토록 열망하던 자신의 언어를 소유할 수 없다. 왜냐하면 그녀의 언어는 결코 그녀의 것이 아니기 때문이다. 조는 뉴욕에서 남성들의 언어적 기준에 휘둘린다. 처음에는 신문사 편집자의 기준에 맞추어 "통속 소설"(349)을 쓰며 자신의 언어를 잃게 된다. 신문사에서 조의 원고를 훑어보는 남성들은 조의 등 뒤에서 "웃음"(347)을 짓는데, 그녀의 글을 "너무 구겨지고 줄이 확확 그어진"(347) 상태로 평가절하하고 자신들의 구미에 맞게 재단하며 심지어 적절한 원고료를 주지 않는다. 조는 그녀가 가치있다고 여겼던 도덕적 언급들을 그들의 요구대로 삭제하고 어두운 사건들과 인물들의 "스릴 넘치는 이야기"(349)로 가득 찬 통속소설의 세계에 발을 내딛게 된다. 하지만 곧 바에르의 비판에 직면한다. "사탕에 독을 넣어 아이들에게 그것을 먹게 할 권리는 없다"(355)며 통속소설을 지적하는 바에르의 말은 작가로서의 성공에 무게를 두고 있던 조를 뒤흔든다. 작가로서의 성공은 자본의 획득을 의미하지만, 그것은 필연적으로 그녀 자신이 믿었던 가치의 상실로 이어지고, 이 가치의 상실은 공허함을 가져올 수밖에 없는데, "여성의 특성 중 가장 여성다운 속성을 잃어가고 있었"(349)던 조는 자신을 지탱해 준 것이 바에르의 인간됨이라고 여긴다.

결국 자신의 원고를 "교수의 정신적이고 도덕적인 안경을 쓴 듯이"(345-56) 다시 검토하다가 "쓰레기"(356)라고 생각하며 난롯불에 던져 재로 만들어 버린다. 그녀가 이런 결정을 내린 이유 중 하나는 "돈 때문에 내 자신과 다른 사람을 다치게 하고 있다"(356)는 것이다. 조는 자본의 순환구도에서 스스로 벗어나는 길을 택한다. 그녀는 셔우드 부인(Mrs. Sherwood)이나 에지워스(Miss Edgeworth)가 쓴 지루하기 그지없는 교훈과 도덕적 가르침을 따라 책을 쓰려고 노력하는

데,[1] "모호한 고딕 스릴러를 쓰는 대신 아이들을 위한 도덕적 설교를 쓰는 것을 배우게"(Gilbert and Gubar 64)된 것이다. 경제적 자립과 독립적 삶을 위해 낯선 도시로 떠나와 직업작가가 되고자 했던 조의 꿈은 이렇게 좌절한다. 경제적 힘을 발휘하려는 조의 세 번째 시도조차 남성의 세계에서 그 순수성이 의심받고 검열당한다. 원고료가 봉투에서 떨어졌을 때 '뱀인 것처럼' 화들짝 놀라서 바라보던 조는 자신의 글에 대한 바에르의 냉정한 비판에 굴복하고 마침내 다시금 도덕의 틀로 되돌아간다.

뉴욕에서의 좌절은 조에게 자기검열을 내면화하도록 가르친다. 아버지의 충고와 바에르의 비판으로 조의 글쓰기 작업은 지대한 영향을 받는다. 돈을 위해 글을 쓰지 않고 거창한 야망을 갖지 않겠다고 결심한 조는 "단순하고 작은 이야기"(436)를 쓰게 된다. '단순하고 작은 이야기'란 고딕 소설이나 선정적 소설과는 다른 것인데, 한편으로는 소소한 일상의 삶을 다룬다는 점에서 의미가 있으나, 여성의 사회적 위치에 걸맞은 크기를 의미한다고 분석한다면 조에게 가해진 또 다른 한계가 된다. 사람들이 자극적인 통속 소설이 아니라 '단순하고 작은 이야기'를 좋아하는 이유를 궁금해 하는 조에게 마치 부인은 "그 안에 진실이 있으니까. […] 명성이나 돈에 대한 생각으로 글을 쓰는 게 아니라 그 안에 네 마음을 넣은 거야"(436)라고 설명한다. 세상의 어둡고 거친 이야기들을 자극적으로 그려내는 소설들에 대한 비판적 언급은 이 작품의 기본적인 지향점이 가족이며 가족적 삶이라는 것을 다시 떠올리게 만든다.

---

1 셔우드 부인(Mrs. Sherwood)와 에지워스(Miss Edgeworth)는 18세기

Ⅲ. "우산"과 바에르

조와 로리, 바에르와의 관계를 은유하는 두 가지 물건은 그녀의 성장과 독립, 혹은 포기와 순종의 과정을 설명해준다. "쿠션"은 작가의 꿈을 지닌 조의 분투와 로리와의 관계를, "우산"은 여인으로서의 조의 자각과 바에르와의 관계를 드러낸다. '쿠션'이 불완전하나마 로리와 다른 사람들로부터 자신의 영역을 확보하려는 의지의 표현이었다면, '우산'은 조가 독립적 세계를 버리고 바에르 교수의 삶 속으로 들어간다는 것을 보여준다. 바에르는 조가 "작은 우산"(469)을 집에 두고 그를 배웅하기 위해 달려왔을 때, "당신에게는 우산이 없으니 같이 가 줄까요"(470)라고 제안한다. 글 쓰는 시간과 공간을 확보하기 위해 로리와의 사이에 놓였던 쿠션이 일종의 장벽 역할을 했던 것과는 달리, 바에르의 우산은 '같이' 비를 피할 수 있는 물건이다. 로리에게 자신의 가장 중요한 가치는 "자유"(365)라고 말하던 조는 바에르에게 "여성의 특별한 임무는 눈물을 닦고 짐을 드는 것"(480)이라고 말하는 여성으로 변모한다. 그리고 "자신의 사랑을 안에 들이고 문을 닫"(480)는데, 남자 못지않은 "강인한 마음을 지닌"(480) 매력적인 선머슴 같던 소녀 조 마치는 이리하여 19세기 "여성"의 틀, 한계 지워진 전통적인 젠더 역할로 되돌아간다.

조가 로리의 사랑을 받아들이지 못하는 것은 여성인 그녀가 자신의 섹슈얼리티를 받아들이지 못했기 때문이다. 그녀는 "사랑에 대해선 아무 것도 모른다"(202)며 메그의 결혼소식에도 진저리를 쳤었다. 또 하나는 로리의 여성성 때문이다. 조에게 로리는 남성이라기보다 자매와 같은 여성으로 여겨졌으며, 그녀가 지녔던 소녀시절의 결핍, 소년이 되어 더 넓은 세상으로 떠나고 싶은 욕망을 나눌 수 있는 상대일 뿐이었다.

> 간략히 말해서 그녀는 부재한 아버지의 양성적 메아리이다. 조는 앨콧의 재구성된 가족에서 '남성'이다. 조의 남성성은 그녀의 친밀한 친구 테오도르 로렌스의 여성성에 의해서 강조되는데, [···] 로리는 세련된 매너리즘을 갖고 있고 춤을 잘 추며 키가 큼에도 불구하고 작은 손과 발을 가졌다. 로리는 남성 가장에 의해 갇혀있고 조는 그녀에게 강요된 여성적 역할에 갇혀 있다. 그들의 우정은, 서로에게 도망갈 장소와 스스로를 발견할 장소를 제공한다. (Webb 36)

조와 로리는 각각 전통적인 성역할의 한계 안에 갇혀있다. 그들은 각자 갖지 못한 것들을 서로에게서 발견하며 위로받지만, 이 위로는 어린시절에만 가능한 일시적인 것이다.

자신의 성적 정체성을 깨닫지 못하는 이 때의 조가 신체적으로나 정신 적으로 어린 소녀에 불과했다면, 뉴욕생활을 하게 되면서 그녀는 성숙의 과정에 접어든다. 사업과 자본의 확장에 몰두하며 "비판적 시선을 던지는"(346) 진짜 남성들의 거친 도시에서 조는 작가로서의 경력을 쌓고 돈을 벌기 위해 그녀의 순수한 세계와는 완전히 다른 통속소설의 세계에 발을 디디고, "순수한 경험"(349)의 세계를 벗어나 폭력과 기만, 선정적인 로맨스와 범죄 등으로 가득 찬 통속소설을 쓰면서 자신의 성에 접근할 기회를 얻는다. 이런 경험으로 집에 돌아온 조는 자신의 마음이 "가족에게 만족했던" 어린시절과 달리 "더 많은 결핍"을 느끼게 되었다는 것을 깨닫는다(438). '더 많은 결핍'은 물론 조의 성적 정체성에 대한 자각, 즉 섹슈얼리티로부터 비롯되며, 또한 그녀가 현실의 냉혹한 세계의 제약으로부터 얻은 좌절에서 비롯된다.

바에르의 청혼을 받아들인 조가 나란히 우산 아래 서는 것은 결코 놀랍지 않은데, 조는 어린 시절의 열망, 넓은 세상으로 나가 결혼 대신 작가로서의 꿈을 펼치며 독립적인 여성으로 살고자 하던 열망을 포기한다. 온화한 성품으로 그려지는 바에르가 로리보다 더 조의 독립을 방해하는 인물로 보이는 이유는 항상 조를 관찰하면서 그녀를 자신이 원하는 방향으로 이끌어가기 때문이다. 카이서(Elizabeth Lennox Keyser)는 조가 바에르의 청혼을 받아들이는 것에 대해 "그녀가 자신을 발견했기 때문이 아니라 자신을 잃었기 때문이며, 달리 보면 교수가 그녀의 정체성을 구성하는 직업인 글쓰기를 빼앗았기 때문이다" ("Domesticity" 168)고 분석한다. 쇼월터는 바에르 교수와 조의 결혼을 "소설의 빅토리아적 틀 내에서 가족으로부터 조가 분리되는 것은 오로지 결혼을 통해서만 달성될 수 있다"(xxvi)고 분석한다. 19세기에 여성이 경제적 자립을 이루고 가족으로부터 홀로 독립하여 사는 것이 매우 어려웠기 때문이다. 뉴욕에 도착한 조는 표면적으로 가족공동체에서 멀어져있지만, 일종의 유사가족공동체에 다시 속하게 된다. 그녀가 머무른 커크 부인(Mrs. Kirke)의 집은 조가 "집처럼 편히 지낼"(333) 수 있는 공간이었던 것이다. 다시 말해서 조는 여러 번의 시도를 통해 작가의 일과 경제적 자립을 시도하지만, 그녀의 시도와 좌절은 주로 여성들의 영역 내에서 이루어졌던 것이다.

조의 예술적 자유에 장애가 되는 것은 일차적으로 남성의 권위이다. 남성의 공적 영역과 여성의 사적 영역이 엄격하게 지켜져야만 하는 사회에서 남성의 공적 영역에 여성이 들어서는 순간, 그 여성은 지탄의 대상이 된다. 남성이 여성의 영역에 관심을 갖는 것 역시 남자답지 못한 일이 된다. 로리가 음악에 관심을 가질 때 로렌스 씨의 태도, 로리의 엄마에 대한 로렌스 씨의 완고한 편견은 남성들에게 음악이란 여성의 영역, 한가로운 여가의 시간을 즐겁게 보내기 위한 정도의 취미로 여겨질 뿐이라는 것을 보여준다. 마찬가지로 여성에게 가장 중요한 일은 집을 가꾸고 아이들의 양육과 남편에 대한 지지를 담당하는 여성의 영역에 머무르는 것이다. 이런 가부장 사회에서 권위적인 신문사 편집장과 남성들이 글을 쓰려는 조에게 조롱 어린 태도를 보이는 것은 예견할 만한 일이다. 그들은 자신들이 오랫동안 누려왔던 펜의 독점권을 여성에게 넘겨주지 않으려 한다. 여성이 그 펜을 제대로 쓸 수는 없을 것이라고 생각하여 여성의 글을 유린하고 짓밟는다. 남성들의 영역을 침범하려 하는 여성에게 가해지는 그들의 무참한 폭력은 질서가 잘 잡힌 사회를 위해서 정당화된다.

문제는 이런 상황에 처한 조가 분개하는 것이 아니라 이 모욕을 받아 들여야만 한다는 것이다. 여성은 감히 항의할 수 없다. 물론 설익은 글이 훈련과 퇴고를 거쳐 더욱 나은 글로 바뀌어야 한다는 관점에서 본다면, 조의 글에 비판과 비난을 가하는 주변 사람들과 편집장의 지적은 조의 글쓰기를 숙성시키기 위한 것이 될 수 있다. 그러나 이 비판과 비난에서 가장 중요한 사항은 그녀가 통속소설을 쓰고 있다는 점이다. 통속소설이 대중적 인기를 끈다고 해도 이런 소설을 '독'과 같다고 말하는 남성들은 여성이 '단순하고 작은 이야기'를 써야 한다고 여긴다. 남성들이 쓰는 이야기의 주제는 다양할 수 있지만, 여성은 펜을 쥐는 것도 쉽게 허용되지 않을뿐더러 어떤 주제로 글을 쓸 것인가조차도 수많은 제약을 받는다.

또 다른 장애물은 물론 바에르이다. 그는 조의 통속소설을 비판하고 "그녀의 창조적 힘에 야유를 던지며"(Keyser, "Families" 88) 그녀로 하여금 글쓰기를 그만두게 만든다. 바에르는 "그녀의 글쓰기를 파괴하는데 성공한다"(Estes and Lant 117).

> 바에르 교수 말고는 아무도 알아차리지 못했다. 바에르는 그녀가 그의 비난을 받아들이고 효과를 내는지 아주 조용히 지켜봤기 때문에 조는 그

> 가 자신을 바라보고 있는지 알지 못했다. 그녀는 시험을 견뎌냈고 그는 만족했다. 그들 사이에 어떤 말도 오고가지 않았지만 그는 그녀가 글쓰기를 그만두었다는 것을 알았다.(357)

조는 단지 통속소설을 쓰는 것을 그만둔 것이 아니라 글쓰기를 그만두게 된다. 조는 이 순간 자신의 꿈을 포기하고 가정교사, 당시 보통의 여성의 역할로 스스로를 낮춘다. 도슨(Janis Dawson)은 "바에르 교수가 조의 글쓰기를 검열하는 것처럼 보임에도 불구하고 그의 목적은 조의 통속소설을 겨냥한 것이지, 그녀의 문학적 야망이 아니다"고 말한다(121). 그러나 도슨 의 지적은 바에르가 조를 자신이 원하는 방향으로 교화시켰다는 점을 간과하고 있다.

무엇보다도 가장 큰 장애물은 바에르와의 만남과 결혼을 통해서 조가 명백히 깨닫게 되는, 그녀 자신에게 내면화된 '여성성'과 '모성'이다. 이 여성성과 모성성은 아주 어린시절부터 조와 자매들 곁에 존재하던 마치 부인의 영향력에서 비롯된다. 이상화되고 강화된 모성의 역할은 여성의 경제적 기여 보다는 심리적, 정서적 기여에 강조점을 두는데, "어머니인 여성은 어머니노릇 능력과 어머니가 되고자 하는 욕망을 가진 딸을 재생산한다"(7)고 초도로우(Nancy J. Chodorow)는 분석한다. 메그가 결혼생활의 어려움을 토로 할 때 현명한 아내란 "가정에 볕을 들게 하는 사람"(392)이라고 충고하는 마치 부인의 말은 메그뿐만 아니라 다른 딸들에게도 강력한 영향을 미친다.

이상적인 어머니상에 대한 이런 욕망은 결국 가부장제 사회의 강화에 맞닿아있다. 홀랜더(Anne Hollander) 역시 조가 아버지에 대해 갖는 존경심과 태도를 언급하면서 그녀가 "남성의 제도와 지배를 받아들이는 것을 싫어한 것이 아니다"(31)고 설명한다. 마치 씨의 자리가 오랫동안 비어있다고 해서 그의 존재감이 사라진 것은 결코 아니다. 가시적이지 않더라도 가장의 영향력은 절대적이어서, 아버지의 비어있는 자리는 마치 부인과 조에 의해서 대체되어 실제로는 비어있지만 늘 채워져 있다. 마치 부인을 비롯한 네 명의 딸들이 집안을 잘 이끌고 있음에도 불구하고 마치 씨는 "여전히 가정의 가장으로, 집안의 양심이고 닻이자 위로하는 사람"(237)으로 건재하게 집안의 중심에 자리한다. 더글러스에 따르면 "마치 씨는 도덕적 선을 위한 영향력이다. 거의 보이거나 들리지 않지만 언제든지 느껴지며, 가족의 경제적 생존을 위해서는 거의 기여하지 않지만 정신적 복지를 위해서 많은 것을 기여한다"(58). 사회를 지탱하는 가정공동체는 이렇게 더욱 단단하게 가부장제의 시스템을 강화하는 역할을 수행하는 것이다.

결국 작가가 되려는 조의 꿈을 방해하는 것은 19세기의 전통적 이데올로기이다. 어머니와 딸이 지켜야 할 여성의 의무는 남성의 영역에 섣불리 발을 디디기보다는 여성의 역할에 충실할 것을 강조한다. 나아가 결혼을 통해 여성의 자기실현은 다음 세대를 잘 길러내는 양육을 통해 달성될 수 있다는 것을 보여준다. 개인의 성취와 성장, 혹은 성공 대신 조는 자신을 희생하고 녹여내어 다음 세대를 양육하는 데 힘을 쓴다. 로리와 다시 만나게 된 조는 그들 사이에 보이지 않는 장벽이 놓여있다는 것을 알게 된다.

> "그 낡은 쿠션은 다락방에 있어. 우리에겐 더 이상 필요 없잖아. 자, 이제 고백해봐, 테디." […] 쿠션은 사라지고 없었지만 분명히 장벽이 존재했다. 시간과 부재, 마음의 변화가 자연스러운 장벽을 만든 것이다. 두 사람은 그걸 느끼고 잠시 동안 서로를 바라보았는데, 마치 보이지 않는 벽이 두 사람에게 옅은 그림자를 드리우는 것 같았다. (442-443)

로리와 조를 가로막던 쿠션은 사라졌지만, 실제적인 벽이 존재한다. 그 벽은 단지 로리와 조 사이에만 존재하는 것이 아니며, '시간과 부재, 마음의 변화'로 인한 벽에 그치는 것도 아니다. 그것은 실은 조와 자기실현 사이의 장벽, 조가 속한 19세기 가부장제 사회와 그녀가 소망하던 다른 삶 사이의 장벽이며, 보이지 않는 그 장벽을 감지한다는 것은 성장한 조가 보이는 쿠션을 치워버렸음에도 여전히 그녀를 한계 내에 가두는 보이지 않는 쿠션이 있다는 것을 암시한다. 이 장벽은 모습을 바꾸어 조를 관찰하는 바에르의 안경이 되고 다시 바에르의 우산이 된다. 우산을 같이 쓴 조는 기꺼이 자신의 '문을 닫는다.' 이 문은 "기혼여성이자 소년들의 교사로서의 조의 삶이 그녀 자신의 철학적 도덕적 태도로 미래의 세대에게 영향을 주게 되는 잠 재력을 지닌 채 현재의 가부장적 규범 내로 수용된다"(Webb 38)는 것을 보여준다. 그리하여 어린 시절 최소한의 독립적 공간을 담보해주던 '쿠션'과 달리, '우산'은 조의 주체적인 자기실현을 가로막는 또 다른 장벽이 된다.

Ⅳ. 나가기

어린 소녀인 조는 자신의 여성성을 거부하는 듯 보인다. 그녀가 거부하는 여성성이란 19세기 사회가 틀지워놓은 여성적인 특성이다. 그녀가 여성적인 특성을 거부하려 들 때마다 조에게는 조신한 행동에 대한 요구가 따라온다. 마치 고모(Aunt March)가 에이미를 데리고 프랑스로 떠난 사건 은 조에게 부과된 일종의 처벌로, 버틀러가 말하는 "젠더의 당연시된 지식이 현실(reality)의 선제적이고 폭력적인 경계선으로 작동한다"(xxiv)는 사실을 보여주는 하나의 예이다. 남성적인 여성만 처벌의 대상이 되는 것이 아니라, 여성적인 남성도 처벌의 대상이 된다. 그러나 이런 부자연스러운 성역할의 뒤바뀜, 즉 여성이 여성적인 특성을 거부하고 남성이 되고 싶어 하는 것이나, 남성이 남성적인 특성을 거부하고 여성의 영역이라 여겨지는 것들에 관심을 갖는 것 등은 결말에 이르러 매우 자연스럽게 해소된다. 조는 그녀가 거부하던 여성성을, "어머니의 따뜻함과 부재중에(in absentia) 현명한 마치 씨의 영향력"(Douglas 56)을 지닌 바에르를 만나 결혼함으로써 자연스럽게 받아들인다. 나아가 자신의 욕망을 기꺼이 지우고 다음 세대의 양육에 온힘을 기울인다. 쇼월터는 이 작품이 "자신의 성적, 지적 욕구를 둘 다 채운 여성으로부터 가장 충만한 예술이 나온다는 앨콧의 믿음을 드러낸다"(xxvii)고 주장한다. 로리 역시 에이미와의 결혼을 통해 가정에 정착하며 자신의 남성성을 강화시키는 방향을 택한다.

어머니를 중심으로 네 자매의 이 이상적인 여성공동체가 지향하는 것은 가정을 안정적으로 지키고 계승시키는 것이다. 그리고 아버지의 빈자리를 채우는 것인데, 아버지를 위해 조는 자신의 여성성의 상징인 머리카락을 기꺼이 포기한다. 아버지의 자리는 비워진 듯 보이지만 결코 비워져 있지 않다. 마치 가의 여성공동체 역시 남성들이 전쟁이라는 거대한 역사를 쓰는 동안 모성성을 강조하고 가정 내의 어머니의 역할을 강조하면서 아버지의 자리를 지켜낸다. 이 과정에서 전통적인 이데올로기는 훼손되지 않으며 오히려 강화되고, 젠더의 불평등한 역사는 되풀이된다.

> 여성의 어머니노릇이 여성의 일차적 위치를 가정 영역에 한정 시키고, 가정적 영역과 공적 영역 간의 구조적 차이의 토대를 만들어 낸다. 이 영역들은 위계적으로 작동한다. […] 문화적으로 그리고 정치적으로,

> 공적 영역은 가정적 영역을 지배하고 따라서 남성은 여성을 지배한다. (Chodorow 10)

이상적인 어머니상을 보고 자란 자매들은 어머니가 되는 것이야말로 가장 이상적인 자신들의 미래의 모습이라고 의식적, 무의식적으로 습득한다. "여성에게 가장 행복한 왕국은 가정이며, 여성의 가장 고귀한 명예는 여왕으로서가 아니라 현명한 아내와 어머니로서 그 왕국을 다스리는 것이다"(399)라고 깨닫게 되는 메그는 마치 부인의 삶의 가치를 독자들에게 명백하게 전달한다. 조는 가정공동체 혹은 교육공동체를 이상으로 여기는 인물이 된다.

조는 자신의 작가적 능력, 글을 쓰고 창조하는 생산적 능력을 아이들을 양육 하는 모성적 능력으로 대치한다. 물론 이것이 또 다른 생산적 창조적 능력일 수 있다. 쇼월터는 조와 바에르가 공통적으로 갖는 가치를 지적하면서 "그들은 교육개혁, 새로운 아이디어, 실질적인 자선행위에 관심을 갖고 있다. 바에르는 무엇보다도 일에 대한 그녀의 욕구를 이해한다"(xxvii)고 말한다. 조는 바에르와 함께 이상적인 교육/양육공동체인 "플럼필드"(Plumfield)를 건설하여 다음 세대를 길러내기 때문이다. 그러나 조가 양육하는 아이들이 모두 소년들이라는 점에서, 어린시절 자신이 겪었던 갈등과 좌절의 문제를 '소녀가 아닌 소년으로서' 여전히 대리만족하고 있는 것은 아닌지 의심을 거둘 수 없다. 그렇다면, 조는 안락한 그녀만의 이상적 공동체로 들어가 "문을 닫고"(480) 사는 것이 아니라, 어린시절 자신을 얽어매던 사회적 시선, 망아지처럼 뛰고 싶지만 할 수 없었던 관습의 제약, 여성에게는 주어지지 않는 교육적 기회, 능력 있는 여성을 쓰레기처럼 취급하는 남성 사회를 변혁시키고, 그 경험을 소년들이 아니라 소녀들에게 전달해주는 모습을 보여주어야 했던 것은 아닌지 진한 아쉬움을 남긴다.

"플럼필드"의 "바에르 어머니"(Mother Bhaer [485])가 된 조에게는 어린시절 그녀가 손에 쥐었던 펜, 머리에 썼던 모자, 혼자만의 공간을 담보 해 주던 쿠션 등은 다락방 속 먼지가 앉은 지난 시절의 추억거리로 남을 뿐이다. 그녀의 손이 기억하는 펜대는 다시 조의 손으로 되돌아오지 않는다. 여성이 감히 펜을 쥐고 글을 생산한다는 것, 남성/이성/합리/옳음의 영역만이 이해하고 사용할 수 있는 언어를 여성이 감히 손을 댄다는 것을 허용하기 어려웠던 19세기의 여성인물 조는 '문을 닫고' 학교라는 공간 안으로 들어가 버린다. 학교의 바깥은 무례한 남성들이 그녀의 글쓰기에 줄을 쫙쫙 그어대며 한편으로는 도덕적인 교훈을 버리고 선정적이고 폭력적인 이야기를 끼워 넣으라고 요구하고, 다른 한편으로는 '단순하고 작은 이야기'만을 쓰라고 요구한다. 선정적이고 폭력적으로 보이지만 한편으로 감히 그런 이야기를 여성이 쓰고 있다는 점에서 하나의 획기적인 전복일 수 있지만, 조는 이 전복의 행위를 "현명한 아내와 어머니"(399)답게 포기한다. 이로써 이중적인 남성 가부장제의 면모가 낱낱이 드러난다. 여성은 순종적이거나 도발적이어야 된다는 이중적인 잣대를 가진 가부장제는 순종적인 여성을 칭송하면서 그들의 계급적 우월성을 강화하고 도발적인 여성을 멸시하고 깎아내리는 동시에 교화하면서 기득권을 행사한다.

마치 씨가 돌아오고 조가 자신의 성적 정체성을 깨달으며 성숙한 여성이 되어 결혼할 대상을 찾게 되자, 소년이 되고자 했던 열망은 사라진다. 그녀는 더 이상 대리남성이 되어 가족을 부양하거나 스스로를 부양할 필요가 없어진 것이다. 다시 말해서 남성 가부장제가 다시 제자리를 찾게 되자 조의 선머슴 같은 역할은 사라지고, 가정이라는 여성적 영역에 기꺼이 머무른다. 모두의 결혼으로 끝맺는 행복한 결말은 앨콧의 지향점을 다시 분명하게 보여준다. 어머니를 중심으로 앉아있는 딸들에게 마치 부인은 “이보다 더한 행복은 없다”(491)고 말한다. 가정을 이루고 가정 내의 일원이 되는 것, 이 마지막 장면은 마치 가가 마치 부인을 중심으로 한 강력한 여성공동체인 것처럼 보이게 만든다. 그러나 마치 부인의 행복은 가정을 지키며 남성에게 사랑받고 선택받는 것에 있다는 점에서 마치 부인과 네 딸들의 머리 위에 보이지 않는 보호막 혹은 울타리와 시선이 있으며, 그것은 부재한 듯 보이지만 언제나 현존하는 가부장제의 이데올로기, 남성중심의 서사인 것이다.

이 글은 『영미문학페미니즘』 22권 2호(2014)에 「쿠션과 우산: 『작은 아씨들』에 나타난 젠더 역할」이라는 제목으로 실린 논문이며, 오류 및 문장을 수정하였다.

유리 구두에서 강철 발까지

『신데렐라』와 패러디 작품들

Ⅰ. 들어가기

누더기 옷을 걸치고 허드렛일을 하던 재투성이 소녀가 무도회에서 왕자를 만나 결혼하게 되는 「신데렐라」("Cinderella") 이야기는 전 세계 곳곳에 많은 판본으로 산재해 있다. 최초의 신데렐라 이야기라고 여겨지는 9세기 중국의 예센(Yeh-Shen) 이야기는 구박받는 어린 소녀, 이를 괴롭히는 계모와 의붓 언니들을 중심으로 물총새의 깃털(kingfisher feathers)로 만든 드레스와 아주 가벼운 황금구두(golden shoes) 등의 요소를 담고 있었다(Tatar, *Annotated* 28). 1697년 샤를 페로(Charles Perrault)는 전래동화 모음집인 『엄마 거위 이야기』(*The Tales of Mother Goose*)에 「재투성이 혹은 작은 유리 구두 이야기」("Cendrillon or La Petite Pantoufle de verre")를 실었고[1], 1812년 그림형제(Brothers Grimm) 역시 「재투성이」("Aschenputtel") 이야기를 『아이들과 가정의 이야기』

1 '엄마 거위'라고 번역되는 마더 구즈(Mother Goose)는 일반적으로 영미권의 아이들이 즐겨 듣는 전래동요(nursery rhyme)과 같은 뜻으로 사용된다. 프랑스에서는 이 용어가 전래동화(fairy tales)의 의미로 사용되었다. (Zipes, Oxford Companion 325)

(*Children's and Household Tales*)에 채록해 넣었다.[2] 이후에도 「신데렐라」는 사람들의 삶과 대중문화에 다양하게 변형되고 전유되어 많은 유사한 이야기가 만들어졌다. 1950년 월트 디즈니(Walt Disney)가 만든 동명의 만화영화, 2015년 개봉한 동명의 실사영화를 비롯하여 신데렐라의 변형된 스토리를 지닌 『에버 애프터』(*Ever After*)나 『귀여운 여인』(*Pretty Woman*) 같은 영화 등이 있으며 뮤지컬이나 발레, 연극으로도 재탄생하고 있다.

이 다양한 판본의 이야기들은 주인공의 이름, 구두의 소재, 혹은 결말의 상이함 등 사소한 세부사항은 다를지 모르지만 결코 변하지 않는 공통적인 특성을 담고 있다. 생모의 죽음과 아버지의 부재, 계모와 의붓 언니들의 구박, 요정의 도움과 왕자와의 결혼 등이 그 요소들이다. 권선징악의 기본구도에서 벗어나지 않는 이 단순한 구조의 이야기가 다양한 문화에서 서로 다른 형태로 변형되어 계속 사랑을 받는 이유는 "가난뱅이에서 고귀한 신분으로"(from rags to riches)라는 희망을 담은 「신데렐라」 이야기의 매혹적인 특성 때문일 것이다.

어린 주인공이 핍박과 위협을 잘 견디고 마침내 영원한 행복을 보장받는 이런 전래동화가 노골적인 미덕과 교훈을 강조함으로써 가부장적 질서를 공고히 하는 데 도움을 준다는 비판은 이미 17세기 무렵부터 시작되었다. 구전의 시대부터 전래동화는 많은 사람들의 삶에 스며들어 즐거움을 제공하면서 동시에 지배적인 이데올로기를 전파해왔다. 자잎스(Jack Zipes)는 페로와 그림 형제가 "섹슈얼리티와 여성의 힘에 대한 긍정적 언급을 지우면서"(*Trials* 80) 전래동화 모음집을 만들어냈

2 "상드리용"(cendrillon)은 불어로, "아쉔푸텔"(aschenputtel)은 독일어로 재투성이를 의미한다.

다고 설명한다. 그림 형제의 판본에서 신데렐라는 죽은 어머니로부터 도움을 받으며 대모 요정(fairy godmother)은 등장하지 않는다. 신데렐라의 신발도 유리 구두(glass slippers)가 아니라 금과 은으로 아름답게 장식된 황금구두인데, 열두시를 치는 종소리에 놀란 신데렐라가 서둘러 돌아오려다 신발이 벗겨진 게 아니고 왕자가 신데렐라가 도망치지 못하도록 의도적으로 계단에 발라놓은 송진에 신발이 들러붙어 벗겨진다. 반면 페로의 판본에서는 대모 요정이 등장하여 신데렐라에게 아름다운 드레스와 마법으로 만든 호박 마차, 유리 구두를 선물한다. 주경철은 "페로는 내적인 과정을 통해서 우리를 변형시켜야 한다는, 원래 이 이야기에 담겨 있는 메시지를 무효화시키고 더 나아가서 그런 측면을 조롱한다"(77)고 주장한다. 남성의 사랑을 얻어 순식간에 신분이 상승하는 신데렐라의 극적인 스토리가 페로로부터 비롯되었다는 것이다.

이런 수동적인 신데렐라의 이미지를 더욱 공고히 하고 고착화시킨 것은 디즈니가 만든 만화영화 『신데렐라』라 할 수 있다. 페로의 이야기를 바탕으로 하고 있는 이 만화영화에서 여주인공은 자신이 처한 심각한 상황을 다른 국면으로 전환시킬 생각이나 의지가 없을뿐더러 때로 지나치게 순종적이며 수동적이다. 욜런(Jane Yolen)은 "새 언니들을 모호한 말로 속여 넘기고 교묘하게 위장하거나 왕자를 쟁취하기 위한 방법을 알아내면서 스스로 운명을 개척하던 훨씬 강건한 유럽과 동양의 선조들"(296-97)에 대해 언급한다. 이는 민담 속 여성인물들이 저가형 보급문고나 디즈니 만화영화에서처럼 틀에 박힌 수동적 인물이 아니었으며, 현대의 어린이들이 읽는 여성 인물들보다 더 능동적이고 창의적인 인물이었다는 것을 보여준다. 자잎스는 백설 공주나 인어 공주, 라푼젤 같은 디즈니 만화영화의 여성인물들에 대해 "아름다움과 매력에도 불구하고 적극적이며 사악한 영화 속 인물들에 비하면 창백하며 불쌍해 보인다. … 젊은 여성들은 보호가 필요한 무력한 장식물과 같다"("Breaking" 349)고 말한다. 디즈니 만화영화는 "청중들이 자신만의 인물과 역할, 욕망을 시각화하지 못하도록 만들"(Zipes, "Breaking" 345)었는데, 이 고착화된 이미지는 하나의 전형성이 된다.

전래동화를 읽을 때 염두에 두어야 할 것 중 하나는 모든 이야기가 사람들이 살고 있는 사회와 역사를 함유하고 있으며 당대 사람들의 삶의 반영이라는 점이다. 전래동화를 정신분석학적으로 분석한 베텔하임(Bruno Bettelheim)은 부모로부터 인정을 받지 못한다는 두려움에 휩싸인 아이들이 「신데렐라」를 읽으면서 "신데렐라의 선량함을 사람들이 믿는 것처럼"(240) 자신들에게서도 선량함을 발견하리라는 희망을 갖게 된다고 설명한다. 다수의 비평가들은 이런 분석과 더불어 역사성과 현재성도 염두에 두어야 한다고 주장한다. 자잎스도 "동화와 판타지 문학의 의미는 언제나 사회적 함의를 지닌다"(*Breaking* 211)고 말한다. 단턴(Robert Darnton)에 따르면 "민담은 역사적 기록"(13)이며, 타타(Maria Tatar) 역시 "기원과 역사적 맥락에 대해 배우는 노력 없이 민담을 해석하는 것은 재앙의 주문을 거는 것이다"(*Hard Fact* xxxi)고 말한다. 이런 맥락에서 동화 다시쓰기는 독자의 적극적인 해석과 맥을 같이 한다. 던디스(Alan Dundes)는 "민담 다시쓰기는 19세기와 그 이전에 받아들여진 행위였다"(23)고 분석한다. 하스(Donald Hasse) 역시 이미 17세기 이후로 프랑스와 독일, 영국의 여성작가들이 전래동화의 남성 중심의 관점을 알아차리고 젠더 모델을 해체하려는 노력을 계속해왔다고 설명한다(vii-viii). 백설 공주의 마법 거울처럼 "포스트모던 소설은 전래 동화의 마법 거울에 대한 거울을 들고 있"(Bacchilega 23)는데, 이 "자기반영적인 거울"(self-reflexive mirrors)(Bacchilega 24)은 이야기를 비추고 뒤집고 비틀어 다시 구성하고 재창작하도록 돕는다.

이 글에서는 페로와 그림 형제의 「신데렐라」 이야기를 비롯하여 성역할과 계급의 측면에서 흥미롭게 변주된 몇 편의 『신데렐라』 패러디 작품을 탐색한다. 디즈니의 만화영화 「신데렐라」를 비롯하여, 배빗 콜(Babette Cole)의 『신데 왕자』(*Prince Cinders*), 엘런 잭슨(Ellen Jackson)의 『신더 에드나』(*Cinder Edna*), 게일 카슨 레빈(Gail Carson Levine)의 『마법에 걸린 엘라』(*Ella Enchanted*), 마리사 메이어(Marissa Meyer)의 『신더』(*Cinder*) 등을 분석하면서, 어린아이들을 위한 그림책에서부터 청소년을 위한 소설까지 신데렐라 이야기를 변형시킨 현대의 패러디 작품들에서 이 변하지 않는 속성이 어떻게 변주되는지, 그 변주 내에서 가장 견고한 프레임으로 보이는 계급과 성역할의 재현이 어떻게 달라지는지 연구한다.

Ⅱ. 『신데렐라』의 패러디 작품들

변화하는 신데렐라는 무수히 다른 얼굴로 나타나는데 대개의 패러디 작품들은 시간적 공간적 배경을 바꾸어 신데렐라의 모습을 다른 관점에서 바라보도록 만들어준다. 로베르트 이노첸티(Roberto Innocenti)의 그림책 『신데렐라』는 페로의 이야기를 변형시키지는 않지만, 1920년대의 런던을 배경으로 근대의 매혹적인 풍경 속에서 신데렐라가 어떻게 우아한 숙녀로 탈바꿈하는가를 보여준다. 이 그림책은 페로의 이야기가 들려주지 않는 신데렐라의 내면의 욕망을 그림 속에 그려 넣었다. 빨래를 하고 있는 신데렐라의 모습이 우물에 비추어질 때, 우물 속의 신데렐라는 누더기를 걸친 가여운 소녀가 아니다. 우물 속의 소녀는 반짝이는 액세서리를 하고 화사한 드레스를 입은 채 빨래 대신 꽃다발을 들고 있다. 우물물은 마치 거울처럼 신데렐라의 소망을 되비추어준다. 이렇게 이노첸티의 그림책은 문자 텍스트에서는 발견할 수 없는 이야기들을 그림 여기저기에 숨겨두었다. 하지만 기본적으로 페로의 서사를 그대로 따라간다는 점에서 획기적으로 다시쓰기를 한 작품이라고 말하기 어렵다. 반면 농구를 좋아하는 십대 소녀로 신데렐라를 그려낸 프랜시스 민터스(Frances Minters)의 『신더 엘리』(*Cinder-Elly*)처럼 인물이나 배경, 사건의 전개로 이야기의 단순한 구조에 변형을 가한 경우도 많다.

이렇게 다시 쓰이는 전래동화에서 "여성인물들은 유머감각이 있고, 능동적으로 스스로를 자유롭게 생각하는 개인이 되며, 무엇보다도 자신의 관심사에 따른 선택을 한다"(Cashdan 246). 패러디 작품들에서 다시 쓰고자 하는 전래동화의 전형적 특성들은 대개 가부장적 관점의 교훈이나 고전적인 성역할에 대한 것들이다. 타타는 신데렐라의 다양하고 무수한 판본에 대해 언급하면서 상이한 문화권에서 "때로는 잔인하고 복수심이 강하지만, 한편으로는 인정 많고 친절"한 신데렐라가 나타나며, 또한 단일한 문화권 내에서도 순종적이고 자기희생적인 한편, 영리하고 영악하며 요염하기도 한 신데렐라의 다양한 모습이 나타난다고 설명한다(*Classic* 102). 패러디된 작품들은 여성 주인공의 수동적 성향을 능동적으로 바꾸거나 순종적인 여성이 자신의 의견을 표현할 수 있도록 목소리를 부여한다. 때로는 남성의 역할과 여성의 역할을 통째로 뒤바꾸어 놓은 작품도 있다.

전래동화 「신데렐라」의 전반부는 신데렐라가 얼마나 척박한 환경에 놓여있는가를 그린다. 페로나 그림 형제의 판본뿐만 아니라 대부분의 패러디 작품에서도 계모와 의붓 언니들의 구박을 받으며 온갖 궂은일을 해야 하는 불쌍한 소녀라는 설정은 변하지 않는다. 때로는 아버지의 역할이 아예 지워지고 신데렐라가 생계를 책임지는 가장의 역할을 하기도 한다. 다시 말해서, 다양한 판본에도 불구하고 신데렐라의 가장 기본적인 특성은 집안일에 종사하는 가정의 하녀/하인이라는 점이다. "일하느라 녹초가 되었지만 침대가 없었기 때문에 잿더미가 쌓인 화로 옆에 누울 수밖에 없었"(Grimm 117)던 신데렐라들은 빨래하고 청소하고 바느질하는 노동에서 벗어나지 못한다. 이들이 거주하는 중심공간은 '부엌'이나 '다락방' 같은 곳이다. 부엌은 음식이 만들어지는 가장 따뜻하고 활력적인 곳이지만, 신데렐라에게 부엌이란 사적 노동의 공간 이상의 의미를 띠지 못한다. 이곳은 끝없이 다른 사람을 떠받드는 노동이 부과되는 장소이자 결코 재에서 엉덩이를 뗄 수 없는 공간인 것이다. 이런 이야기들에서 가장 강조되는 미덕은 순종으로, 여성은 집안일에 충실하거나 가족을 부양할 것을 요구받는다.

신데렐라는 사적 노동에 얽매인 여성의 모습을 재현하는데, 이런 여성의 모습을 통해 「신데렐라」 이야기들은 사적 노동에 충실한 여성이 아름답다고 에둘러 말한다. 전래동화에서 일하지 않고 빈둥거리는 두 언니들을 밉상으로 묘사하는 이유는 집안 노동과 여성의 사적 노동에 대해 강조하기 위해서이다. 컬린(Bonnie Cullen)은 신데렐라의 두 언니들이 처음부터 못생긴 여성들이 아니었다면서, "언니들을 최초로 늙은 노파로 묘사한 것은 영국이 분명하다"(63)고 말한다. 신데렐라를 집안일에 묶어두고 무도회에 가지 못하게 만드는 것은 가부장제의 산물이다. 이런 가부장적 사고는 집안일을 하는 신데렐라를 아름다운 소녀로, 일하지 않고 밖으로 나가는 언니들을 흉한 모습으로 그려낸다. 계모와 언니들은 그들의 시기나 질투뿐만 아니라 게으름 때문에 용서받지 못한다. 신데렐라의 충실한 노동은 요정의 선물과 신분 상승으로 보상받는다. 소녀/여성의 미덕은 자비로움, 희생, 순종, 겸손과 같은 것들인데, 신데렐라가 보여주는 선함과 미덕은 가부장제를 굳건히 떠받는 데 매우 유효한 가치들인 것이다.

이런 측면에서 신데렐라의 성공적인 신분 상승은 흔히 말하듯 "가난뱅이에서 고귀한 신분으로" 부상하는 것과 더불어 가사노동에서 벗어난다는 점과 관련되어 있다. 신데렐라의 성공과 신분상승이 자신의 힘에 의한 것인지 혹은 대모 요정이나 죽은 어머니의 도움에 의한 것인지 중요하지 않을 수도 있다. 신데렐라가 떠난 부엌에는 그녀와 비슷한 처지의 또 다른 인물이 그녀의 노동을 대신할 것이다. 이상적인 가정을 구성하고 유지시키기 위한 노동은 사라지지 않기 때문이다. 사적 노동은 가정 내의 재생산을 떠받들고 남성들의 공적 영역에서의 노동과 성과를 지지하기 위해 물질적 보수 없이 계속된다. "문화적으로나 정치적으로 공적 영역은 사적 영역을 지배하며"(Chodorow 10) 사적 영역 내의 보수 없는 노동은 자본주의 사회에서 가치 없는 것으로 치부된다. 사적 영역에서 행해지는 노동의 가치에 대한 고려 없이 노동을 담당하는 인물이 대치될 뿐, 구조적인 변혁은 이루어지지 않는다.

「신데렐라」의 패러디 작품인 『신더 에드나』는 전래동화 속 주인공과 똑같이 눈물 흘리고 신세 한탄하다가 대모의 도움을 받아 왕자와 결혼하는 신데렐라와, 그 옆집에 살고 있는 전혀 다른 재투성이 소녀 신더 에드나의 삶을 대비시킨다. 어려운 생활조건을 부정적이고 수동적으로 받아들이는 신데렐라와 달리, 신더 에드나는 꿋꿋하게 자신의 길을 개척하면서 적극적으로 이를 전환시키려 노력한다.

> 또 다른 소녀인 신더 에드나 역시 나쁜 계모와 의붓 언니들을 위해서 일을 해야만 했어요. 하지만 에드나는 일할 때 노래 부르고 휘파람을 불

> 었답니다. 게다가 집안일을 하면서 몇 가지 유익할 것을 알아내기도 했어요. 참치 찜 요리를 하는 열여섯 가지 방법이나 바닥깔개부터 무당벌레에 이르기까지 모든 것에서 얼룩이나 점을 제거하는 방법 같은 거 말이지요. *Edna* 3)[3]

전래동화의 전형적인 수동적 여성상을 그대로 보여주는 신데렐라와 현대적인 사고를 지닌 에드나의 삶의 태도와 가치관이 상반되게 그려진다. 파티에 참석하기 위해 자신의 돈으로 드레스를 마련하고 신발을 선택하는 에드나의 모습은 신데렐라의 모습과 사뭇 다르다. 신데렐라는 대모 요정의 도움을 받아 왕자와 결혼하여 화려한 궁전에서 살게 되지만 호화로운 의상을 입고 눈부신 액세서리를 한 그녀의 표정은 결코 행복해 보이지 않는다. 신데렐라의 일상이 얼마나 따분하고 재미없는지가 그림을 통해 여실히 드러난다. 반면 자신의 자유로운 의지와 적극성으로 막내 왕자 루퍼트(Rupert)와 결혼한 에드나는 시골의 작은 집에서 즐거움이 가득한 일상을 이어간다. '영원히 행복하게 살았습니다'라는 전래동화의 상투적인 단정적 결말 대신 영원히 행복하게 산 사람이 누구인가를 묻는 질문으로 끝을 맺는 이 패러디 작품은 행복한 삶이란 신분이나 권력과는 무관하다는 점을 보여주면서 전래동화의 틀을 뒤집어 보인다.

재투성이 소녀 대신 재투성이 왕자를 주인공으로 내세운 『신데 왕자』 역시 가사노동에 시달리는 인물을 묘사하면서 이야기를 시작한다.

---

3 본문에 인용되는 책의 약어는 『신데 왕자』는 『왕자』(*Prince*)로, 『신더 에드나』는 『에드나』(*Edna*)로, 『마법에 걸린 엘라』는 『엘라』(*Ella*)로, 『신더』는 『신더』(*Cinder*)로 표기한다. 그림책의 경우 페이지 표시가 없으므로 편의상 본문이 시작되는 페이지를 1페이지로 간주했음도 밝힌다.

이 작품의 가장 큰 특징은 '소녀'가 아니라 '왕자'가 등장하여 성역할의 전도를 꾀한다는 점이다. 주슨(Vanessa Joosen)은 "전통적인 전래동화에서 재현되는 가부장적 모델을 바로잡는 가장 단순하고 대중적인 초기 전략은 젠더 역할을 뒤바꾸는 것이었다"(86)고 설명한다. 기발한 비틀기를 시도한 작품답게 재투성이 '왕자'뿐만 아니라 나이든 대모 요정 대신 견습생 요정이 나오고, 호박 마차 대신 어처구니없이 작은 자동차, 유리 구두 대신 신데 왕자의 마른 몸에 어울리는 청바지 등의 소재가 등장한다. 앞치마를 두르고 청소기를 돌리는 허약하고 빼빼마른 신데 왕자의 꿈은 근육질의 건장한 남성이 되는 것이다. 어느 날 견습생 요정의 도움으로 파티장에 도착한 그는 마법이 풀리는 열두시에 허겁지겁 도망치다가 입고 있던 청바지를 길에 흘리고 만다. 이 청바지 주인을 찾는 사람은 "부자인 데다 아름다운"(*Prince* 21) 러블리페니 공주(Princess Lovelypenny)이다. 성별을 바꾸었지만 전래동화의 전형성에서 크게 벗어나지 않는 이 작품은 예상한 대로 왕자와 공주가 결혼하여 "영원히 행복하게, 호화롭게 잘 살았답니다"(*Prince* 27)로 끝을 맺는다.

이 작품이 가진 한계는 허드렛일을 하는 신데 왕자의 수동적 성향이 신데렐라의 남성 판본 이상의 의미를 지니기 어렵다는 데 있다. 기발한 전치와 아이디어로 독자에게 많은 즐거움을 주지만 실제로는 주인공의 생물학적 성을 여성에서 남성으로 바꾸어 놓았을 뿐, 보다 전복적인 새로운 가치를 만들어내지는 못한다. 특히 결말 부분은 전래동화의 틀을 벗어나지 못하고 그대로 답습한다.

> 러블리페니 공주는 건장하고 털 많은 형들에 대해 요정과 귓속말을 했습니다. … 요정은 형들을 집요정으로 만들었지요. 형들은 영원히 오래오래 궁전 이곳저곳을 날아다니며 집안일을 했답니다. (*Prince* 27-29)

러블리페니 공주가 왕자를 선택하고 결혼을 결정하며 신데 왕자의 형들을 처벌하는 등의 내용은 표면적으로 여성주의적 사고에 바탕을 둔 것처럼 보인다. 그러나 이 작품에서 가장 강력한 힘을 가진 사람은 돈 많은 공주이다. '러블리페니'는 '사랑스러운 페니'라는 뜻으로 볼 수 있지만 동시에 돈(penny)을 사랑스럽게 여기는(lovely) 인물이라는 중의적 의미를 지닌다. '영원히 행복하게'란 전형적 결말에 "호화롭게" (*Prince* 27)라는 단어가 덧붙여진 것 역시 이 작품의 한계를 보여준다. 가난한 자가 고귀한 신분으로 변하는 과정에서 더 많은 돈과 힘을 가진 강자가 아무 것도 가지지 못한 약자를 '선택'하는 내용이 견고하게 반복된다. 성역할과 계급적 질서가 뒤바뀌어 있는 것처럼 그려지지만 실제 그 본질은 공고히 유지되며 나아가 자본은 가장 중요한 전환을 이루어내면서 이야기 내에 스며들어 있다.

「신데렐라」 속 인물들의 관계 역시 패러디 작품에서 반복적으로 사용된다. 아버지의 역할이 미미하거나 아예 등장하지 않는데, 가장 중요한 구도는 신데렐라와 다른 여성 인물들 간의 관계이다. 신데렐라는 주변의 여성인물들과 항상 적대적인 관계를 형성하며, 이 여성인물들에게서 가족애나 자매애는 드러나지 않는다. 계모와 의붓 언니들은 사악한 마녀의 다른 얼굴이다. 여성인물을 괴롭히는 인물이 또 다른 여성들이라는 설정은 여성에 대한 부정적 관점을 반영함과 동시에 가부장제의 토대를 공고히 하는 역할을 한다. 이러한 구도는 마치 여성의 목소리가 커서는 안 되며 여성의 연대는 매우 위험하다고 말하는 듯하다. 남성가부장이 주도권을 공고히 하는 데 있어서 여성인물들의 연대보다는 개별화되고 파편화된 개인들이 훨씬 통제하기 쉬우며 덜 위협적이다. 또한 이런 구도는 남성연대를 강화시키며 여성연대의 무의미함과 부정적 측면을 강조하게 된다.

전래동화의 신데렐라가 상당히 수동적인 인물이라는 점은 가장 많이 패러디되는 부분 중 하나이다. 그녀는 계모와 의붓 언니들의 부당한 대우에 대해 어떤 의문도 갖지 않는다. 착하고 순종적인 신데렐라의 모습과 못된 언니들의 대비는 착한 여성이 복을 받고 못된 여성은 반드시 벌을 받고 뉘우치게 된다는 가부장제의 메시지를 강력하게 전달한다. 이런 가부장적 메시지를 비틀고 있는 작품이 『마법에 걸린 엘라』이다. 태어날 때 요정 루신다(Lucinda)로부터 "순종"(obedience)이라는 선물을 받게 된 엘라(Ella)의 이야기인 이 작품은 '순종'이라는 전통적 미덕이 어떻게 저주가 될 수 있는가를 보여준다. 순종을 강조하는 사람들은 한 개인을 꼭두각시처럼 조종하고, 자신들의 재미와 이익을 위해서 엘라를 이용하려고 든다. 엘라의 아버지 피터 경(Sir Peter)는 엘라를 나이든 월렉 공작(Earl of Wolleck)과 결혼시키려 한다. 명령을 거부할 수 없는 엘라는 불합리하고 부당한 명령을 그대로 따라야만 하고, 그렇게 함으로써 의도치 않게 다른 사람들을 위험에 빠뜨릴 지경에 놓인다. 엘라는 음식을 먹거나 잠을 자는 것과 같은 일상적 행동도 제약을 받는데, "이제 자러 가야지"(*Ella* 4-5) 같은 단순한 말에도 무조건 순종해야 하기 때문이다. 만일 거부하면 견딜 수 없는 고통이 수반된다. 순종은 미덕이 아니라 한 개인의 주체적 사고와 자유로운 행동을 저해하고 억압하는 악덕이 된다. 엘라는 그녀의 대모 요정인 맨디(Mandy)조차도 풀 수 없는 매우 강력한 '순종'의 저주를 '순종하지 않음'으로써 스스로 깨뜨린다. "아무도 나에게 강요할 수 없다"는 엘라의 깨달음과 외침이 저주를 부수는 일종의 대항마법(counter-spell)이 된다.

> 그 때 난 모든 감각을 잃어버렸다. 난 계속 몸을 흔들면서 눈물을 흘렸지만, 내 생각은 내면 저 깊숙한 곳에 자리 잡고 있는, 마음 깊은 곳에

> 집중했는데, 거기에는 오로지 단 하나의 진실만이 있었다. 나는 샤를 살려야만 해. 그 순간 나는 안전하고 안락하며 확실하게 내 안에서 안도하면서, 힘을 얻었다. … 그리고 나는 내 목소리를 되찾았다.
> "아니요." 나는 소리쳤다. "난 당신과 결혼하지 않을 거예요. 난 그렇게 못해요. 아무도 나에게 강요할 수 없어요!" (*Ella* 226)

사랑하는 샤(Char)를 구하기 위해서 엘라는 역설적으로 그와 결혼하라는 명령을 거부한다. '순종하라'는 명령을 따르지 않을 때 고통을 겪게 된다는 것을 알면서도 다른 사람을 구하려는 엘라의 용기 있는 노력이 '순종'이라는 저주를 무력하게 만든다. 라이머(Elizabeth Reimer)는 "엘라는 저항의 행동과 도덕적 무게감, 위트, 용기, 현명한 감각을 보여준다"(35)고 말한다. 가장 중요한 미덕은 무조건적인 순종이 아니라 자신의 자유로운 의지였던 것이다. 엘라가 다양한 언어에 능숙하다는 사실, 결혼식에는 온갖 이종의 인물들이 모여드는 모습 등은 이 작품이 지닌 남다른 강점이다. 이 작품은 거인과 난장이, 오우거(Ogres) 등의 여러 인종들, 각기 다른 생김새와 각기 다른 언어 및 문화를 지닌 사람들이 한 자리에서 파티를 즐기는 모습을 보여줌으로써 전래동화가 지녔던 한계, 고정적 성역할이나 예측 가능한 해피엔딩이 만들어놓은 경계를 넘어선다.

Ⅲ. 신데렐라의 '신발'과 성역할

「신데렐라」의 전반부가 가련하고 착한 소녀의 고생담이었다면, 후반부는 이에 대한 보상으로 진행된다. 페로의 판본에서는 대모 요정이 나타나 착한 신데렐라에게 드레스와 유리 구두를 선물한다. 이를 통해 마침내 자신을 드러낼 기회를 얻게 된 신데렐라는 아름답게 차려입은 수많은 젊은 여성들 사이에서 단숨에 왕자를 매혹시킨다. 이 무도회에서 신데렐라가 지닌 무기는 요정의 마법으로, 자정이 되면 사라질 마법의 힘이 왕자를 사로잡는다. 그러나 밤 열두시까지 돌아와야 한다는 요정의 조건은 신데렐라의 변화된 상황이 결코 오래 지속되지 않는다는 것을 의미한다. 다시 말해서 그녀의 노력과 무관하게 얻어진 겉모습으로 무언가를 성취하는 것을 불가능하다. 비록 그녀가 미덕을 지닌 여성이라고 해도 "마법은 오직 하루만 유효하고 '내일이 없다.' 상황을 항구적으로 변화시키는 것은 왕자, 즉 남성이다"(주경철 76). 무도회에서 신데렐라를 만난 왕자가 그녀에게 청혼한다면, 그것은 신데렐라의 내면의 미덕이 발휘된 것이라기보다 그녀가 아름다움, 그것도 잠깐 사라질 마법의 아름다움을 지녔기 때문이다. 따라서 이 행복한 결말의 다음 이야기가 여전히 행복의 연장선에 놓여있을 것인가는 매우 불투명하다. 그녀/그의 일시적인 마법의 효과로 얻어진 지금의 행복은 그녀/그의 본질, 혹은 내면의 아름다움을 드러내어 획득된 것이 아니기 때문이다.

「신데렐라」에서 왕국의 모든 젊은 처자들은 무도회의 초대장을 받은 뒤 온갖 치장을 하고 궁전으로 몰려든다. 그들은 자신들이 일종의 상품으로 결혼시장에 전시되는 것을 기꺼이 받아들인다. "무도회는 사교 기간(social season)의 하이라이트 중 하나"(Pool 78)였는데, 수많은 사람들이 모여든 화려한 홀에서 오케스트라의 연주를 배경으로 화려한 장신구로 치장을 한 숙녀들과 연미복을 차려입은 신사들이 "적절한 예법"(proper decorum)(Pool 79)을 지키면서 격식에 맞는 춤을 추었다. 디즈니 만화영화 『신데렐라』의 무도회장은 결혼시장에 전시되어 선택받기를 기다리는 여성들의 모습을 노골적으로 보여준다. 무관심한 왕자 앞에서 머리를 조아리며 줄 선 여인들은 왕자의 눈길과 선택을 갈구하지만, 왕자는 어떤 상품/여성도 마음에 들어 하지 않고 무시한다. 이 만화영화에서 왕자가 하는 일은 아무것도 없다. 그는 주도적으로 무도회를 열지 않았으며 신데렐라를 계단 끝까지 쫓아간 것도 아니며 심지어 유리 구두의 주인을 찾는 일에도 모습을 드러내지 않는다. 디즈니의 「신데렐라」는 여성 인물들의 가장 큰 목적이 어떤 왕자/남편을 찾는가가 아니라 '단지 왕자와 결혼한다'는 것에 있다는 노골적인 신분상승의 주제를 드러낸다. 무엇보다도 이 무도회장이 끔찍한 이유는 선택의 힘을 가진 남성이 왕자 단 한 명이기 때문이다. 다른 무도회장에서 많은 남녀가 서로 만날 수 있었던 것과는 달리, 수많은 처자들은 오로지 왕자의 선택을 받기만을 기다린다. 이 불공정하고 불평등한 거래의 장소에서 신데렐라와 여성들은 매우 가부장적이고 수직적인 관계의 최하층에 놓여있다.

바슐라르에 따르면 "집은 언제나 커다란 요람이다. … 삶은 집의 품속에 포근하게 숨겨지고 보호되어 시작되는 것이다"(81). 그러나 신데렐라나 신데렐라의 두 의붓 언니들은 집에서 그러한 안정감을 찾지 못한다. 따뜻함과 사랑, 보호와 안전이 사라진 공간에는 불안정과 공포, 유기에의 위협만이 남는다. 새로운 가정으로 들어오게 된 신데렐라의 언니들이 신데렐라를 괴롭히는 행위는 그들의 불안정한 심리를 반영한다. 신데렐라는 아버지의 적자이며 그 집안의 진정한 주인인 데 반해 언니들은 새롭게 유입된 존재들이다. 집안의 적자인 신데렐라가 사라져야만 언니들의 지위가 안정적으로 보장될 수 있다. 신데렐라를 사라지게 만들거나 없앨 수 없다면 언니들은 반드시 보다 더 좋은 집안의 남성과 결혼을 해야 한다. 그녀들이 무도회장이라는 결혼시장에 나갈 때 상대적으로 유리한 조건을 가진 신데렐라를 따돌릴 수밖에 없는 이유가 여기에 있다. 결혼과 이를 통한 신분상승이 그들에게 생존의 문제이기 때문이다. 그래서 계모와 의붓 언니들은 신데렐라가 무도회장에 가는 것을 방해하고 신데렐라의 유리 구두를 강탈하려 한다. 집이라는 공간이 신데렐라를 포용하거나 지지하지 못하며 게다가 부엌이라는 사적 노동의 영역에 갇혀있기 때문에, 신데렐라는 집 바깥으로, 지금의 위치보다 더 상승하는 세계로 가야만 이 감금의 상태를 벗어날 수 있다. 그곳은 왕자의 무도회가 열리는 궁전이다. 궁전의 계단을 올라간다는 것은 그녀 내면에 자리 잡고 있는 신분상승에 대한 열망의 반영이다.

궁전의 계단을 오르는 행위보다 신데렐라의 열망과 결혼관을 더 잘 드러내고 있는 물건이 있다. 바로 신데렐라의 신발이다. 막강한 권력과 부를 지닌 남성과의 결혼을 위해 여성들은 최고의 상품이 되려하고 스스로를 대상화한다. 상품인 여성을 고르는 것은 계급과 권력, 돈, 권위를 지닌 남성이다. 이 무도회장에서 신데렐라/여성은 자신의 물건인 유리 구두를 잃어버리는데, 실제로는 대모 요정이 열두시까지 돌아와야만 한다는 단서를 달았기 때문에 이 구두는 자신의 것이라기보다 빌려온 것에 불과하다. 게다가 신데렐라/여성은 자신이 잃어버린 것을 스스로 되찾지 못하고 남성이 찾아와 돌려주기를 기다린다. 신데렐라의 유리 구두는 "공주가 자신의 가치를 명확하게 비쳐볼 수 있는 거울"(Warner 362)이며, 또한 자신의 상품가치를 돋보이게 하는 물건으로써 기능한다.

「신데렐라」에서 여성들은 유리 구두를 발에 맞추기 위해서, 즉 최상의 상품이 되기 위해 발가락과 뒤꿈치를 잘라내야만 한다. "유리는 처녀성의 표준적인 상징"(Dundes 111)인데, 신발을 가장 깨어지기 쉽고 가장 투명하게 보이는 재질로 설정함으로써 여성에게 가해지는 가부장적 억압을 구체화한다. 피를 흘리며 잘라내는 여성의 신체는 소중한 것이 아니라 남성의 욕망에 끼워 맞춰지는 대상물에 불과할 뿐이다. 그녀들의 신체가 어떻게 훼손되는가보다 그녀들이 신체의 일부분을 잘라내고서라도 남성의 욕망에 얼마나 잘 들어맞느냐가 중요한 부분으로 부상한다. 나아가 훼손되지 않고 어떤 결함도 없는 신체, 다시 말해서 더럽혀지지 않은 순결한 신체만이 남성의 요구에 적합한 것으로 밝혀진다. 왕자와 결혼하기 위해 자신들의 신체를 스스로 훼손했던 언니들은 남성가부장제의 시선에서 불순한 의도를 지닌 자들이 된다. 이런 이유로 언니들은 가혹한 처벌을 감수해야만 한다. 신체에 어떤 훼손도 가하지 않은 순결하고 흠집 없는 신데렐라만이 왕자에게 걸맞고 가부장제의 요구에 적합한 인물이었던 것이다.

고전적 신데렐라와 다른 행보를 보이는 에드나의 신발은 투명한 물질로 만들어져 들여다볼 수 있는 불편하고 폭력적인 유리 구두가 아니다. 시간과 장소를 불문하고 여성을 응시의 대상으로 보는 보수적인 사고는 깨어지기 쉽고 훼손되기 쉬운 것으로 여성의 신체를 바라본다. 에드나가 아름답게 보이거나 순결의 가치를 판정받기 위한 신발이 아니라 편하게 활동할 수 있는 신발인 로퍼(loafers)를 신는 것은 이런 불편과 폭력에 대한 비판이다.

> 신더 에드나는 대모 요정의 존재를 믿지 않았다. 대신 그녀는 무도회 같은 상황에 어울리는 드레스를 구매하려고 새장 청소를 해서 모은 돈을 썼다.
>
> "편안한 로퍼가 춤추기엔 제일 좋을 꺼야." 에드나는 그렇게 말하면서 로퍼를 신었다. (*Edna* 5)

로퍼가 적극적이고 활동적인 성격의 에드나 스스로 선택한 물건이라면, 신데렐라의 유리 구두는 대모로부터 받은/빌린 물건이다. 이 유리 구두는 신발을 잃은 자와 신발 주인을 찾는 자의 관계를 통해 신분 상승이라는 계급적 욕망을 드러낸다. 반면 주체적 선택과 관련 있는 에드나의 로퍼의 경우는 이와 다르다. 에드나가 신발을 잃어버렸다고 해서 이 신발 주인을 찾으러 온 남성의 욕망이 그 물건에 투영될 수는 없다. 게다가 로퍼는 남성과 여성을 불문하고 신을 수 있는 신발이다. 에드나의 로퍼는 신데렐라의 유리 구두와는 달리 여성적이면서 계급적 욕망의 함의를 지닌 물건이 아니며, 실용성과 수평적 관계의 형성이라는 가치를 띤 채 주인에게 되돌아간다.

미래 세계를 배경으로 한 청소년 작품인 『신더』는 새롭게 변형된 신데렐라를 보여준다. 몸의 약 사십 퍼센트가 기계로 대체되어 있는 사이보그인 안드로이드 수리공 신더는 계모와 그 딸들을 부양하고 노동을 제공한다는 점에서 고전적 신데렐라와 다르지 않다. 그러나 다른 신데렐라들이 물질적 보상을 받을 수 없는 사적 노동의 공간인 부엌에서 벗어나지 못하는 것과 달리, 신더는 어느 누구보다 뛰어난 정비능력을 갖추고 스물네 시간 서비스를 제공하는 정비소에서 일을 한다. 신더는 물질적 보상을 받을 수 있는 공적 노동의 영역을 통해 자신의 존재를 부각시키며, 그녀를 구박하는 계모나 두 언니들과 수평적인 대등한 관계를 유지할 수 있다.

신더가 인간이 아니며 그녀의 신체 역시 완벽하지 않고 훼손되어 있다는 점은 이 작품이 지닌 독특한 설정을 더욱 부각시킨다. 신더의 신체적 약점이 드러나는 첫 장면은 이 작품에서 가장 흥미로운 전복적인 특성을 보여준다. 바로 신더의 '발'로부터 이야기가 시작된다.

> 신더의 발목에 있는 나사는 녹슬어 있었다. … 신더는 하나씩 발과 발목을 연결하는 전선들을 끊었다. … 마지막 전선을 힘껏 당기자 발이 콘크리트 바닥에 퉁 하고 떨어졌다. 즉시 변화를 느낄 수 있었다. 태어나서 처음으로 그녀는 … 중력을 느끼지 않았다. (*Cinder* 3-6)

신더의 발은 인조물이며 너무 낡아서 제대로 몸에 들어맞지도 않는다. 신더가 이 낡고 작은 발 때문에 괴로워하고 때로는 떼어내는 장면은 고전적 신데렐라들이 자신의 발을 억지로 유리 구두에 끼워 맞추는 장면과 겹쳐지는데, 물론 전혀 다른 의미에서이다.

신데렐라의 신분 상승에 가장 기여한 물건은 유리 구두로, 이 구두와 발은 밀접한 관련이 있다. 그런데 신더에게는 인간의 발이 하나밖에 없고 다른 발 하나는 기계이다. 이런 점에서 그녀는 처음부터 왕자의 결혼대상, 즉 유리 구두를 신어볼 수 있는 집단에서 제외된다. 신더의 언니 펄(Pearl)은 "내가 아름다운 두 발을 갖고 있다고 질투하네"라면서 신더의 강철 발을 조롱하고, 신더의 강철 발에 맞는 구두가 없으며 구두를 신더라도 봐 줄 사람이 없다면서 비아냥거린다(*Cinder* 304). 하지만 신더는 작은 발을 유리 구두에 맞추던 신데렐라들과는 달리 인간의 신체를 대신한 강철 발 때문에 신발조차 필요 없는 상태이다. 달리 말하면 신발이 필요 없기 때문에 신더는 신발에 자신을 맞출 필요가 없다.

카이(Kai) 왕자는 신더가 계단에서 넘어질 때 떨어져 나온 기름투성이 강철 발을 들고 어쩔 줄 몰라 한다. 액세서리나 신발처럼 본래 몸에 걸쳤다가 뗄 수 있는 물건이 아니라, 신체의 일부분인 발이 떨어져 나왔기 때문이다. 전래동화 속 왕자가 아름다운 유리 구두를 주워들었던 것과는 달리, 흉하고 낡은 강철 발을 주워들게 된 카이는 그 발에서 눈을 떼지 못한다.

> 신더는 카이를 바라보면서 똑바로 서려고 애를 썼다. 단 한 번이라도 카이에게 정말 미안하다고 말하고 싶었기 때문이다. 설명할 수 있는 잠깐의 순간.
>
> 그러나 카이는 그 앞으로 끌려가는 신더를 쳐다보지 않았다. 카이의 눈은 양 손에 쥐고 있는 더러운 강철 발에 고정되어 있었다. 강철 발을 너무 꽉 쥐어서 그의 손가락이 하얘질 정도였다. (*Cinder* 369)

전래동화 속 왕자의 손에 들어간 유리 구두와 카이 왕자가 집어든 강철 발은 전혀 다른 의미의 물건이다. 우선 아름다운 신발이 아니라 기괴한 강철 발이라는 점이고, 또 하나는 이 강철 발로 그의 신붓감을 찾을 수 없다는 점에서 그렇다. 전래동화의 왕자는 투명한 유리 구두로 '꼭 맞는 발을 가진' 신붓감을 찾을 수 있었지만, 카이 왕자는 기름투성이의 낡고 더러운 강철 발로 자신의 신붓감을 찾을 수 없다. 이 강철 발은 고전적 신데렐라의 발에 잘 들어맞던 유리 구두와는 달리 처음부터 신더에게 잘 맞지 않는다. 깨어지기 쉬운 투명한 유리 구두가 소중히 보관되고 다루어지면서 주인을 찾는 중요한 소재로 쓰였다면, 낡고 더러운 데다가 너무 작은 강철 발은 신더의 신체와 어울리지 않기 때문에 폐기되어야 할 것이 된다.

신더는 순종과 기다림, 의존성으로 특징지어질 수 있는 신데렐라의 전형성을 깰 뿐 아니라, 적극적이고 긍정적인 성격으로 새로운 신데렐라의 모습을 보여주었던 에드나와 엘라보다 한 발 더 나아간다. 무도회장에서 뛰어난 아름다움과 화려한 드레스로 이목을 집중시켰던 신데렐라와는 다르게, 신더는 구겨진 더러운 드레스를 입고 기름에 얼룩진 얼굴을 한 채로 무도회장에 등장하여 사람들의 심기를 불편하게 만든다. 또한 신데렐라와 에드나가 자신들의 발에 맞는 유리 구두와 로퍼를 신었던 것과는 달리, 신더는 자신의 것이 아닌 신발, 즉 펄이 버린 신발을 신고 등장한다. 빌리거나 버린 신발은 쓸모가 없어졌거나 맞지 않아 폐기된 것이다. 이 빌려온/버려진 신발은 인간의 발에도, 신더의 낡은 강철 발에도 어울리지 않는다. 그녀가 몸에 걸치고 간 모든 것은 무도회장에 걸맞지 않을 뿐만 아니라 그녀의 것이 아니거나 몸에 맞지 않은 것들이다. 신더의 현재 상태는 가장 돋보이기 위해서 제일 좋은 것들을 입고 간 다른 여성들과 극명하게 대조를 이룬다.

신더가 무도회장에 어울리지 않은 옷을 입고 몸에 맞지 않는 발을 낀 채 무도회장에 간 이유 역시 중요한데, 왕자와의 결혼을 통해 자신의 비천한 삶을 한순간에 전환시킬 수 있는 신분상승을 염두에 둔 것이 아니라 왕자 카이를 잘못된 결혼 약속으로부터 구하기 위해서였다. 결혼시장/선택되는 상품에서 멀어져 있는 신더의 강철 발은 신더가 남성가부장제가 품고 있는 욕망의 대상이 되지 않으며 오히려 주체가 된다는 것을 보여준다. 동시에 그 발안에 다른 사람들을 구할 비밀을 숨기고 있다는 점에서 매우 능동적인 선택의 도구가 된다. 이제 '발'은 유리 구두를 신어 자신의 상품성을 높이는 대신, 자신의 삶을 개척하고 타인을 돕는 가장 적극적이고 전투적인 무기가 된 것이다.

깨지기 쉬운 유리 구두가 성역할과 계급의 틀을 가장 명백하게 드러내는 장치였다면, 에드나의 로퍼는 성별에 국한되지 않는 신발로 성역할의 무의미함을 보여주는 장치가 된다. 인간에 속하지 못한 사이보그이자 지구인이 아닌 루나(Luna)인으로서 이 지구상에서 비주류에 속해 있는 신더의 강철 발은 성별뿐만 아니라 계급과 인종, 국적에 대한 의문을 제기하는 가장 파격적인 장치로 읽을 수 있다. 가장 비천한 자가 비천한 옷을 입고 이미 모든 것을 다 가진 왕을 위험에서 구하기 위해 스스로 위험을 무릅쓴다.

Ⅳ. 나가기

「신데렐라」의 패러디 작품들이 공통적으로 고수하고 있는 이야기의 소재들은 아버지의 무관심이나 부재, 생모의 죽음, 계모와 언니들의 질투와 핍박, 신데렐라를 돕는 인물들, 유리 구두, 왕자 혹은 고귀한 신분의 남성, 무도회 등이다. 욜런은 「신데렐라」를 "부자가 재발견되는 이야기"라면서 "가난한 소녀가 공주가 되는 이야기가 아니라 부자 소녀(혹은 공주)가 잘못된 혹은 극악한 노예상태에서 구원받는 이야기"(296)라고 분석한다. 「신데렐라」 이야기는 대부분 비천한 집안과 고귀한 집안의 인물들을 극적으로 대비시켜 이야기를 전개하는데, 주인공이 자신에게 부과된 노동에서 벗어나는 순간, 계급적 상승을 누리게 된다. 루리(Alison Lurie)는 전래동화의 전형적인 특성들에 대해 설명하면서, 대부분의 전래동화가 갖는 한계를 다음과 같이 지적한다.

> 부자가 되고 결혼을 잘 하는 것을 여성주인공이나 남성주인공이 원한다고 당연히 생각한다. 대체적으로 사회 시스템은 절대 의문시되지 않으며 변하지 않은 채로 존속된다. 변하는 것은 주인공인데, 그/그녀가 바라는 것은 이 사회 시스템 내에서 성공하는 것이다. (133)

가부장제의 견고한 틀이 그대로 유지된 채로 주인공의 고난과 고통은 적절한 보상을 받는다. 이 보상은 전래동화의 전형적인 교훈인 권선징악의 결과물이다. 왕자와 결혼하여 '영원히 행복하게 살았습니다' 같은 결말로 인해 사적 영역에서의 노동 문제, 고정된 성역할의 문제, 계급의 문제 등은 흐려지고 사라진다. 성역할과 계급의 프레임은 교묘하게 자본이나 권력과 결탁한다.

디즈니의 『신데렐라』는 페로의 판본보다 더 정형화된 틀을 보여주었으며, 『신더 에드나』는 새로운 유형의 적극적인 신데렐라를 소개하지만 지나치게 단순한 이분법적 구조로 지루함을 남긴다. 『신데 왕자』는 성별을 바꾸어 기발한 아이디어로 이야기를 전개시키지만, 성역할에 새로운 의미를 부여하는 데 실패했다. 한편 『마법에 걸린 엘라』는 신데렐라 이야기의 기본 틀에 다른 민담의 요소들을 적절히 분배하며 능동성과 용기를 지닌 '불복종'의 소녀를 보여주었다. 『신더』는 공적 영역에서 자신의 능력을 인정받으며 스스로의 삶을 개척하고 타인을 돕는 가장 전위적인 사이보그 신데렐라를 그려냈다.

고전적 작품들이 갖고 있는 한계를 넘어선다는 것은 역할의 뒤바뀜이나 새로운 사건의 삽입, 혹은 결말의 재창조 이상의 것을 보여준다는 의미이다. 크라울리(Karlyn Crowley)와 페닝턴(John Pennington)에 따르면 "여성주의적 다시말하기(retelling)는 페로와 그림 형제의 조밀한 이야기 구조를 단순히 복제하는 것 이상이어야만 한다"(300). 이미 권선징악과 같은 흑백의 논리에 굳게 사로잡혀 있는 고전적 전래동화를 뒤집어 다시 쓰면서 겉으로는 다르게 보이지만 실제로는 다르지 않은 동일한 구조의 흑백논리에 집어넣는다면, 그것을 '다시쓰기'라고 말하기는 어렵다. 단순히 여성과 남성의 자리를 바꾸거나, 이야기의 시공간을 달리 설정하여 익숙함을 생경한 것으로 바꾸는 것, 혹은 사건이나 인물들을 재배열하는 것은 오히려 고정적 성역할에 대한 논점을 흐리게 만들거나 오랫동안 고착된 정형성을 바꾸기 어려울 것이다. "스토리텔링의 스토리(story)는 결코 끝나지 않을 이야기(tale)"(xxv)라는 워너(Marina Warner)의 말처럼, 권선징악의 메시지와 교훈이 비교적 분명하게 드러나는 전래동화는 오히려 그 이유 때문에 매번 새롭게 거듭나며 수없이 다시 쓰일 여지를 갖는다. 삶은 선과 악, 흑과 백, 남성과 여성, 고귀한 자와 비천한 자로 양분되는 것이 아니라, 그 명확하지 않은 경계선 사이의 무수한 모호성 위에서 끊임없이 갈등하며 진전하고 있기 때문이다.

이 글은 『근대영미소설』 22권 3호(2015)에 「유리 구두에서 강철 발까지: 「신데렐라」 패러디에 나타난 계급과 성역할의 프레임 깨기」라는 제목으로 실린 논문이며, 오류 및 문장을 수정하였다.

Ⅱ

이야기의 힘

스토리텔러로서의 웬디

『피터 팬』

Ⅰ. 들어가기

'이야기'와 '이야기하기'는 문자가 만들어지기 이전부터 인류의 삶 속에 녹아있었다. 이야기를 만들어내는 작가나 들려주는 구연가, 이야기를 교육의 목적으로 사용하는 어른들, 그리고 이야기의 세계 속에서 꿈꾸고 성장하는 아이들까지 이야기와 이야기하기는 언제나 삶의 중심에 자리 잡고 있다. 현대에 이르러서는 이야기를 만들어내는 작가뿐만 아니라 이야기와 전혀 상관없는 것 같은 사람들도 이야기의 중요성을 역설한다. 상품을 만들거나 이를 판매하는 사람들 역시 물건이 아니라 물건에 담긴 이야기를 판매함으로써 소비자들을 이야기의 세계로 초대한다. 바르트(Roland Barthes)가 밝혔다시피 "마치 어떤 재료든 인간의 이야기를 꼭 맞게 받아들일 수 있는 것처럼 … 거의 무한하게 다양한 형식들로 서사는 모든 시대와 모든 장소, 모든 사회에 걸쳐 나타난다"(251). 이야기의 세계에 놓이지 않았던 상품들은 이야기의 옷을 입으며 새로운 역사를 부여받게 되는 것이다. 반면 이야기의 세계에서 만들어졌으나 어느 순간 이를 벗어나 다양한 상품으로 변형된 채 현실을 누비는 것도 있다. 다정하고 순진하지만 가끔은 어리석은 행동을 하는 곰돌이 푸우(Winnie-the-Pooh)나 천방지축 말 안 듣는 토끼 피터 래빗(Peter Rabbit), 전 세계 독자들을 열광적으로 서점 앞에 줄 서게 한 해리 포터(Harry Potter) 등은 이야기의 세계에서 독자의 관심을 받고 공감을 얻으면서 현실세계의 또 다른 이미지들로 만들어진다.

피터 팬(Peter Pan) 역시 마찬가지이다. 1904년 『피터 팬』(*Peter Pan*)이 극장에서 초연되고 1911년 『피터와 웬디』(*Peter and Wendy*)라는 제목으로 출판된 이후 많은 문학작품들, 영화, 연극, 광고를 비롯한 문구류에 이르기까지 피터 팬은 영원한 아동의 상으로 변주되며 사람들의 마음속에 하나의 불변한 이미지로 각인되어 왔다. 그는 현실 세계와는 별개의 판타지 세계인 네버랜드(Neverland)에 거주하면서 "자라기를 원하지 않는 소년"으로서의 환상적 특성을 지닌 채, 아동에게 요구되는 갖가지 의무들, 예를 들어 글자를 배운다거나 책을 읽는 등의 교육적 활동이나 예의바름, 겸손함과 같은 도덕적 가치를 습득하는 일들을 거의 혹은 전혀 하지 않는다. "소년들의 예측할 수 없는 본성은 변치 않는 매혹과 기쁨의 원천"(Birkin 19)이라고 여기던 배리(J.M. Barrie)는 아동들의 변화무쌍한 감정 변화에 지대한 관심을 보였다. 특히 『피터 팬』은 이의 대표적 결과물로, "어른의 진지함(gravity)과 책임감으로부터 자유로운 채로 영원히 어린이로 남으려는 욕망을 매우 분명하게 드러내놓고 표현한 작품"(Tatar xxxv)이었다.

『피터 팬』의 바깥 서사 전체를 움직이는 것은 물론 작가인 배리이다. 그가 평생 동안 결코 채울 수 없었던 유년시절의 결핍과 욕망은 그대로 작품 속에 녹아들어 전달된다. 배리에게 "소년시절은 상실로 시작"되었다고 볼 수 있는데(Garber 169), 형인 데이비드(David)가 불의의 사고로 죽은 뒤 배리의 어머니는 슬픔에 잠겨 배리에게 거의 신경을 쓰지 않았으며 심지어는 배리를 데이비드로 착각할 정도였기 때문이다. 어머니의 사랑을 받기 위해서 배리는 "형의 습관들을 연습"하였으며 "형이 휘파람을 부는 방법이라든가 서 있는 자세를 배웠고 심지어는 형의 옷을 입기도" 했다(Chaney 20). 결핍과 욕망의 이야기이며, 상실과 복원의 염원인 배리의 서사는 달링 부인(Mrs. Darling)에 의해서 전달되고, 달링 부인의 이야기는 피터 팬과 웬디(Wendy)가 꿈꾸는 판타지 세계와의 밀접한 관계망 속에 놓여진다. 화자는 자신의 존재를 적절한 상태에 감춘 채 이야기를 진행하고, 때로는 독자에게 직접 말을 걸며 존재를 드러낸다. 화자의 이야기 틀 안에 놓인 달링 부인의 이야기가 웬디를 통해 점점 더 그 망을 확장하게 되고 이 구조를 통해 이야기가 어떻게 만들어지는가를 분명하게 보여준다는 점에서 『피터 팬』은 이야기하기에 대한 이야기, 메타서사(meta narrative)가 된다. 화자를 포함한 세 명의 스토리텔러는 이야기의 연결고리를 긴밀하게 밀고 당기며 다층의 서사를 더욱 빛나게 만들어준다.

이 연구는 『피터 팬』에서 현실과 판타지 세계를 넘나드는 피터 팬의 존재가 웬디와 밀접한 관련성을 지니고 있다는 점, 특히 이야기를 전달하고 생성하는 스토리텔러로서의 특성과 모성적 역할의 문제와 맞물려 있다는 논점에서 출발한다. 이를 밝히기 위해 달링 부인과 웬디의 역할, 피터 팬의 "자라기를 원하지 않는 소년"으로서의 욕망과 후크 선장(Captain Hook)과의 관계, 그리고 웬디가 들려주는 이야기와 상상적 판타지 세계와의 상관성 등을 분석하고, 이것이 어떻게 서사를 강화시키는지 살펴본다.

Ⅱ. 이야기의 시작: 어머니 달링 부인

꿈이 자라는 환상의 공간인 네버랜드에서 런던으로 날아와 웬디의 집 창문을 기웃거리던 피터 팬은 웬디와 처음 만났을 때 잃어버린 그림자를 찾으러 왔다고 말한다. 하지만 그가 실제로 찾으러 온 것은 자신에게서 떨어져나간 그림자가 아니라 "이야기"이다. 피터 팬은 런던의 웬디 집 창가로 찾아와 몰래 달링 부인이 밤마다 아이들에게 들려주는 이야기를 엿듣는다. 어른이 되고 싶지 않아서 유모차에서 도망친 피터 팬은 영원히 소년으로 사는 길을 선택했지만 달링 부인의 이야기에서 벗어날 수는 없었다. 그는 웬디에게 "제비가 처마 밑에 집을 짓는 이유는 … 이야기를 듣기 위해서"(30)라고 말하며 자신과 집 없는 소년들(Lost Boys)은 알고 있는 이야기가 하나도 없다고 한숨짓는다.[1] 피터 팬은 유아기부터 어머니와의 관계가 단절되었기 때문에 이야기를 들을 기회가 전혀 없었다. 알고 있는 이야기가 없을뿐더러 이야기를 들려줄 엄마도 없는 그는 마치 제비처럼 달링 부인의 "정말 멋진 이야기"(30)를 듣기 위해 창문 밖 처마 밑으로 날아온다.

사실 피터 팬이 살고 있는 네버랜드는 이미 수많은 이야기들로 가득 차 있다. 화자의 설명에 따르면 네버랜드는 많은 이야기들이 쌓여있는 공간으로, 이 이야기들은 크게 두 부류로 나누어진다. 하나는 여섯 명의 형이 있는 왕자나 순식간에 썩어가는 오두막집, 아주 왜소한 매부리코 할머니 같은 옛날이야기의 소재들이고, 다른 하나는 등교 첫날이나 바느질, 수여 동사, 이를 뺀 다음 상으로 받는 3펜스 같은 아이들의

1 J.M. Barrie, Peter Pan: Peter and Wendy *and* Peter Pan in Kensington Gardens (New York: Penguin, 2004). 이하 『피터 팬』의 원문 인용은 이 책을 따른다.

일상생활 속 사건들에 대한 지극히 현실적인 소재들이다. 이야기들로 가득 찬 상상의 섬은 "온통 혼란스러운데, 특히 정지한 채로 가만히 있는 것은 아무것도 없는" 상태로 과거와 현실을 넘나든다(9).

이야기가 가득한 섬에서 살고 있는 피터 팬이 아는 이야기가 하나도 없다고 말하는 것은 그가 여전히 이야기를 듣는 것이 익숙한 유년의 상태에 머물러 있다는 것을 반증한다. "모든 여성을 양육자로 보는"(Gibson 178) 피터 팬은 건너 뛰어버린 유년의 결핍을 채우기 위해 달링 부인의 이야기를 갈망한다. 그는 "유아기의 감정적 결속"(Chodorow 3)에 묶여있으며, 어머니의 빈자리를 메워줄 이야기가 필요했던 것이다. 어린시절에 부여되는 무한한 가능성과 성장과 정체 사이의 불안감이 피터 팬의 내면에 공존하는데, 가능성의 즐거움과 떨칠 수 없는 불안감이 뒤섞인 어린시절의 특성을 피터 팬은 가감 없이 드러낸다.

알고 싶어 했던 이야기의 결말을 웬디가 매우 간결하게 말해주자, 이 간단한 내용만으로도 피터 팬은 당장 네버랜드로 날아가려 한다. 자신처럼 이야기를 알지 못하는 집 없는 소년들에게 이를 들려주겠다고 나선 것이다. 하지만 웬디는 피터 팬을 붙잡고 "난 훨씬 많은 이야기를 알고 있어"(30)라고 말한다. 웬디의 행동과 말의 초점을 "가지 마, 피터"(30)에 둔다면 "웬디가 피터 팬을 먼저 유혹했다는 것을 부인할 수는 없다"(30)고 하는 화자의 설명이 그럴듯해진다. 하지만 초점을 "이야기"에 두게 되면 웬디의 말은 일종의 제안이자 충고가 된다. 피터는 이야기가 단지 사건의 전후관계만을 밝히는 것이 아니라는 것을 알지 못한다. 리쾨르(Paul Ricoeur)는 "시간은 서사라는 방식을 따라 구조화되는 한에서 인간의 시간이 되며, 서사란 결국 그것이 시간적 경험(temporal experience)의 특성을 그리는 한에 있어서 의미가 있다"(3)라고 밝힌다. 그의 설명에 따른다면 줄거리만 간추린 사건의 개요는 진정한 이야기라고 보기 어렵다. 웬디는 발생한 사건을 시간의 순서대로 간략히 전달하는 것이 스토리텔링이 아니라는 것을 알고 있으며, 피터 팬이 아니라 자신만이 스토리텔러로서 서사의 특성에 적합한 '이야기다운' 이야기를 전달할 수 있다는 것을 안다. 웬디는 이야기를 필요로 하는 아이들에게 충실한 스토리텔러가 되어 주려고 노력한다.

달링 부인의 "정말 멋진 이야기"(30)에 부러움 가득 찬 감탄을 보내면서 이야기를 듣고 싶어 하던 피터는 막상 어른 여성인 달링 부인을 만나자 심한 거부감을 느끼고 이를 뽀드득 간다(12). 달링 부인 역시 아이들의 꿈속에 낯선 존재인 피터 팬이 나타났다는 사실을 처음 알았을 때 마음이 불편해진다. 그녀는 물론 웬디가 "그 애는 피터 팬이에요. 아시잖아요, 엄마"(10)라고 말했을 때 자신의 어린시절을 되돌아보며 피터 팬을 기억해낸다. 하지만 한때 그의 존재를 믿었던 그녀는 "이제는 결혼하여 그러한 사람이 있었는지 상당히 의심스러워할 만큼 충분한 지각을 갖게"(10) 된 자신을 발견한다. 달링 부인이 피터 팬을 잊어버렸기 때문에 "그[피터]의 세계로 들어가 그를 치료해야 하는 것은 그녀의 어린 딸이다"(Rotert 119). 자신의 "충분한 지각"이 틀림없이 옳다고 생각하는 어른이 되어버린 달링 부인은 피터 팬이 아이들에게 접근하는 것을 막고 그의 그림자를 옷장 속에 가두어 숨긴다.

그러므로 피터 팬이 사는 네버랜드에 필요한 어머니는 이미 나이가 들어버려 이제 더 이상 어린시절의 꿈을 믿지 않는 달링 부인 같은 어른이 아니라 아직 어린 소녀로 호기심에 가득 차 있는 헌신적이고 사랑스러운 웬디이다. 이야기 속에 살지만 이야기를 모르는 소년들에게 웬디는 엄마가 되어준다고 약속한다. 그녀는 네버랜드에서 요리하고 빨래하고 바느질하며 남편이 돌아오기를 기다리는 전통적인 의미에서의 어머니 역할을 맡는다. 집 없는 소년들의 "대리 어머니"(surrogate mother)[2]가 된 웬디는 "집안의 천사"와 다를 바 없는 이상적 어머니의 모습을 재연하는데, 전래동화나 문학 동화에서 흔히 그려지는 소녀들의 수동적이고 희생적인 모습이 웬디에게서도 일면 드러난다. 초도로우(Nancy Chodorow)는 "소녀들은 어머니가 되도록 가르쳐지고, 양육성을 훈련받으며 어머니가 되어야 한다는 말을 듣게 된다"(31)고 설명한다. 웬디 역시 어린 소녀인 자신이 네버랜드에서 어머니가 하는 모든 일을 도맡아야 한다는 것을 당연히, 그리고 어쩌면 기쁘게 받아들이는 것처럼 보인다.

웬디가 익숙한 공간을 벗어나 낯선 장소로 모험을 떠나는 것을 코우츠(Karen Coats)는 "탈출"이라는 단어를 사용하며, "네버랜드로 피터와 함께 탈출하는 것은 그녀 어머니의 운명으로부터 탈출을 의미한다"(94)고 주장한다. 웬디 어머니의 운명이란 아마도 가부장의 권위를 보이려고 하지만 실제로는 전혀 권위가 없는 달링 씨(Mr. Darling)와 사는 것이다. 그는 삶의 모든 부분을 돈과 물질에 연관시키는 지극히 현실적인 인물로 아내인 달링 부인의 마음을 헤아리지 못하면서도 "그녀의 모든 것을 가졌다"(5)고 믿는다. 그러나 실제로는 달링 부인의 마음 속 "가장 깊숙한 상자와 키스"의 존재를 전혀 알지 못한다(5). 게다가 아이들과 친밀한 관계를 유지하지 못하며, 오로지 "이웃과 똑같이 되는 것에 마음을 쏟는"(7) 등 겉으로 보이는 것들에만 신경을 쓴다. 따라서 모든 면에서 아버지 달링 씨와 다른 면모를 보이는 "사랑스러운 소년"(12) 피터 팬을 따라 나서는 것은, 동생들인 존(John)과 마이클

2 버킨(Andrew Birkin)에 따르면 배리는 "깊숙한 근원에 자리 잡고 있는 대리어머니의 이미지"를 자신의 다양한 작품들 속에서 그려냈는데, 이것은 "어린 소녀로서의 자신의 어머니에 대한 기억"과 관련되어있다(6).

(Michael), 심지어 유모 개인 나나(Nana)보다 훨씬 어리석고 이기적이며 유치하기까지 한 아버지의 품에서 벗어나려는 자연스러운 욕망의 결과이다. 루리(Alison Lurie) 역시 이 작품이 "매우 전복적"이고, "부모들은 소심하고 위선적이며, 네버 네버랜드(Never-Never Land)에서 어린이로 살아가는 것이 훨씬 낫다는 것을 생생하게 설명한다"(131)고 분석한다.

그러나 웬디가 단지 전통적인 어머니의 역할만을 모방하고 연습하는 것은 아니다. 그녀는 동시에 이야기를 들려주는 스토리텔러가 된다. 웬디는 런던의 아이들 방(nursery)에서 달링 부인으로부터 들었던 이야기를 네버랜드의 소년들에게 들려주기 시작한다. 그녀는 소년들이 잃어버리고 되찾기를 갈망하는 세계를 이야기로 채워준다. 그 세계는 네버랜드에서는 실재하기 어려운 세계인데, 어머니와의 교감을 통해 만들어지는 스토리텔링의 세계이기 때문이다. 라우스(Chris Routh)는 "웬디의 강점은 현실에 대한 확고한 이해력과 타인과 소통하는 스토리텔러로서의 힘에 있다"고 지적한다(71). 환상의 세계인 네버랜드에 머무르는 웬디는 항상 즐거운 놀이와 모험에 빠져있는 집 없는 소년들과의 달리 현실 세계와의 연결고리를 놓지 않는다. 피터 팬이 "어린이의 현실 도피적 상상력을 재현한다"(285)는 길리드(Sarah Gilead)의 주장에 따르면 피터 팬과 집 없는 소년들에게 가장 부족한 것은 현실감각이다. 반면 웬디는 런던과 자신의 가족들을 잊지 않기 때문에, 네버랜드의 집 없는 소년들에게 현실세계의 부모를 주인공으로 한 이야기를 들려줄 수 있게 된다.

> "자, 들어봐." 웬디가 이야기를 시작하며 말했다. 마이클은 웬디의 발아래, 일곱 명의 소년들은 침대에 앉아있었다. "옛날 옛날에 한 신사가

살았는데…”

………

“그 신사의 이름은 달링 씨였어.” 웬디는 이야기를 이어갔다. “아내의 이름은 달링 부인이었지.”

“그 사람들을 알아.” 존이 말하자, 다른 아이들은 짜증을 냈다.

“그 사람들을 아는 것 같아.” 마이클은 좀 미심쩍어하면서 말했다. (94)

웬디가 네버랜드의 상상의 세계에 현실의 이야기를 끌어들이고 “미래를 한 번 들여다 봐”(97)라고 청하며 현실 세계에서 어른이 될 아이들의 모습을 그리자, 아이들은 호기심과 기대로 눈을 반짝이며 이야기에 빠져든다. 이런 웬디의 모습은 이야기가 반드시 상상의 산물일 필요는 없다는 것을 보여준다. 네버랜드를 형성하는 수많은 이야기들이 전래동화적 요소와 현실의 소재들이 뒤섞여있던 것과 마찬가지로(9), 웬디는 현실세계를 이야기 속에 구현하여 마치 그것이 상상력의 세계에서 나온 것인 냥 아이들에게 들려준다. 현실이 곧 이야기가 되어 상상의 세계에 녹아드는 것이다.

웬디가 네버랜드에서 사랑받는 것은 그녀가 소녀이자 여성이기 때문이며, 낭만적 사랑의 대상으로서의 여성이 아니라 돌봄을 기반으로 하는 모성적 사랑의 대상으로서의 여성, 즉 어머니이기 때문이다. 웬디가 자신의 배우자인체 하는 것을 견뎌하지 못하는 피터는 “이건 단지 놀이야”(92)라고 못 박는데, “여성들이 헌신적이고 과로하는 어머니 혹은 말없는 숭배자로서의 역할보다 다른 역할을 하기를 원한다는 것을 피터는 결코 알아차리지도 고려하지도 않는다”(Chassagnol 202). 그래서 바닷물이 차오르는 바위 위에서 “죽는다는 것은 정말 멋진 모험이 될 꺼야”(84)라고 말한다고 해도 성장의 단계를 거치지 못한 그는 “키스”가 무엇인지 모르며 소꿉놀이의 아빠 역할에 심적 부담을 느끼고 팅커 벨(Tinker Bell)과 웬디의 마음을 알아차리지 못한다.

피터 팬이 키스를 모르는 반면, 달링 부인과 웬디는 키스에 대해서 잘 알고 있다. 특히 달링 부인은 피터 팬이 자신의 입술 한쪽에 은밀하게 감추어둔 키스와 같다는 것을 안다.

> 그녀의 낭만적인 마음은 하나 안에 또 다른 하나가 들어있는 작은 상자들과 같았고, 수수께끼 같은 동양에서 만들어진 이 상자들은 거기서 아무리 많은 상자들을 발견한다고 해도 언제나 하나가 더 남아있다. 게다가 그녀의 달콤한 조롱 섞인 입술에는 한 번의 키스가 남아있는데, 그녀의 오른쪽 입술에 정말 선명하게 남아있는 그 키스를 웬디는 한 번도 받아보지 못했다. (5)

네버랜드에서 웬디가 집 없는 소년들을 데리고 돌아왔을 때 그들을 따라온 피터 팬이 네버랜드로 되돌아가려는 순간 달링 부인은 피터에게 "다른 누구에게도 해 준적이 없는 키스"를 "정말 쉽게" 해 준다(145). 달링 부인의 숨겨둔 이 키스는 달링 씨는 결코 가질 수 없는 것으로 양육을 담당하는 어머니의 영역과 밀접한 연관성을 갖는다. 이곳은 아이와 어머니의 일체감, 특히 정서적 일체감이 이루어지는 공간이다. 어머니와의 동일시가 이루어지는 이 공간에서 아이와 아이의 양육이 무엇보다도 가장 귀한 가치인 것은 확실하다. 그러므로 어머니는 자신의 영역에 머무르는 아이에게 내면의 겹겹이 개켜진 이야기 상자들과 입술 한쪽의 "키스"를 아낌없이 줄 수 있다. 반면 달링 씨는 어린이가 아니므로 그녀들로부터 키스를 받을 수 없다. 피터 팬이 달링 부인으로부터 키스를 받을 수 있었던 것은 어른들에 대해 갖는 적대감과는 상관없이 그가 어떤 경우에서든 어머니와의 정서적 동일시가 가능한 인물이기 때문이다. 즉 피터 팬은 어머니와 결코 분리될 수 없으며 분리되어서도 안 되는 존재이다.

아이들이 자라나는 시공간에서 어머니는 절대적으로 필요하다. 아이를 먹이고 재우며 돌보는 장소인 아이들 방은 곧 어머니의 영역이 된다. 어머니의 영역에 속한 아이들은 어머니와 일체감을 느끼려 하고 어머니와 자신을 동일하게 바라본다. 자아와 타자의 분리를 알지 못하는 어린이는 자신의 세계가 어머니의 세계와 같다고 믿는다. 크리스테바(Julia Kristeva)에 따르면 "그녀[어머니]는 또 다른 주체, 주체로서의 나[유아]의 존재를 보증하는 대상이다"(*Powers* 32). 그렇지만 어머니가 자신의 모든 것에 의미를 부여하며 어머니와 자신의 욕망이 동일할 것이라는 착각은 곧 깨어진다. 자아와 타자의 분리가 가능해지는 순간, 어머니의 질서가 자신의 것과 결코 같지 않으며 자신의 욕망과 어머니의 욕망이 다른 곳을 향해 있다는 것을 깨닫게 된 아이는 혼란에 빠진다.

피터 팬이 태어난 날 바로 켄싱턴 공원(Kensington Gardens)으로 도망칠 수밖에 없었던 것은 부모의 바람이 자신의 소망과 달랐기 때문이다. 그는 지나치게 빨리 어머니의 욕망과 자신의 욕망이 일치하지 않는다는 것을 발견하게 된 것이다. 이 끔찍한 거부와 상실의 감정은 피터 팬을 오래도록 괴롭힌다. 피터 팬에게는 부모에 대한 부정적 기억들이 가득한데, 자신이 태어난 날 부모들은 어린이가 누리는 즐거움을 이야기하는 대신 "자라나서 무엇이 될까"(27)에 대해 걱정하고, 집을 떠난 자신이 돌아올 때까지 기다리지 않은 채 "창문을 닫아두었으며"(98) 심지어 자신의 침대에 그의 동생이라고 생각되는 다른 꼬마 소년을 재웠기 때문이다. 그는 부모로부터 버림을 받은 것이 아니라 스스로 부모를 떠났으면서도 부모와의 정서적 연결이 단절되지 않고 이어지기를 바란다. 자신의 예상과는 다르게 행동하는 부모에게 느끼는 불편함에 대해서 새커(Deborah Cogan Thacker)와 웹(Webb Jean)은 이것이 변화하는 시대의 가치관을 반영한 것이라면서, "어린이의 경험의 중심인 어머니라는 개념은 숭고한 모성적 인물이라는 낭만적 개념에서 문제적 관계로 변한다"(82-83)고 말한다. 피터 팬이 달링 부인에게 보이는 적대감은 영원한 소년으로 살고 싶은 그가 '어른'인 달링 부인에게 보이는 적대감이면서, 동시에 '어머니' 달링 부인에게 보내는 적대감이다. 피터 팬과 웬디가 달링 부인을 멀리하는 것은 당연하다. 피터 팬은 거부와 상실의 감정을 극복할 수 없기 때문이며, 웬디는 어머니의 욕망으로부터 떨어져 나와야 하기 때문이다.

달링 부인은 밤마다 아이들의 생각을 정리하고 아이들의 꿈속에 무엇이 있는지 알아내려 한다. 이것은 그녀와 아이들의 분리가 시작되지 않았다는 것을 보여준다. 아직 어린 상태의 아이들은 양육의 공간에서 스스로 벗어날 수 없고, 따라서 주체와 대상 사이의 분리가 불가능하다. 라캉(Jacques Lacan)의 설명을 빌리면, 아이들은 거울단계를 통과하기 이전에 머물러 있으며 자신과 주변 환경 사이의 차이를 인지하거나 자아와 타자 사이의 차이를 인식하지 못한다.[3] 그렇지만 아직 어머니의 영역에 머무르는 아이들이 달링 부인이 알지 못하는 사이에 피터 팬과 만났다고 말하는 것으로 보아 그들이 어머니로부터 벗어나기를 소망한다는 것을 알 수 있다. 크리스테바는 "아브젝시옹"(abjection)이라는 개념을 통해서 유아와 어머니 사이의 분리과정을 설명한다.

---

3 라캉의 "거울단계"(mirror stage) 이론에 따르면 6개월에서 18개월 사이의 유아는 거울 속에 비친 자기 이미지나 어른 혹은 다른 아이의 모방적 동작에서 자신과 유사한 동작을 보면 이를 자신의 것으로 인식한다. 아이는 거울에서 본 이미지, 즉 "이상적 자아"(Ideal-I)에 사로잡혀 있으며 그 이미지와 자신을 동일시(identification)하게 된다(2).

> 유아는 '나'와 타자 사이의 경계를 발달시키기 위하여 타자로부터 스스로를 분리하기 시작한다. 유아는 아브젝시옹(abjection)이라고 부르는 과정을 통해서 경계를 발전시키는데, 아브젝시옹이란 자신의 일부분으로 보이는 것을 내던져버리는 것을 말한다. … 유아는 아직 주체가 아니다. 유아는 아직 완전히 주체성의 경계선에 있지 않다. 아브젝시옹이 유아를 그곳에 데려다 줄 것이다. 그리고 내던져버려야 할 첫 번째 '사물'은 아이 자신의 기원인 어머니의 몸이다. (McAfee 46-48)

아이들은 어머니와의 동일시 속에 머무르지 않는다. 주체가 되기 위해서는 어머니와의 동일시, 자신의 기원을 던져버려야 한다. 어머니와 자신 사이에 분리의 선을 그어야 비로소 성장할 수 있는 것이다.

그러므로 웬디가 피터 팬을 따라 나서는 것은 코우츠의 설명대로 "어머니의 운명으로부터 탈출"(94)일 가능성이 있지만, 다른 측면에서는 '어머니로부터의 탈출'이기도 하다. 웬디가 성장하기 위해서는 어머니의 영역, 어머니와 자신이 동일시되는 아이들의 방을 떠나야 한다. 즉 네버랜드로의 여행은 웬디 자신에게 하나의 도전이자 성장의례가 된다. 그녀는 모험의 부름을 받고 문지방을 넘어 새로운 세계를 탐험한 뒤 새로운 인물로 되돌아온다. 만일 웬디가 런던의 집 창문을 빠져나가 네버랜드로 날아가지 않았다면, 그녀는 어린이의 상태에 묶인 몸이 되었을 것이다. 크리스테바는 "남자에게 그리고 여자에게 어머니의 상실은 생물학적이고 정신적인 필요이며, 자율적인 되는 첫 단계이다"라고 말한다(*Black Sun* 27). 웬디의 탈출은 어머니의 운명으로부터의 탈출이면서 동시에 어린시절로부터 탈출하는 첫 발걸음이다. 웬디는 어머니로부터 분리되는 길을 선택한다. 어머니의 이야기를 통해서 언어를 배운 웬디는 어머니로부터 분리되어서 자신 스스로 언어를 사용해야만 한다. 그리고 언어를 이용하여 자신의 이야기를 만들어내야 한다. 아이는 "언어와 문화의 방법들"(McAfee 37)을 아버지가 아니라 어머니에게 배우기 시작한다. 어머니로부터 배운 언어는 곧 아버지의 영역, 교육의 세계로 들어가는 길이 된다.

달링 부인은 자신의 "'문명화되지 않은' 모성적 영역"(McAfee 37)에서 아이들을 교육시키는 "상상의 아버지"(imaginary father)가 된다.[4] 달링 부인은 모성의 영역에서 아이들을 키우고 이 아이들을 떠나보낸다. 달링 부인과 같은 어머니들이 존재하지 않았다면, 그리고 그녀들의 이야기가 없었다면 네버랜드의 상상의 세계를 마음껏 달리다가 현실에 자연스럽게 발을 디디는 과정이 가능하지 않았을 것이다. 어머니의 세계를 떠나 아버지의 세계로 들어가는 웬디와 집 없는 소년들이 아버지의 질서와 법과 언어의 세계로 입문하는 것이 불가능해진다.

> 우리가 진실로 원하는 것은 어머니의 확고한 사랑의 대상이 되는 것이다. 그러나 그것을 가졌다면 우리는 결코 문명화된 말하는 존재가 되지 못했을 것이다. 이 이야기는 슬프지만, 인간이 어떻게 문명을 창조하는지에 대한 이야기이다. 우리는 우리가 전부 상실해야만 했던 것, 달리 말해 어머니의 몸에 안겨있던 것의 상실에 대한 일종의 보상으로 언어와 예술을 배운다. 우리의 위대한 건축물과 소설, 문화 등은 우리가 어머니의 절대적인 헌신을 상실함으로써 얻은 결과이다. (McAfee 34-35).

---

4 "상상의 아버지"는 크리스테바가 사용한 용어로, "주체가 기호와 창조의 세계로 진입하는 것을 보장"하는 "남근적 혹은 상징적 자기 동일화"를 지지하는 아버지를 말한다(*Black Sun* 23). 크리스테바는 아이가 상상계에서 벗어나 상징계의 질서를 배울 때 이 언어와 교육의 과정이 이미 어머니의 영역에서부터 시작되었다고 설명하면서, 상상계에서 상징계로 넘어가는 문지방을 건네주는 역할을 하는 사람인 어머니이면서 아버지인 자를 가리켜 "상상의 아버지"라고 설명한다.

어머니의 영역에서 어머니의 영역을 떠나는 것을 배우는 것, 그것이 달링 부인이 웬디와 집 없는 아이들에게 하는 역할이다. 더 이상 피터 팬을 믿지 않는다고 말하는 달링 부인의 세계가 표면적으로는 현실에 국한되어 보일 수도 있다. 하지만 결국 피터 팬에게 키스를 해주고 만족한 얼굴이 되는 달링 부인의 모습으로 미루어보면, 달링 부인의 마음 속 상자의 상상의 세계에는 피터 팬과 네버랜드가 훼손되거나 왜곡되지 않은 채로 남아있음을 알 수 있다. 어머니의 마음 속 상상의 세계는 무한히 확장하는 세계, 무수한 겹을 지닌 세계이다. 겹겹이 개켜져 있는 상자들처럼 비밀 속에 또 비밀이 있는 세계는 피터 팬과 네버랜드를 지속시키며 요정을 믿듯이 상상의 세계를 믿는 마음들로 채워진 세계이며, 피터 팬과 어머니의 동일시가 보호되는 세계인데, 그 상상적 힘은 어른이 된 달링 부인에게서 어린 딸-소녀 웬디로 이어져 전해진다.

웬디가 이야기를 만드는 과정, 스토리텔러가 되는 과정에는 그러므로 어머니가 깊이 개입되어 있다. 어머니에게서 전해 받은 이야기가 있어야 하고 어머니와 자신의 욕망의 방향이 다르다는 것을 깨달아야 하며 어머니로부터의 분리가 뒤따라야 한다. 그리고 자신의 이야기/언어를 통해 성장의 세계/아버지의 세계/언어의 세계로 나아가야 한다. 그런데 이 모든 것은 이미 어머니가 준비해 둔 것이다. 어머니는 자신의 이야기를 통해서 아이와의 일체감을 만들고 동시에 분리의 과정을 심어둔다. 어머니로부터 들은 이야기를 통해서 웬디는 어머니로부터의 탈출을 감행하고 자신의 이야기를 듣는 집 없는 소년들을 '어머니로서' 양육하며 이들의 분리를 준비시킨다. 웬디는 그러므로 어머니로부터 분리된 자이면서 동시에 어머니이고 또한 어머니로부터 분리시키는 자이다.

Ⅲ. 이야기의 지속: 어머니 웬디

피터 팬이 담지한 욕구는 단일하지 않다. 그는 어린이들이 흔히 갖게 되는 성장에의 욕구, 빨리 어른이 되고자 하는 욕구를 대변하면서 동시에 어른들의 회귀적 욕구, 어린시절로 되돌아가 영원히 어린이로 남아있고자 하는 욕구를 대변한다. 루리는 『피터 팬』이 "한 번은 성장하지만 결코 성장하지 않는 것, 흥미진진한 모험을 하면서도 완벽히 안전한 것, 어머니로부터 도망치면서도 어머니와 언제나 가까이 있는 것"과 같은 "모순적인 어린시절의 소망"(131)을 담고 있다고 설명한다.

피터 팬은 네버랜드의 영원한 소년이지만 동시에 네버랜드를 다스리는 자로서의 권위를 갖는다. 그의 권위는 그에게 절대적으로 복종하는 집 없는 소년들에게서 비롯될 뿐 아니라 그를 끊임없이 없애려 노력했던 불행한 어른 후크 선장에게서도 비롯된다. 후크는 자신이 갖지 못한 "품격"(good form [130])을 피터에게서 발견하고 자신의 결핍을 괴로워한다. 후크의 결핍은 물론 그가 피터 팬과의 싸움에서 잃어버린 오른손에 있다. 피터 팬은 웬디에게 "내가 후크를 조금 잘라버렸거든"(43)이라고 자랑스럽게 이야기한다. 어린이인 피터에게 자신의 오른손을 잃은 후크는 해적 선장으로서의 권위, 무엇보다도 어른 남성으로서의 권위를 상실한다. 이렇게 무엇인가 결핍된 자가 느끼는 "품격," 다시 말해서 "훌륭한 모습"이란 결핍되지 않은 온전한 상태일 것이다. 피터 팬과 다시 맞서게 된 후크는 "품격"이란 단어 그대로 "훌륭한 품격"이면서 동시에 어떤 것이어야 하는지 분명하게 정의를 내린다.

"팬, 너는 누구며 무엇이냐?" 후크 선장이 쉰 목소리로 외쳤다.

"나는 젊음이고, 기쁨이지." 피터가 의기양양하게 대답했다. "난 알에서 막 깨어나온 작은 새야."

이것은 물론 말도 안 되는 소리였다. 그러나 불행한 후크가 보기에 피터가 자신이 누구인지 혹은 무엇인지 하나도 모르고 있다는 것이야말로 최고의 품격을 갖고 있다는 증거였다. (130)

후크의 생각에 따르면 "품격"이란 스스로를 전혀 알지 못하는 상태이다. 19세기 어린이에 대한 낭만적 인식에 비추어보면, "품격"이란 어린이의 순수함, 천진난만함과 무지이다. 바로 이러한 이유 때문에 후크는 결코 피터 팬을 이길 수 없는데, 피터는 "젊음," 그 자체이기 때문이다. 영원한 젊음과 순진무구함, 무지와 순수함을 보유한 어린이를 교육받고 타락한 늙은 어른이 당해낼 수 없다. 후크는 "시계"를 삼킨 악어에 쫓기며 시간에 삼켜져 사라지고, 후크가 다스리던 해적선마저도 피터 팬의 손에 들어온다.

후크와의 대결에서 이긴 피터 팬은 어린이면서 동시에 어른인 자가 된다. 결코 양립할 수 없는 모순의 상태에서 피터 팬은 그 모순을 극복하려는 의지가 없으며, 혹은 그 모순 자체를 인지할 수 없다. 그래서 피터 팬은 성장하지 않으며, 현실로 돌아와 자랄 수도 없다. 성장이나 정체, 어느 한 쪽을 선택해야 하는 현실의 물리적 세계는 그가 판타지와 현실 양쪽에 다리를 걸친, 사이에 낀 존재가 되는 것을 허락하지 않는다. 그가 사는 세계는 순수한 놀이의 세계이며, 이 세계에는 그가 만들어낸 규칙 이외에는 어떤 규칙도 없고, 죽음과 폭력이 상존한다. 그는 어린이 상태에서 누릴 수 있는 그 어떤 것도 잃고 싶어 하지 않는다.

> '성숙'이란 더 이상 획득이 아니라 상실로 여겨진다. 우리는 어른이 됨으로써 어른이 되는 것이 아니라 젊기를 그만둠으로써 어른이 된다. 이 과정은 일차적으로 단념을 포함한다. 그러나 우월한, 심지어 '숭고한' 사회적 가치의 이름 아래 적대적이고 반사회적인 충동의 단념이 아니다. (Moretti 90)

어른이 되기를 거부하는 피터 팬은 성숙해지기 위해 겪어야 하는 상실과 단념의 과정을 거부한다. 후크 선장의 옷을 입고 그의 갈고리를 흉내 내는 모순덩어리인 피터 팬이 생존하는 방법은 영원히 네버랜드에 머무르는 것이다. 어른이 되기를 원한다면 현실 세계로 돌아와야 하지만, 피터 팬은 어른이 되고픈 욕망을 지닌 채 영원한 아동이기를 꿈꾼다. 그는 판타지와 현실 양쪽에 다리를 걸친, '사이에 낀' 존재일 수밖에 없기 때문이다.

어머니의 운명으로부터 도망쳐 네버랜드에서 집 없는 소년들의 꼬마 엄마가 된 웬디는 사이에 낀 존재인 피터 팬을 생생한 인물로 만들어준다. 이것은 현실 세계로 돌아온 어머니 웬디의 이야기를 통해서 가능해진다. 네버랜드를 떠난 후 어른으로 자라나 어머니가 된 그녀는 달링 부인과 마찬가지로 피터 팬을 잊어버린 듯 보인다. 그녀에게는 피터 팬이 "옛날 장난감을 보관해 두고 있는 상자 속의 먼지만큼도 중요하지 않았던"(146) 것이다. 그러나 곧 웬디는 어린 시절의 자신이 네버랜드에서 느꼈던 놀라운 상상력의 즐거움을 아이들에게 들려주기 시작한다. 웬디의 딸 제인(Jane)은 어린 웬디가 그랬듯이 피터 팬을 만나자마자 그와 친구가 되는데, 네버랜드와 피터 팬은 어린시절 상상력의 산물이자 그 토대이기 때문이다.

> 매년 봄 대청소 때가 되면 기억하지 못할 때를 빼고는 피터가 찾아와 마거릿을 네버랜드로 데리고 간다. 그곳에서 마거릿이 피터 자신의 이야기를 해 주면, 피터는 열심히 듣는다. 마거릿이 자라면 딸을 낳을 것이다. 그리고 그 딸도 역시 피터의 엄마가 될 것이다. 아이들이 명랑하고 순진하고 제멋대로인 한 영원히 그렇게 영원히 계속될 것이다. (152-53)

피터 팬의 새로운 친구이자 엄마가 된 제인, 그리고 제인의 딸인 마거릿(Margaret)은 피터 팬을 따라 네버랜드로 날아간다. 과거도 미래도 없이 언제나 현재를 살아가는 피터 팬에게 필요한 사람은 웬디라는 특정한 소녀가 아니라 웬디의 역할, 즉 돌봐주고 이야기를 들려주는 꼬마 엄마였던 것이다.

네버랜드에서 현실세계의 일면을 가져와 그 역할을 충실히 수행한 웬디는 네버랜드에 대한 믿음을 잃지 않으면서도 자라나는 것을 거부하지 않는, 다시 말해서 마음은 상상을 따르나 몸은 현실을 따르는 이중적 캐릭터이다. 그런데 그녀의 이중성, 즉 이야기조차도 현실을 벗어나 있지 않은 이중성이 비현실적 상상의 공간인 네버랜드를 지탱하는 힘이 된다. 어린 웬디는 현실 세계인 런던에서는 상상력의 세계, 「신데렐라」("Cinderella")와 같은 이야기가 만들어낸 꿈의 세계를 믿었으며, 네버랜드에서는 현실의 세계, 달링 씨와 달링 부인이 기다리는 런던의 집 창문을 잊지 않았다. 또한 어른이 된 다음에는 네버랜드와 피터 팬에 대한 이야기를 전달함으로써 판타지의 세계를 굳건히 지속시킨다. 이 두 세계를 모두 자신의 이야기 속에 녹여 구사하고 이 양립하기 어려운 두 세계를 매우 확실하게 믿는 능력은 웬디를 특별하게 만드는 힘이다.

상상이 만들어낸 섬, "규칙과 의무의 어른 세계(adult universe)로부터의 피난처"(Lurie 128)인 네버랜드에서 아이들이 하는 일은 놀이이다. 교육과 질서 대신 놀이와 무질서가 있는 네버랜드에서 놀이의 가정들, 이를테면 전쟁과 같은 상황들은 실제처럼 받아들여진다. 영원한 즐거움일 것만 같은 이 놀이의 세계는 요정의 가루에 힘입어 날아다닐 수 있다는 것을 제외한다면 가혹한 현실의 축소판이다. 이 세계는 악당과 그들의 속임수, 전쟁, 위협, 죽음 등으로 가득 차 있다. "죽는다는 것은 정말 멋진 모험이 될 꺼야"고 말하는 것은 피터 팬이 죽음과 매우 가깝기 때문이다. 피터 팬과 집 없는 소년들은 자랄 수 없고 자라서도 안 된다. 영원히 소년인 채로 성장하지 않는 그들은 정체해 있는 것과 같은데, 현실에서 멀어지면 멀어질수록 즐거움이 커지지만 존재가 소멸될 위협도 더욱 커지게 된다. 네버랜드에 머무르면 이들은 판타지 세계에서 죽거나 현실 세계에서 영원히 잊혀지게 되고, 이는 곧 죽음을 의미한다. 집 없는 소년들은 살아남기 위해 결국 현실세계로 돌아와야만 하며, 따라서 그들을 현실로 데리고 돌아올 누군가가 필요했다. 웬디는 언제나 상상과 현실 양쪽에 발을 담근 자이기 때문에, 집 없는 소년들이 완전히 사라져버리지 않도록 돕는다. 만일 웬디가 없었다면, 보다 더 멀리 어머니가 없었다면 그들은 아이들 방 속의 세계, 상상의 세계, 이야기의 세계 속에 갇혀서 결코 현실에서 받아들여지지 않는 상태가 되었을 것이다.

네버랜드의 즐거운 놀이는 실제로는 죽음을 부르는 위협적인 것이며 존재의 소멸을 야기하지만, 런던의 놀이는 그저 놀이일 뿐이다. 집 없는 소년들이 네버랜드에서 멋대로 즐기는 유년의 즐거움을 포기한다면, 그 대가로 양육과 사랑을 얻고 안전한 제도의 일원으로 편입될 수 있다. 런던에서는 유년의 죽음이 있을 뿐 존재의 죽음이 있는 것은 아니다. 그러므로 집 없는 소년들은 기꺼이 타협한다. 그들은 어머니와 웬디가 들려주는 이야기와 그녀들의 보살핌 속에서 유년에 머무르는 것을 포기하고 성장하는 편을 택한다. 교육과 함께 놀이는 사라지고, 자유분방함도 잃게 된다는 측면에서 "학교는 물론 어린시절의 주요한 적일 수 있다"(Tatar 149). 이런 시각으로 본다면 글자를 가르치고 시험을 보고 아버지의 권위를 강조하며 여성의 역할에 충실한 채로, 집 없는 소년들을 런던으로 데리고 돌아가는 웬디는 분명 네버랜드의 적, 유년의 적, 유년기의 충만한 상상력의 적이다. 그녀는 상상의 세계를 무너뜨리는 사악한 여성으로 보일 수도 있다.

네버랜드가 소년 피터 팬의 세계이며 피터 팬의 젊음에 기대어 지속되는 세계라면, 웬디는 이곳의 침범자이자 파괴자가 된다. 웬디는 피터 팬과 달리 어른이 되는 것을 받아들였으며, '소녀'이자 '어머니'로서 소년들의 세계에 끼어들어 오로지 즐거운 놀이와 전쟁이 계속되던 공간에 교육과 예의범절, 규칙과 평화를 끌어들이려 했기 때문이다. 물론 웬디가 네버랜드에서 어머니로서의 역할에 충실할 때 웬디가 보여주는 양육의 능력은 긍정적으로 평가받는다. 그러나 웬디가 집 없는 소년들을 데리고 네버랜드를 떠나 영국이라는 현실세계로 돌아와 이들을 양육하려 하자 문제는 달라진다. 역설적이게도 보살피는 역할에 충실한 웬디의 행동, 즉 그녀의 여성성이 네버랜드를 위협하는 심각한 것으로 여겨지게 되는 것이다. 킨케이드(James R. Kincaid)는 웬디를 "진짜 괴물"(286)이라고 말하는데, "피터는 알에서 깬 작은 새이며, 웬디는 그가 질식할 때까지 그 위에 앉아있으려는 어머니"(286)이기 때문이다. 이러한 지적은 네버랜드에 영원히 머무르지 않고 현실로 돌아와 어른이 되기로 선택한 웬디를 피터 팬과 네버랜드, 이를 둘러싼 상상력의 적대자로 보는 시각을 반영한다. 실제로 피터 팬의 가장 강력한 적대자는 피터 팬과 집 없는 소년들을 사로잡아 없애려는 후크 선장이지만, 후크가 피터 팬에게 패배하게 되자 그에게 느끼는 독자의 적대감은 약화되고, 오히려 현실 세계와의 연관성을 포기하지 않는 소녀 웬디가 부정적인 인물로 여겨지게 된다. 웬디가 네버랜드를 떠난 것은 그녀가 "자라나기를 좋아했기"(146) 때문인데, 이런 웬디의 태도는 "충분한 지각"(10)을 갖게 된 달링 부인을 바라보는 피터 팬의 관점과 동일하게 상상력에 대한 배반으로 간주된다.

하지만 단지 "자라나기를 좋아했다"는 점이 상상력에 대한 배반이 될 수는 없다. 표면적으로 상상력의 세계를 파괴하는 어른으로서의 어머니와 웬디는 실제로는 유년의 보호자, 유년기의 상상력을 확장시키는 힘을 지닌 자가 된다. 후크 선장을 물리친 뒤 피터 팬의 행동을 수용하고 이를 가능하게 만드는 이는 웬디이기 때문이다. 피터 팬은 해적선을 접수하고 해적선장의 역할을 하려 한다. 그의 역할놀이는 후크의 행동을 모방하는 것으로, 웬디는 이 모방행위를 돕는다.

> 지금은 피터가 웬디의 의심을 달래기 위해서 속이지 않고 있지만, 새로운 옷이 완성되면 달라질 것이라는 것이 모두의 생각이었으며, 웬디는 본의 아니게 후크가 입었던 가장 사악해 보이는 옷으로 피터의 옷을 만들고 있었다. 나중에 아이들은 피터가 이 옷을 처음 입었던 밤에 대해 수군거렸는데, 그가 후크의 담뱃대를 입에 물고, 한 손은 주먹을 쥔 채 집게손가락으로 쇠갈고리처럼 구부려서 위협적으로 높이 쳐들고는 선실에 오랫동안 앉아 있었다는 것이다. (134-35)

웬디는 피터 팬을 위해 "후크가 입었던 가장 사악해 보이는 옷으로 피터의 옷을 만들어" 피터 팬의 상상력이 확장되도록 돕는다. 만일 웬디가 피터 팬과 네버랜드의 상상력을 무너뜨리는 자라면, 피터 팬이 후크 선장의 옷을 입지 못하게 하거나 혹은 후크 선장의 옷에 보다 현실적인 의미가 부여되도록 했을 것이다. 피터 팬이 후크 선장의 옷을 입는 것은 피터 팬의 세계가 얼마나 가부장제의 현실 사회와 닮아있는가를 은유하는 장치이다. 그는 어린이이지만 어른이 되기를 꿈꾸는데, 어른으로 성장하고 싶은 그의 꿈은 오로지 네버랜드에서만 유효하다. 어른의 흉내를 내지만 동시에 영원히 어린이기를 원하는 그의 모순적인 태도와 생각이 네버랜드에 어떤 균열도 일으키지 않는 것은 웬디가 이를 지지하기 때문이다.

그러므로 표면적으로 웬디가 현실 세계를 선택하고 자라기를 원한 인물로 보일지라도, 실은 그녀가 갖는 서사적 능력이 네버랜드라는 상상의 세계를 지속시킬 수 있는 힘의 원천이 된다. 웬디는 네버랜드에서 자신에게 주어진 소녀-엄마로서의 역할을 수동적으로 수용한 것이 아니라 적극적으로 선택한다. 아동문학에서 어린이주인공에게 모험이란 새로운 세계의 경험인데, 새로운 세계로 넘어가기 위해서는 일시적이든 장기적이든 낯익은 세계를 떠나야 하며, 바로 이 "교차(crossover)는 젊은 독자들에게 성장하기 위해서 사람은 탐험하고 탐구하고 기회를 잡아야 한다는 함축적인 메시지를 담고 있다"(Cashdan 32). 웬디는 자신의 성장을 위해 무엇을 선택해야 할지 알고 있었던 것이다. 웬디는 현실 세계에서 판타지를 돌보고 지속시키는 모성적 영역의 힘을 보여준다.

웬디는 저자가 만든 이야기 속에서 피터 팬과 상호작용하면서 성장하는 소녀이다. 동시에 그녀는 저자인데, 왜냐하면 자신의 이야기 속에서 자꾸만 이야기를 '만들어내기' 때문이다. 로즈(Jacqueline Rose)는 화자의 목소리가 누구를 대변하고 있는가에 주목하여 "한때 웬디였던 사람, 그리고 그 동일화의 기반에서 독자에게 호소하는 사람의 목소리이다"(68)라고 설명한다. 화자의 목소리가 달링 부인의 목소리와 얽혀있으며 달링 부인의 목소리가 곧 웬디에게로 이어져 있다는 점은 웬디의 스토리텔링이 갖는 의미를 더욱 부각시킨다. 어린시절과 피터 팬에 대한 어머니 달링 부인의 기억과 어른이 된 뒤 피터 팬을 다시 만난 어머니 웬디에게는 많은 유사점이 있으며, 이것은 달링 부인과 웬디, 웬디의 딸들과 그 딸들이 동일한 스토리텔러의 역할을 할 것이라는 것을 알게 만든다. 피터 팬에게 "너 왜 울고 있어?"(24)라고 묻는 웬디의 첫 질문은 "너 왜 울고 있어?"(152)라고 묻는 제인의 질문으로 다시 반복된다. 달링 부인의 역할이 웬디에게로 이어진 것을 본 독자들은 곧 웬디의 역할이 제인에게로 이어질 것이라는 것을 알게 된다. 이야기는 순환되고 다시 시작한다.

달링 부인의 운명으로부터 탈출하며 동시에 어머니로부터 탈출한 웬디는 문지방을 넘어 네버랜드의 도전을 기꺼이 즐긴다. 이 도전적인 모험을 통해 그녀는 '자라나야 한다'는 것을 깨닫고 어머니가 되어 자신이 양육할 아이들, 집 없는 아이들을 데리고 현실세계로 돌아온다. 결국 피터 팬에게는 꿈이 자라는 공간이며 영원히 어린이상태로 남을 수 있는 네버랜드가 웬디에게는 어른이자 어머니로 자라나는 성장의 장이 된다. 이것은 네버랜드를 바라보는 시선의 차이에서 비롯된다. 네버랜드의 생성과 지속 자체가 웬디와 피터 팬에게 다르게 작동하기 때문이다. 피터 팬은 어머니의 이야기 속 인물이므로 꿈의 세계에 존재하지만, 이 피터 팬의 이야기를 들려주는 달링 부인이나 웬디 같은 스토리텔러에게 이야기와 스토리텔링은 현실에 기반을 둔 세계이다. 그러므로 웬디는 꿈을 통해 자라지만, 피터 팬은 꿈을 통해 어린이로 살 수 있다. 웬디는 네버랜드를 통과하여 어른/어머니가 되지만 피터 팬은 네버랜드에 머물며 어린이로만 살아남는다. 저자와 화자의 이야기 안에서 지속적으로 달링 부인과 웬디의 새로운 이야기가 만들어지며, 그렇게 이야기에 대한 이야기인 피터 팬의 모호한 저자/화자/독자의 관계는 이야기를 더욱 매력적으로 만든다.

Ⅳ. 나오기

이야기를 들려주는 스토리텔러의 성별을 확정할 수는 없다. 다시 말해서 오로지 '모성'만이 이야기를 만들고 전달하는 힘이라고 말할 수 없으며 말해서도 안 된다. 다만 아이의 양육이 매우 오랫동안 전통의 이름 하에 어머니에게 부과되어왔으므로, 양육자의 역할뿐만 아니라 이야기를 만들고 들려준다는 스토리텔러로서의 역할을 동시에 해 왔던 사람이 어머니라는 것이 당연하게 느껴진다. 그런 점에서 배리가 이야기를 만드는 주체적 인물로 그려 넣은 어머니는 매우 영리한 장치로서 작동한다. 아이들에게 이야기를 들려주는 어머니야말로 그들에게 가장 밀접한 사람이기 때문이다. 상대적으로 거리가 있는 아버지는 이야기의 세계인 아이들 방으로 들어오지 않는다. 달링 씨가 방에 들어오지 않거나 혹은 들어오더라도 자신의 위치를 분명히 할 수 없는 이유는 그 곳이 자신의 영역이 아니기 때문이다. 달링 씨의 세계는 결코 달링 부인의 세계를 장악할 수 없다. 질서화된 언어 이전의 세계, 교육 이전의 세계인 달링 부인의 세계는 달링 씨의 가부장제가 다스릴 수 있는 범주 너머에 존재한다. 아버지가 손댈 수 없는 그 세계에서 아이들은 태어나고 자라고 문지방을 넘는다. 어머니는 이야기를 보존하면서도 이야기의 세계에 머무르지 않는다. 아이들이 이야기를 토대로 삼아 성장하기 때문이다. 어머니는 아이들에게 이야기의 세계를 맛보게 하고 다시 현실로 불러들여 그들이 현실의 인물이 되도록 만들어준다.

웬디가 창문을 벗어나 네버랜드로 날아간 것은 피터 팬의 네버랜드가 매혹적이었기 때문인데, 이것은 궁극적으로는 어머니의 영역을 벗어나기 위한 시도이다. 그녀는 네버랜드에서 꿈을 꾸며 성장으로의 길을 간다. 그리고 그 성장을 완성하기 위해 다시 런던으로 돌아온다. 그녀는 네버랜드에서 '어머니'의 역할, 몸을 돌보는 양육자로써 뿐만 아니라 정신을 돌보는 스토리텔러로서의 역할을 연습한다. 웬디는 이 역할놀이를 통해 어른이 되고 어머니가 된다. 반면 피터 팬이 켄싱턴 공원으로 도망친 것은 웬디와 마찬가지로 어머니의 영역을 벗어나려는 열망이기도 하고, "젠더와 계급, 인종의 관점으로 엄격하게 구조화된, 구속하는 사회로부터 도망치려는 열망"(Showalter 81-82)이기도 하지만, 웬디와 달리 성장하기 위해서 도망치는 것이 아니라 성장하지 않기 위해서 도망친다. 웬디가 도착한 네버랜드는 어린 시절에 거쳐 가야 할 과정과 같은 곳이지만, 피터 팬에게 네버랜드는 시작이자 끝이다. 그는 그냥 그곳에 머무른다. 웬디는 역할을 연습하지만, 피터는 그것을 거부하며 어떠한 의미도 부여하는 것을 꺼려한다.

피터 팬의 꿈, 영원히 자라지 않는 소년으로 모험과 낭만이 가득한 판타지의 세계에서 사는 꿈은 어머니 달링부인-웬디의 모성과 소녀 웬디의 순수함의 서사가 떠받친다. 달링 부인과 웬디는 "이상화되지만 성적으로 위협적이지 않은 어머니"(Wullschläger 130)로서, 런던이라는 상업, 어른, 성장의 질서를 떠받칠 뿐 아니라 네버랜드라는 가상의 판타지, 자유로운 어린이의 질서를 떠받친다. 그녀들은 피터 팬이라는 소년-어른의 권위에 의해서 다스려지는 네버랜드조차 지지하고 보살피며 아낌없는 사랑을 제공한다. 어머니가 아이들에게 이야기를 들려주는 한 이 끝없는 지지와 보살핌의 힘으로 피터 팬은 "자라지 않는 소년"으로 영원히 살 수 있게 된다.

이야기의 세계는 완성되어있지 않다. 구전전통의 시대부터 이야기는 이야기를 들려주는 사람과 그 이야기를 듣는 청중에 따라서 수많은 변화를 받아들여왔다. "진정한 스토리텔링은 본질적으로 반권위주의적(antiauthoritarian)"(Kroeber 187)인 까닭에, 이야기의 세계는 처음부터 끝까지 균열이고 틈일 수밖에 없다. 이야기는 바로 이 틈에서 발생한다. 현실과 상상의 공간이 부딪히면서 만들어내는 틈을 인지하는 못하는 사람은 이야기를 만들 수 없다. 그래서 달링 씨는 이야기를 알지 못하며 이야기를 잊어버린 채 자신의 세계에서 살아간다. "남성 인물들은 자신 외의 모든 것을 잊어버리므로 이야기의 지속에 어떤 역할도 할 수 없는데"(Chassagnol 213), 한때 어린이였던 시절에 그 역시 어머니의 이야기 세계에서 살았을 테지만 어른이 되면서 자연스럽게 이야기를 잃어버린다. 자신의 공간을 확고히 건립한 그가 상상의 공간이 부딪혀 오는 것을 허용할 리 없고, 따라서 현실만이 견고한 틀이 된다. 그는 아이들이 먼저 손을 내밀어야만 그 손을 잡을 수 있다. 반면 달링 부인은 마음속에 숨겨둔 비밀의 상자가 말해주듯이 현실을 견고한 채로 두지 않고 그것에 이미 틈새를 만들어둔다. 다른 사람이, 특히 현실적인 사람들이 알지 못하는 자신만의 틈새, 그것이 이야기이다. 그 틈새에서 피터 팬이 살아 숨쉰다. 달링부인의 역할이 웬디에게로 넘어가는 것은 그러므로 웬디 역시 어머니처럼 현실과 상상의 공간을 배열하고 틈새를 유지하며 이야기를 만들고 전달할 수 있다는 것을 의미한다.

네버랜드라는 상상적 공간은 작가인 배리의 창조물이면서 동시에 이야기를 들려주는 스토리텔러의 창조물이다. 이 상상적 공간을 유지하고 지속시키는 힘은 네버랜드의 지배자 피터 팬에 있는 것이 아니다. 판타지를 지속시키는 것은 상상 그 자체가 아니라 상상적 공간에 적대적으로 보이는 현실 세계의 인물들, 피터 팬이 "젖니를 뽀드득 갈면서"(12) 적대감을 표시했던 어른여성들, 어머니이다. 어머니는 어머니들의 영역에서 이야기를 들려주고, 아이들을 떠나보내며 도전적인 모험을 즐기도록 도우면서도 아이들이 다시 되돌아오기를 기다린다. 아이들은 어머니와 어머니의 이야기가 주는 지지의 힘으로 문지방을 넘고 모험의 세계를 거쳐 성장한 얼굴로 되돌아 올 수 있다. 그러므로 어머니의 이야기능력이야말로 피터 팬을 현실세계와 네버랜드 두 곳 모두에서 생생히 살아있도록 만들며, 이 어머니 달링 부인-웬디의 서사는 다시 딸 웬디-제인에게 전달되고 확장된다. 저자인 배리와 화자의 경계, 화자와 달링 부인의 경계, 그리고 달링 부인과 웬디의 경계는 작품 속에서 점점 모호해진다. 분명하지 않은 화자의 경계가 주는 모호함이 독자를 끌어들인다. 그래서 이야기는 피터 팬처럼, 그가 사는 네버랜드처럼 "명랑하고 순진하고 제멋대로인"(153) 매력을 지니며 독자를 끌어들이는 것이다.

이 글은 『현대영미소설』 19권 3호(2012)에 「스토리텔러로서의 웬디: 『피터 팬』의 서사적 특성을 강화시키는 웬디/모성에 대한 연구」라는 제목으로 실린 논문이며, 오류 및 문장을 수정하였다.

이야기꾼의 "초록 안경"

『오즈의 놀라운 마법사』

Ⅰ. 들어가기

흰토끼를 따라 토끼굴 속의 이상한 나라로 들어간 앨리스(Alice)가 19세기 영국의 대표적인 고전 동화의 주인공이라면, 미국의 경우는 예기치 않는 회오리바람 때문에 오즈(Oz)의 나라를 여행하게 된 도로시(Dorothy)일 것이다. 오즈라는 상상의 공간 한 가운데 느닷없이 떨어진 지극히 평범한 열두 살 소녀의 모험은 새로운 이야기에 목말라있던 어린이들을 열광시키기에 충분했다. 바움(L. Frank Baum [1856-1919])은 영국과 유럽의 영향 아래 있던 미국 어린이 문학 시장에서 영국의 문학작품들이 흔히 보여주던 전형적인 특성들로부터 탈피하여 "미국적인 전래동화"를 만들어내고자 노력했다. 영국의 전통, 특히 빅토리아 시대의 영국 판타지 동화의 전통에서 출발한 미국의 아동문학이 완전히 새롭고 독립적인 인물과 사건으로 이루어진 이야기들을 만들고 이를 특성화시킨다는 것은 쉽지 않은 일이었기 때문에 바움의 노력이 언제나 성공한 것은 아니었다. 그럼에도 불구하고 그의 동화에는 당시 영국의 판타지 동화나 유럽의 전래동화와 분명히 다른 점이 있었다. 그는 유럽과 영국의 전래동화에 나오는 인물들의 전형성, 즉 선인과 악인의 이분법적 구분과 극단적인 갈등 등을 깨뜨리려고 노력했으며, "그림 형제와 안데르센의 전래동화에서 흔히 등장하는 공포"(Hearn xlviii) 등도 자신의 책에 담지 않으려고 했다. 그의 작품들에서는 『오즈의 놀라운 마법사』(*The Wonderful Wizard of Oz* [1900])에서 드러나듯이 "흥분과 위험은 있지만 폭력은 없고 악은 통제된다"(Nye 2). 표면적으로 나쁜 마녀들과 그 하수인들이 등장하는 등 『오즈』에서도 악인들이 존재하지만 이들은 다른 선한 인물들에게 절대적인 위협을 줄 수 없으며 대적상황에서 쉽게 굴복한다.

바움은 『오즈』를 단지 이야기책으로서만이 아니라 하나의 완벽한 생산품으로 만들고자 했다. 그는 삽화가인 덴슬로우(W. W. Denslow)와 함께 책의 속표지에 에메럴드 시티(Emerald City)를 둘러싼 오즈의 네 나라, 길리킨(Gillikin), 먼치킨(Munchkin), 쿼들링(Quadling), 윙키(Winkie)의 지도를 그려 넣고 노랑, 빨강, 초록, 파랑의 색깔을 입혀 독자들로부터 대단한 반향을 불러일으켰다. 당시의 이야기책이 주로 흑백의 삽화를 담은 상대적으로 단조로운 생산품인 데 비해, 바움은 이야기의 배경이 되는 나라들과 관련된 각 장에 다양한 색깔을 부여하여 시각화의 즐거움을 제공했기 때문이었다. 이것은 여러 방면에서 활동하던 바움이 변화하는 시대의 특성을 읽어내고 이를 이야기책의 저술과 출판에 접목시켰기에 가능했다. "19세기 말은 생산에서 소비로, 산업 자본주의에서 소비 자본주의(consumer capitalism)로 이행하던 시기"(Wolstenholme xi)였는데, 사업가, 극작가, 주간지 출판업자 등 다양한 직업을 가졌던 그는 막 피어나는 자본주의적 경제 시스템을 환영하며 옹호했다. 어린이를 위한 그의 첫 번째 책인 『산문으로 듣는 엄마 거위 이야기』(*Mother Goose in Prose* [1897])를 출판한 후 시장의 반응이 그다지 좋지 않자 가게 진열장(show windows) 사업에 뛰어든 바움은 가게 진열장을 단순히 상품을 진열하는 일반적인 방식과는 달리 이야기가 존재하는 작은 무대처럼 꾸며 사람들의 시선을 사로잡았다. 이것은 당시로서는 대단히 혁신적인 시도였으며 자신의 주요한 관심사 중 하나인 연극에 대한 열정의 부산물이기도 했다.

바움이 지닌 시각화와 스토리텔링의 능력은 어린이문학 작가로서의 입지를 구축하는 데 매우 유리한 것으로, 『오즈』에서는 에머럴드 시티의 "위대한 마법사"(the Great Wizard) 오즈를 통해 이 능력이 여실히 드러난다. 마법사 오즈가 보여주는 변화무쌍한 연극적 능력과 이야기를 꾸며내고 들려주는 이야기꾼으로서의 자질은 바움 자신의 것과 유사한 것이다. 마법사 오즈는 실제 자신의 능력이 보잘 것 없음에도 불구하고 에머럴드 시티를 행복한 유토피아로 만들어낸다. 이 글에서는 오즈가 만들어내고 지속시키는 에머럴드 시티의 유토피아적 특성과 "초록 안경"과의 연관성을 고찰하면서, 그의 마법적 능력의 실체가 이야기 구사능력, 즉 이야기꾼으로서의 자질에 있음을 밝히려 한다.

Ⅱ. 도로시와 친구들

『오즈의 놀라운 마법사』라는 제목은 작품의 중심인물을 오즈처럼 보이게 만든다. 『시스터 캐리』(*Sister Carrie*)나 『제인 에어』(*Jane Eyre*), 혹은 『피터 팬』(*Peter Pan*)처럼 19세기나 20세기 초반의 문학작품들이 보통 주인공의 이름을 작품 제목으로 내세웠던 것과 연관시켜 보면 더욱 기대감을 갖게 될 것이다. 하지만 『오즈』를 읽고 난 독자들은 중간에 잠깐 등장한 오즈가 아니라 작품의 처음부터 모험을 주도적으로 이끌어가는 당차고 귀여운 소녀 도로시를 주인공으로 여기게 된다. 독자들의 뇌리에 도로시와 세 친구들의 활약상이 인상적으로 새겨지기 때문이다. 오즈가 실제 모습을 드러내는 부분은 에메랄드 시티에 도로시 일행이 도착한 11장부터이고, 작품이 끝나기 전 17장에서는 기구를 타고 날아가 버린다. 첫 장부터 마지막장까지 모험이야기의 한 가운데에 선 인물이 도로시라는 점을 생각한다면, "오즈의 놀라운 마법사" 대신 "도로시의 놀라운 모험"이라는 제목이 훨씬 더 내용에 어울릴지도 모른다.

도로시와 세 친구들이 모험의 대부분을 이끌어가는 주요한 역할을 하는 것만큼, 오즈 역시 작품 전체에 스며들어 있는 그의 존재감을 드러낸다. 등장인물들이 오즈를 직접 언급하는 것은 도로시가 회오리바람에 실려 오즈의 나라에 도착하는 2장에서부터이다. 도로시가 타고 온 집에 먼치킨들을 괴롭히던 나쁜 마녀 한 명이 깔려 죽는데, "마녀"라는 말에 깜짝 놀라는 도로시에게 서쪽 마녀는 "착한 마녀"도 있다고 설명한다. 전래동화에 등장하는 마녀들은 대개 독사과를 만들거나 아이들을 잡아먹으려고 하는 등 무시무시하고 사악한 인물이지만, 바움은 전형적인 마녀의 특성과 마녀라는 존재가 주는 불안함을 바꾸어보려고 하면서 "착한 마녀"를 등장시킨다. 바움은 어린이들에게 필요한 동화란 "'사랑과 결혼이 없고' 미움도 복수도 없으며 아이들이 경험하지도 이해하지도 못하는 어른 사회의 감정을 집어넣으려는 어떠한 시도도 없는"(Nye 1) 이야기여야 한다고 생각했다.

> "세상에나!" 도로시가 외쳤다. "당신이 진짜 마녀라고요?"
>
> "그렇단다, 애야." 작은 여인이 대답했다. "하지만 나는 착한 마녀야. 사람들도 나를 사랑하지. 나는 이곳을 다스렸던 사악한 마녀처럼 강력하지는 않단다. 그랬다면 내가 사람들을 자유롭게 해 줄 수 있었겠지."

"마녀들은 모두 나쁘다고 생각했어요." 진짜 마녀를 바라보면서 반쯤 놀란 소녀가 말했다.

"이런, 그건 아주 잘못 알고 있는 거야. …" (20-21)[1]

"착한" 성품을 지닌 마녀가 있을 뿐만 아니라 "나쁜" 마녀들의 힘은 전혀 강하지 않다. 동쪽 마녀는 도로시의 집에 깔려 죽고, 서쪽 마녀는 도로시의 이마에 찍힌 북쪽 마녀의 키스와 그녀가 신고 있는 은구두(silver shoes)를 본 뒤 도로시가 지닌 강력한 마법을 두려워한다. 게다가 겁쟁이 사자의 으르렁 소리에 깜짝 놀란다. 나쁜 마녀는 어린아이처럼 두려움을 극복하지 못한 미성숙한 인물로 그려지고, 반면 이런 마녀와 맞서야 하는 도로시는 점차 대담해진다. 그녀는 은구두를 되찾기 위해 서쪽 마녀에게 물을 뿌리고, 물에 녹아서 사라져버린 마녀가 남긴 흔적을 다시 한 번 물을 끼얹어 빗자루로 깨끗이 쓸어버린다(155). 도로시는 나쁜 마녀를 없애서 사람들을 마녀의 위협으로부터 자유롭게 해 주면서 "가장 고귀한 마술사"(19)라는 호칭을 얻게 된다.

마녀를 본 적이 없다는 도로시에게 착한 마녀는 "문명화된 나라에서는 마녀나 마법사, 주술사나 마술사가 남아있지 않을 거라는 생각이 드는구나. 하지만 오즈의 나라는 절대 문명화된 적이 없단다"(21-22)라고 말하면서 "우리는 세상의 다른 모든 곳으로부터 떨어져있다"(22)고 덧붙인다. "세상의 다른 모든 곳으로부터 떨어져있다"는 말은 오즈의 나라와 현실세계 사이의 시공간적인 구분을 보여준다. 도로시는 그녀가 살던 캔자스와 전혀 다른 세상으로 건너왔으며, 착한 마녀의 설명

---

1 L. Frank Baum. *The Wonderful Wizard of Oz* (New York: Oxford, 1997). 이하 본문 인용은 이 책을 이용한다.

을 빌리자면 이곳은 바깥세상과 고립되어 있기 때문에 "여전히 마녀와 마법사가 존재한다"(22). 만일 착한 마녀의 말처럼 문명화를 마법사와 마녀의 존재와 연관시킨다면, 이런 인물들이 없는 캔자스는 문명화된 도시가 된다.

착한 마녀가 "문명"에 대해 설명하는 것에 따르면, "문명"의 기준이 동화적 세계의 반대편으로 설정되어 있다는 것을 알 수 있다. 동화적 세계의 바깥은 산업화가 이루어지는 곳으로, 오즈라는 이야기의 세계와 캔자스라는 현실세계의 공간이 이를 통해 분명한 구분선을 갖게 된다. 그런데, "문명"의 기준이 만일 산업화에 있다면 과연 캔자스를 문명화된 도시로 볼 수 있느냐는 의문점이 생긴다. 1장에서 회오리바람에 휩쓸리기 전에 도로시가 창문 밖을 바라보는 장면에서, 그녀는 "어느 쪽에서든 거대한 회색빛 평원을 제외하고는 아무것도 볼 수 없었다"(10)고 말하고 있기 때문이다. 도로시가 살고 있는 집은 매우 초라하며 페인트가 바래져 "흐릿한 회색"(10)이고, 도로시를 돌보는 숙모는 젊고 아름다웠던 때와는 달리 반짝이던 눈빛 대신 "냉랭한 회색"(10)의 눈빛을 한 채로 뺨과 입술의 홍조도 사라져 "회색"(10)으로 변해있다. 도로시가 살던 회색 캔자스가 산업화가 이루어진 도시가 아니라는 점으로 미루어보아, 착한 마녀가 말하는 "문명화"란 산업화나 삶의 질 향상, 자본의 소유 같은 현실적인 것과 상관없다는 것을 알 수 있다. "문명화"의 기준은 마녀와 마법사가 존재하느냐 아니냐에 달려 있으며 다시 말해서 상상력의 유무를 통해 결정된다.

아이들에게 친숙한 세계는 동화적 세계일 것이다. 게다가 온통 "회색"뿐인 "문명화된" 캔자스와는 달리, 오즈의 나라는 목가적이며 아름답고 화려한 색깔로 가득 차 있다. 전술했다시피 바움은 삽화에 색깔을 입혀두었기 때문에 오즈의 나라가 얼마나 아름다운 곳인지 책을 펴는 순간 모든 아이들이 공감하게 된다. 오로지 도로시만이 이 총천연색의 아름다운 오즈의 나라를 떠나 회색 캔자스로 되돌아가기를 열망한다.

> 그래서 도로시는 허수아비에게 캔자스에 대해서 모두 이야기해 주었다. 그곳에서는 모든 것이 회색빛이라는 것, 회오리바람이 어떻게 이 이상한 오즈의 나라로 그녀를 휘몰아왔는지에 대한 것을 이야기했다. 허수아비는 주의 깊게 듣고 나더니 이렇게 말했다.
>
> "난 네가 이 아름다운 나라를 떠나 캔자스라는 그 메마르고 황량한 곳으로 되돌아가려고 하는지 이해할 수가 없구나."
>
> "그건 너에게 뇌가 없기 때문이야." 소녀가 말했다. "우리들의 집이 아무리 황폐하고 회색빛이라고 해도 피와 살을 지닌 사람들은 다른 어느 곳보다도 집에서 살기를 원하지. 정말 아름다운 곳이 있다고 해도 집만한 곳은 없거든." (44)

캔자스로 돌아가려는 이유를 묻는 허수아비에게 도로시는 "집만 한 곳은 없다"고 단정적으로 말하며, 물질적으로 풍족하고 아름다운 색채를 지닌 환상적 장소보다, 황량하고 칙칙하더라도 집이 있는 현실세계가 더 낫다고 설명한다. 도로시가 말하는 "집"이란 물론 가정과 가족의 가치에 대한 미국인들의 사고와 맞닿아있다.

전래동화는 기본적으로 집-떠남-집(home-away-home)의 구도를 갖는다. 캠벨(Joseph Campbell)은 신화와 민담을 연구한 그의 책에서 주인공들의 모험을 "출발-입문-돌아옴"(36)의 세단계로 구분한다. 일상의 삶을 벗어날 수밖에 없게 만드는 중대한 사건에 의해 어린이 주인공은 자의든 타의든 집을 떠나 모험의 길에 들어선다. 그는 필연적으로 어려운 난관에 봉착하지만 이를 극복하고 시험을 통과하면서 자신의 출발지이자 고향인 안락한 집으로 되돌아온다. 노들만과 라이머(Perry Nodelman and Mavis Reimer) 역시 이 구도로 아동문학을 설명하면서, 주인공이 집을 떠나는 이유는 "집에 싫증이 나서 흥미진진한 모험을 원한다. 그러나 그 즐거움이 위험을 동반할 때 아이는 집의 안전을 원하게 된다"(201)고 말한다. 도로시의 모험 역시 이 구도에 충실한데, 다양한 인물들과 여러 사건을 함께 겪고 어려운 문제를 해결하면서 마침내 자신의 집으로 돌아오게 된다.

자신의 의사와 상관없이 오즈의 나라에 도착한 순간부터 캔자스로 되돌아가려는 도로시의 열망이 드러난다. 그녀는 모험이 시작되자마자 새로운 멋진 세계를 탐색할 생각도 하지 않은 채 모험의 결말을 갈망한다. 그러나 착한 마녀는 사방이 막혀있는 고립된 이 나라를 떠난다는 것은 불가능하다면서 도로시가 캔자스로 다시 되돌아갈 유일한 방법은 "위대한 마법사"(the Great Wizard [22])를 찾아가는 것이라고 말한다.

> "그럼 너는 에메럴드 시티에 가야겠구나. 오즈가 널 도와줄 거야."
> "그 도시는 어디에 있는데요?" 도로시가 물었다.
> "이 나라 한가운데 있지. 내가 말한 위대한 마법사 오즈가 다스리고 있단다."
> "그 분은 착한 사람인가요?" 걱정이 된 소녀가 물었다.
> "착한 마법사야. 하지만 사람인지 아닌지는 말할 수가 없구나. 나도 만난 적이 없단다." (24)

모습을 드러내지 않는 위대한 마법사의 존재는 착한 마녀조차도 오즈를 만난 적이 없으며 심지어 그가 "사람인지 아닌지는 말할 수 없다"는 점에서 더욱 신비스럽게 포장된다. 이런 신비스러움은 그의 마법적 능력을 더욱 극적으로 보이도록 만들며, 한편으로는 오즈의 실체가 드러났을 때 더욱 초라하게 만드는 장치가 된다.

이 위대한 마법사를 찾아가는 과정은 도로시에게는 "모험과 위험, 탐색으로 가득 차 있는"(Wagner 25) 도전이다. 이야기의 주인공이 홀로 모험의 경로를 따라가는 일은 거의 없다. 그를 돕거나 방해하는 인물이 없다면 모험은 평면적이고 단순한 차원을 벗어나지 못할 것이다. 민담의 구조를 분석한 프롭프(Vladimir Propp)는 주인공에게 험한 모험의 고비를 함께 견디고 이끌어줄 조력자(helper)가 필요하다고 말한다. 도로시의 경우, 도움을 주고 그녀가 모험을 잘 완수하도록 돕는 이들은 허수아비(Scarecrow), 양철 나무꾼(Tin Woodman), 겁쟁이 사자(Cowardly Lion)이다. 하지만 이 세 인물이 도로시의 조력자인지, 혹은 도로시가 이 세 인물의 조력자인지는 분명하게 말할 수 없다. 도로시가 매우 자립적인 소녀이기 때문인데, 도로시가 캔자스의 집으로 돌아가는 방법을 알기 위해 노란 벽돌길(yellow brick road)을 따라 에메럴드 시티로 향할 때 만나게 되는 이 각각의 인물들은 모두 자유롭게 움직일 수 없도록 무언가에 구속되어 있다. 들판의 기둥에 묶여 있던 허수아비는 도로시가 그를 풀어주기 전까지 움직일 수 없었으며, 녹슬어 있던 양철 나무꾼 역시 도로시가 기름을 칠해주기 전까지 말 한 마디도 제대로 할 수 없었다. 숲속 동물들의 왕처럼 보이는 사자는 실제로는 작은 개 토토(Toto)를 무서워할 만큼 겁쟁이여서, 그 역시 자신의 한계 속에 갇혀있다. 동쪽 마녀를 없애서 먼치킨 사람들을 마녀의 위협으로부터 풀어준 이후부터 도로시는 곤경에 처한 인물들에게 자신이 할 수 있는 모든 일을 기꺼이 해 준다. 도로시의 호의와 친절하고 때로는 대범한 행동들은 "『오즈』의 미덕은 가족애, 낯선 이에 대한 우호, 패배자에 대한 연민, 삶에 직면할 때의 실용성과 상식, 타인의 문제를 해결하기 위한 자아의 독립성이라는 가정적인 미국의 미덕이다" (Nye 16)라는 것을 증명해 보인다. 도로시의 도움을 받아 움직이지 못하는 상태를 벗어난 이 세 인물들이 도로시와 동행하고 싶어 하는 것은 당연한 일이다.

도로시와 세 인물들이 에메럴드 시티로 향하는 이유는 위대한 마법사 오즈가 각자에게 부족한 것을 채워줄 수 있을 것이라고 믿기 때문이다. 허수아비는 생각하기 위한 뇌를, 양철 나무꾼은 사랑할 수 있는 심장을, 겁쟁이 사자는 숲의 왕이 될 수 있는 용기를 필요로 하는데, 이 세 가지의 결핍은 각각 중요한 덕목을 상징한다.

> 이 세 명의 친구들은 도로시의 지식, 사랑과 힘을 나타낼 뿐 아니라 이 덕목을 얻고자 하는 그녀의 갈망과 자기 자신에 대한 건전한 회의감도 나타낸다. 중요한 문제는 자기 확신인 것이다. (McMaster 104)

이 세 명의 인물들이 원하는 것은 도로시에게 필요한 덕목이기도 하다. 그들은 오즈가 자신들의 부족함을 해결할 것이라는 기대에 가득 차 있다. 지푸라기로 만들어진 허수아비가 인간의 뇌를 갖는다거나, 양철로 몸이 변해버린 나무꾼이 심장을 갖는 일이 쉽지 않다고 생각하기 때문에 위대한 마법사의 도움을 얻으려 한다.

실제로 그들에게 필요한 것은 순식간에 모든 일을 해결해줄 수 있는 거창한 마법이 아니라 매우 점진적으로 계발되고 개선되며 단단해지는 자기 안의 힘이다. 허수아비의 경우 뇌가 없어서 생각할 수 없다고 입버릇처럼 말하지만 어떤 난관에 봉착했을 때 가장 현명한 해결책을 생각해낸다. 숲속을 지나는 일행 앞에 커다란 도랑이 나타났을 때 어쩔 줄 몰라 하는 다른 인물들과 달리 허수아비는 방법을 제시한다.

> 그래서 그들은 앉아서 뭘 해야 하는지 생각했다. 심각하게 생각한 끝에 허수아비가 말했다.
> "여기 도랑 가까이에 큰 나무가 있잖아. 양철 나무꾼이 이걸 베어 넘어뜨리면 이 나무가 도랑 저쪽으로 넘어지겠지. 그러면 우리가 쉽게 이 도랑을 건널 수 있을 거야." (81)

그의 머릿속에는 온통 지푸라기밖에 없지만, 진짜 뇌를 갖고 있는 다른 친구들이 생각하지 못하는 것을 생각해낸다. 양철 나무꾼 역시 마찬가지이다. 그는 심장이 없어서 사랑을 느끼지 못한다고 슬퍼하지만 그를 양철인간으로 만든 것은 사랑이었다. 아름다운 먼치킨 소녀를 사랑했던 나무꾼은 주술에 걸린 도끼가 나무를 베는 대신 그의 몸을 한 부분씩 잘라내고 마침내 그의 심장까지 잘라내 버린 탓에 양철로 변하게 된 것이다. 사랑 때문에 양철인간이 되었기 때문인지, 양철 나무꾼은 사자가 사슴을 잡아먹겠다고 말하자 제발 그러지 말라고 말리고, 심지어는 풍뎅이 한 마리를 실수로 밟아 죽였을 때 하염없는 눈물을 흘린다. 눈물을 흘리거나 물을 가까이 하는 것은 양철 나무꾼을 녹슬게 만들 수 있어 매우 위험하지만, 감성적인 양철 나무꾼이 생명체에 대해서 갖는 사랑은 자신의 존재에 대한 위협을 넘어선다. 겁쟁이 사자는 두려움을 무릅쓰고 깊고 넓은 숲길 한가운데의 도랑을 뛰어넘어 동료들을 건네준다. 사자가 겁을 이겨내는 방법은 누가 가르친 것이 아니라 도로시와 친구들을 돕기 위하여 스스로 결정한 것이다. 그들은 자신들에게 결핍되어 있다고 말하는 것들을 이미 갖고 있다. 즉, 외부의 힘이 아니라 내부의 힘, 자신 안에 잠재되어 있던 힘이 스스로의 부족함을 채운다.

Ⅲ. 도로시와 오즈

도로시의 문제는 이와 달리 그녀 내부의 잠재력만으로 해결할 수 없는 것으로 보인다. 도로시는 자신을 오즈로 데려온 바람이 외부의 힘이었던 것처럼 다시 캔자스로 데려갈 방법도 외부에서 찾아야 한다고 생각한다. 어린 소녀가 광활한 사막으로 둘러싸인 오즈의 네 나라를 벗어나려면 특별한 마법적 방법, "위대한 마법사" 오즈의 도움이 필요하다. 하지만 노란 벽돌길을 따라서 오즈를 만나러 간 도로시는 그의 실체를 알고서 실망한다. 오즈는 평범한 서커스단원일 뿐이며, "위대한"이라는 수식어를 붙일 만큼의 능력을 갖고 있지 못하다.

> 쿵 소리를 내면서 그것[장막]이 떨어지자 그들은 그쪽을 바라보았다. 다음 순간 모두들 놀라움을 감추지 못했다. 장막이 숨겨져 있던 그 자리에서 대머리에 주름이 가득한 얼굴의 초라한 노인이 그들보다 더 깜짝 놀란 채 서 있는 것을 보았기 때문이었다. 양철나무꾼이 도끼를 쳐들고 노인에게 달려가며 외쳤다.
>
> "누구냐?"
>
> "위대하고 무시무시한 오즈야." 떨리는 목소리로 노인이 말했다. "그러니 제발 나를 내리치지 마렴. 제발! 너희들이 원하는 것은 뭐든 할게." (183)

위대한 마법사일 거라고 믿었던 오즈는 장막 뒤에 숨어있는 초라한 노인으로, "평범한 사람"(184)이며 "사기꾼"(184)에 불과하다. 장막 뒤에서 무서운 목소리로 호령하며 명령을 내리던 오즈는 처음부터 존재하지 않았던 것이다.

그렇지만 허수아비와 양철 나무꾼, 사자는 오즈가 이런 초라한 마술

사라는 사실을 심각한 문제로 여기지 않는다. 그들이 원하는 것은 자신들의 결핍을 채울 가시적인 대체물이지, 누가 어떤 것을 주느냐는 전혀 중요하지 않았던 것이다. 사기꾼 오즈조차도 허수아비와 양철 나무꾼, 겁쟁이 사자가 자신들 안에 문제의 해답을 갖고 있다는 것을 알고 있지만, 세 친구들은 오즈로부터 조잡한 선물을 받고 나서야 안심을 한다.

> "넌 뇌가 필요 없어. 매일 무언가를 배우고 있잖아. 갓난아이는 뇌가 있지만 아는 게 없지. 경험이란 지식을 얻는 유일한 거야. 네가 세상을 오래 살면 살수록 넌 더 많은 경험을 얻게 될 거다."
>
> "그게 맞는 말일 수도 있지요." 허수아비가 대답했다. "하지만 당신이 나에게 뇌를 주지 않으면 난 불행할 거예요." (190)

늘 지혜로운 판단을 내리던 허수아비 역시 이미 원하는 것을 갖고 있다는 오즈의 설명을 믿지 못하고 뇌를 달라고 청한다. 하지만 진짜 "위대한" 마법사가 아닌 오즈가 그들에게 줄 수 있는 것이라고는 가짜 마법에 불과하다. 이에 대해 가드너(Martin Gardner)는 "겁쟁이 사자, 허수아비, 양철나무꾼은 가치 없는 외부 상징과 진정한 미덕을 혼돈하는 사람들의 성향을 즐겁게 그려낸다"(25)고 설명한다. 오즈는 그들에게 지푸라기에 핀과 바늘을 뒤섞어 놓은 뇌, 톱밥으로 채워진 심장 모양의 비단주머니, 초록 병에 담긴 특별한 약효가 없는 음료를 만들어 준다. 허수아비와 양철 나무꾼, 겁쟁이 사자는 눈에 보이는 피상적인 대상물이 몸속에 들어오는 순간 자신들의 결핍이 채워졌다고 생각한다.

도로시의 문제가 간단하지 않은 이유는 허수아비나 양철 나무꾼, 겁쟁이 사자의 경우처럼 내부의 잠재력으로 해결할 수 있는 문제로 보이지 않을뿐더러, 오즈의 가짜 속임수로 해결될 수 있는 것도 아니기 때문이다. "허수아비, 양철 나무꾼과 사자가 그들이 이미 지니고 있는 자질들을 가짜 마법사가 제공할 것이라고 믿는 것과는 달리"(Thacker and Webb 90) 도로시는 자신의 문제가 그런 속임수로 해결될 수 없다는 것을 안다. 가짜 뇌와 가짜 심장, 가짜 용기의 약은 오즈의 나라에 속한, 이미 믿을 준비가 되어 있어 있어서 오즈가 무엇이든지 할 수 있다고 상상할 수 있는 인물들에게만 효력이 있는 것이다. 하지만 도로시는 캔자스라는 현실 세계의 인물이며, 판타지와 현실의 경계를 실제로 넘는 "진짜" 행위가 아니고는 그녀가 캔자스로 돌아갈 방법은 없다. 그녀가 캔자스로 돌아가기 위해서는 "상상력 이상의 것"(199)이 필요하다. 다시 도로시의 손에 문제해결의 열쇠가 쥐어지는 것은 바로 이 지점이다. 오즈의 도움 없이 두 명의 나쁜 마녀를 물리쳤듯이, 자신의 문제를 스스로 해결해야 하는 상황에 놓인 것이다.

오즈가 말하는 "상상력 이상의 것"이란 조잡한 가짜 마술로는 해결할 수 없다는 것을 의미한다. 그런데 그가 건설한 오즈의 나라에는 "상상력만이" 필요하다. 오즈의 상상력과 사람들의 믿음이 결부되어 오즈의 나라를 만들었기 때문이다. 상상력으로 만들어진 오즈 바깥의 세상에서 온 도로시만이 "상상력 이상의 것"이 무엇인지 찾아낼 수 있다. 오즈의 상상력을 방해하는 것들은 오히려 자연현상이다. 도로시가 오즈의 나라로 날려온 것은 회오리바람 때문이며, 노란 벽돌길을 걷다 지나가게 된 양귀비 꽃밭(poppy flowers)은 일행의 정신을 혼미하게 하고 잠에 빠뜨린다. 숲 속의 싸우는 나무들(fighting trees)은 착한 요정 글린다(Glinda)의 나라로 가는 것을 방해한다. 에메럴드 시티와 네 나라를 둘러 싼, 건널 수 없는 거대한 사막은 바깥사람들과의 교류를 차단한다. 이렇게 꽃밭과 숲, 사막 등 자연환경은 부정적인 공간으로 그려진다.

반면 인공적으로 만들어진 것들은 사람들을 행복하게 만드는 긍정적인 대상물로 묘사된다. 게다가 이 인공물들은 모두 귀한 보석들과 관련되어 있는데, 동쪽 마녀가 사라진 뒤에 남은 은구두, 화려한 에메랄드 시티, 에메랄드 시티로 이끌어주는 노란 벽돌길, 날개달린 원숭이(Winged Monkey)의 황금 모자(Golden Cap) 등은 모두 아름답고 매혹적이며 강력하면서도 신비한 마법을 지닌 물건들이다. 이것을 소유하는 자는 특별한 인물로 취급받는다. 은구두의 강력한 마법은 아무도 건널 수 없다던 사막을 건너게 만들며, 황금모자는 날개달린 원숭이를 세 번 부릴 수 있는 힘을 준다. 도로시는 은구두에 놀라움을 표하고 황금모자에 매혹되며 노란 벽돌길을 따라 도착한 에메랄드 시티의 아름다움에 감탄한다. 울스턴홈(Susan Wolstenholme)은 이런 도로시를 두고 자본이 만들어낸 생산품을 수없이 소비하는 "소비자의 대리인"이라고 설명한다(xxvii). 환상의 세계인 오즈의 나라에서 도로시가 획득하거나 획득해야만 하는 것들이 모두 자본의 산물이자 산업화의 결과물로 보인다는 것이다.

자본과 물질은 단지 대상물이나 소유물로서만 의미를 지니지 않는다. 그것은 공유되고 교환되면서 그 가치를 증대시킨다. 은구두나 황금모자는 본래의 주인을 떠나 새로운 주인을 만날 때마다 그것을 탐내는 인물들을 매혹시킨다. 그 물건을 가지려는 욕망이 더욱 거세지는 것이다. 오즈가 캔자스로 돌아가도록 도와달라는 도로시의 청을 거절할 때, 그 역시 동일한 욕망에 사로잡혀 있다.

> "음," 거대한 머리가 말했다. "네 질문에 답을 해 주마. 네가 나를 위해 무언가를 보답으로 해 주지 않는다면 너를 캔자스로 돌아가게 하도록 나에게 요구할 권리가 없다는 것이지. 이 나라에서는 모든 사람들이 자신이

> 받은 모든 것에 대해서 대가를 치뤄야 해. 내가 널 집으로 다시 보내는 마법을 사용하기를 원한다면 나를 위해 먼저 뭔가를 해야만 한다. 나를 도와라, 그러면 내가 널 도와줄 테니." (130)

그는 자신의 마술기술과 도로시의 능력을 교환하기를 원한다. 동쪽 마녀를 쓰러뜨린 도로시의 능력이 서쪽 마녀를 죽이는 데에도 유용하다면, 오즈의 "위대한" 위치는 더욱 단단하게 될 것이다.

도로시 역시 자신을 증명해보이고 능력을 발휘해야만 원하는 것을 얻을 수 있다. 자신의 가치를 드러내 보이지 않는 한 아무 것도 얻지 못한다. 반드시 그에 상응하는 대가가 지불되어야 하며, 가시적이든 비가시적이든 교환이 이루어지려면 교환의 가치가 증명되어야 한다. 테일러(Quentin P Taylor)는 "도로시는 미국인들의 개인화된 이상—자존심이 있고 악의가 없으며 분별력을 지닌 건전하고 용감한—을 나타낸다"(417)고 설명한다. 홀로 오즈의 나라에 떨어졌을 때도, 서쪽 마녀를 만나 두려움에 떨었을 때도 이 어린 소녀는 뒤로 물러서거나 울음을 터뜨리는 대신, 예의바르지만 분명한 태도로 선악과 이에 따른 행동의 옳고 그름을 판단한다. 동쪽 마녀를 죽이고 은구두를 획득함으로써 자신의 교환 가치를 높였던 도로시는 서쪽 마녀를 물로 녹여 없앰으로써 오즈가 주도하는 교환시장에서 절대적인 우위를 점할 수 있게 된다.

로저스(Katherine M. Rogers)는 "여성 인물들이 남성들에 의해서 도움을 받아야만 하고 사랑하는 사람이나 아버지를 통해 적법성(validation)을 찾는 전래동화 속 일반적인 상황과는 달리 도로시는 독립적인데, 그녀는 스스로 모험을 다루며, 그녀 자신의 특성과 상식, 노력을 통해서 사악한 장애물을 극복하고 집으로 돌아가는 자신의 결말을 성취한다"(76)고 설명한다. 『오즈』에서 마녀들은 모두 여성이며, 유일한 남성인 "위대한 마법사" 오즈는 실제로는 볼품없는 마법사이다. 허수아비와 양철 나무꾼, 겁쟁이 사자는 도로시의 조력자로 출발하는 듯 하지만 도로시만큼 독립적이지 못하다. 남성의 힘은 상대적으로 약해보이며, 심지어 여성에게 의존적으로 보이는데, 루시디(Salman Rushdie) 역시 "『오즈』에서 놀랄만한 특징은 남성 영웅의 부재이다. 허수아비, 양철인간, 겁쟁이 사자는 뇌와 심장, 용기가 없기 때문에 … 남성의 힘은 착각이며, 여성의 힘은 현실이다"(42)고 말한다.

상상력에 기반한 오즈의 나라를 벗어날 수 있는 "상상력 이상의 것"이 오즈에게 비행기구를 의미했다면 도로시에게는 동쪽 마녀의 은구두이다. 처음에는 우연히 갖게 되었지만 서쪽 마녀로부터 자신의 노력으로 되찾아온 은구두는 도로시의 성장과 잠재력을 상징하는 물건이 된다. 도로시가 캔자스로 되돌아가기 위해서 오즈의 마법이나 다른 요정의 도움, 즉 외부로부터 도움을 받을 필요는 없었던 것이다. "너는 발꿈치를 세 번 부딪히면서 어디든지 네가 가고 싶은 곳으로 데려다 달라고 은구두에게 명령하면 된다"(257)는 글린다의 설명대로 도로시는 환상의 세계를 빠져나온다. 도로시는 오즈의 나라라는 교환의 시장에서 마녀를 물리치고 마법적 힘을 발휘하는 사물들을 소유함으로써 자신의 교환 가치를 증명하며 확장시킨다. "은유적으로 도로시의 모험은 자기완성(self-integration)으로의 여행을 나타내는데"(Kristin N. Taylor 381), 회오리바람으로 인해 모험의 한가운데 떨어진 그녀는 처음에는 수동적인 모험가로 출발하지만, 마녀와의 경쟁관계를 통해서 잠재된 힘을 발휘하고 오즈의 실체를 밝혀내면서 능동적인 모험가로 거듭나게 되는 것이다.

Ⅳ. 오즈의 "초록 안경"

오즈의 에메랄드 시티에 살고 있는 사람들은 모두 행복해 보인다는 점에서 "오즈는 미국적 유토피아"이다(Nye 10). 자잎스(Jack Zipes) 역시 오즈를 유토피아라고 말하면서 "오즈는 미국의 현실과 상반된다"(138)고 설명한다. 그런데 이 유토피아는 모든 사람들이 쓰고 있는 "초록 안경"이 없다면 성립하지 않는다. 안경은 본래 나쁜 시력을 교정하도록 만들어진 것이지만, 에메럴드 시티의 안경은 전혀 다른 목적을 지닌다. 보이는 사물을 모두 초록색으로 보이게 만드는 "초록 안경"은 시력을 교정하는 것이 아니라 왜곡한다. 에메럴드 시티의 문지기는 초록안경을 쓰지 않으면 아무도 에메럴드 시티에 들어갈 수 없다고 말한다.

> "… 하지만 먼저 안경을 써야만 해."
> "왜?" 도로시가 물었다.
> "안경을 쓰지 않는다면 에메랄드 시티의 눈부신 빛과 광경에 눈이 멀어버릴 거야. 도시에 사는 사람들도 밤낮으로 안경을 써야만 하지. 안경들은 모두 잠겨 있는데, 오즈가 처음 도시를 건설할 때 그렇게 명령했기 때문이야. 안경들을 열 수 있는 유일한 열쇠는 내가 가지고 있어." (118)

초록안경을 쓰지 않으면 에메럴드 시티에 들어갈 수 없을 뿐만 아니라 함부로 안경을 벗어서도 안 된다. 심지어 자물쇠로 잠겨 있어서 문지기의 열쇠로 열기 전에는 벗을 수 없다. 헌(Hearn)은 바움이 "장밋빛 안경(rose-colored glasss)을 쓰고 보라"는 속담을 여기에서 자신의 방식대로 바꾸어 사용하고 있을 것이라고 말한다(267). 세상을 실제의 모습보다 더 나은 것으로 바라볼 수 있게 해주는 "장밋빛 안경"처럼 바움도 "초록안경"을 만들어 낸다.

모든 것을 물들이는 초록 안경 덕분에 도시의 사람과 사물들은 비할 데 없이 아름다운 빛을 발한다. 초록안경이 없다면 에메럴드 시티의 눈부신 초록색은 모두 사라질 것이다. 그리고 오즈가 없었다면 에메럴드 시티의 건설과 그 환상적인 아름다움에 대한 믿음이 시작되지 않았을 것이다. 오즈는 에메럴드 시티를 만들고 그 시티에 환상을 부여하며 이 이야기가 끊임없이 믿어지고 전달되도록 만든다. 온통 초록색으로 뒤덮힌 에메럴드 시티의 모습은 이야기꾼의 환상에 빠진 세계를 보여준다. 비록 이 환상의 세계를 빠져나오면 아름다운 초록색은 사라지고 본래의 평범한 색깔, 혹은 "순수한 흰색"(142)으로 돌아간다고 하더라도 말이다.

이런 상상력은 이 나라에 오즈가 도착할 때부터 시작되었다. 그는 고립된 세상을 살아가던 오즈의 사람들에게 하늘에서 떨어진 신비한 인물이며, 어떤 모습으로도 변신할 수 있는 변화무쌍한 존재이다. 즉 그는 무한한 상상을 통해 끊임없이 새로워질 수 있는 상상력 그 자체가 된다.

> "어떻게 생겼어요?" 소녀가 질문했다.
>
> "말하기가 참 어렵구나" 하고 남자가 생각에 잠겨 말했다. "음, 오즈는 위대한 마법사란다. 그래서 자신이 원하는 어떤 모습으로든 될 수 있어. 어떤 사람들은 오즈가 새와 같다고 말하고, 다른 사람들은 그가 코끼리처럼 생겼다고 말해. 또 어떤 사람들은 오즈를 고양이 같다고 말하기도 하지. 다른 사람들에게는 아름다운 요정이 되거나, 작은 요정으로 보이기도 하고, 사람을 즐겁게 만드는 다른 모습으로 나타나기도 하지. 그렇지만 오즈가 본래 자신의 모습으로 있을 때는 진짜 오즈가 누구인지 아무도 알지 못한단다." (112)

오즈는 자신이 원하는 다양한 모습으로 나타나거나 혹은 사람들이 보기를 원하는 모습으로 변한다. 그가 변신한 다양한 모습에서 사람들은 각자 자신에게 어울리는 이야기를 만들어낸다. 그가 자신의 모습을 드러내지 않는 것은 초록안경을 쓰지 않고 바라보는 에메럴드 시티가 "순수한 흰색"이라는 사실과 일맥상통한다. 오즈가 보여주려고 하는 것은 보이는 것 그 자체가 아니라, 거기에 눈부신 환상과 믿을 수 없는 이야기가 가미된 것이다. 그는 이야기를 짓고 그것을 "가장하여" (making believe [183]) 믿게 만든다.

오즈가 현실 세계에서 별 볼일 없는 마술사였으며, 오즈의 나라에 도착한 이후에 이곳의 사람들을 속아 넘겼다는 점만을 생각해보면 그가 스스로의 설명처럼 "사기꾼"에 불과할지도 모른다. 테일러(Quentin P. Tayler)는 "오즈는 단지 '사기꾼'에 불과한데, 그의 힘은 기만이라는 정교한 행위를 통해서 성취된다"(424)고 말한다. 두란드(Kevin K. Durand) 역시 오즈가 스스로를 "정말 착한 사람"(190)이라고 설명하려면, 그의 의도가 선하며 논리적으로 놀라운 결과물이 있어야만 하지만 "둘 다 실패한다"(176)고 주장한다. 보잘것없는 마술사가 위대한 마법사가 되고, 사람들에게 진실한 자신의 모습을 드러내지 않으며, 어린 도로시와 세 친구들에게 나쁜 서쪽 마녀를 무찌르라고 명령한 것은 오즈가 용기 없고 당당하지 못하며 다소 기만적이라는 것을 보여준다.

평범한 오즈의 기만적 마술은 마술적 방법에 무지한 오즈의 사람들을 속이긴 했지만, 이 기만의 목적이 단지 자신의 이익만을 취하려는 데 있었다기보다 스스로를 보호하고 타인을 행복하게 만들었기 때문에 용서받는다. 사람들은 오즈가 대단한 마법사가 아니라는 사실이 밝혀진 후에도 여전히 그를 자신들의 보호자이자 다정한 친구로 여긴다.

그가 비행기구를 타고 떠나는 순간이 오자, 그를 칭하는 수식어가 "위대한"에서 "놀라운"으로 바뀐다.

> 그것이 사람들이 **놀라운** 마법사 오즈를 본 마지막 순간이었다. 그가 오마하에 안전하게 도착했는지, 지금 그곳에 살고 있을지도 우리는 알지 못한다. 하지만 사람들은 그를 애틋한 마음으로 기억했고 서로에게 이렇게 말했다.
>
> "오즈는 항상 우리의 친구였어. 이곳에 와서는 우리를 위해 이 아름다운 에메럴드 시티를 건설했어. 그리고 지금은 가버리고 현명한 허수아비에게 우리를 다스려 달라고 했지."
>
> 여전히 여러 날 동안 사람들은 놀라운 마법사를 떠나보낸 것을 슬퍼했으며 안타까워했다. (207)[2]

오즈가 "위대한 마법사"일 때 사람들은 그가 자신들을 나쁜 세력으로부터 안전하게 보호해줄 것이라고 믿지만, 아무도 그의 본모습을 보거나 그의 곁에 가까이 가지 못했다. 헌은 오즈가 사회에 의해서 규정된 역할과 개인으로서의 자아 사이에서 심리적 갈등으로 고통받는다면서 "오즈의 사람들은 그를 자신들이 원하는 역할로만 바라보며, 한 개인으로 인식하지 못한다"(271)고 설명한다. 즉 오즈는 "위대한" 채로 사람들을 보호하고 그들의 환상을 만들었지만, 사람들의 친구는 아니었던 것이다.

그가 "난 정말 착한 사람이긴 하지만, 정말 볼품없는 마법사야"(I'm a really very good man; but I'm a very bad Wizard [190])라고 진실을 드러내는 순간, 그의 거짓말이 비난받는 대신 오즈의 사람들의 친구가

---

2 고딕체의 강조는 필자의 것임을 밝힌다.

된다. 사람들은 오즈가 만든 초록색 환상과 그의 다양한 모습이 만들어내는 수많은 이야기들의 스토리텔링에 매료되어 있는 것이다. 오즈가 기만적 마술에 능하기만 하고 이야기를 만들어내지 못했다면 그저 초라한 사기꾼에 불과했을 테지만, 오즈는 천일하루동안 목숨을 부지하기 위해 이야기를 만들어냈던 세헤레자데(Scheherezade)처럼 수없는 이야기를 만들어 내서 환상적 공간을 가득 채운다.

오즈의 나라가 이렇게 눈부신 초록빛 환상과 다양한 변신에서 비롯한 재미있는 이야기가 가득한 공간인 것과 달리, 도로시가 돌아가려는 캔자스는 우울한 회색빛으로 덮여있으며, 이 회색빛을 화려한 다른 색깔로 바꿔 줄 초록안경과 같은 특별한 장치도 없다. 맨눈으로 모든 것을 봐야 하는 현실세계인 것이다. 로저스는 모든 것이 회색으로 뒤덮힌 캔자스를 설명한 1장에 대해서 "바움은 가혹한 물리적 배경, 가난, 자연과의 끝없는 싸움에 사로잡힌 사람들에게 어떤 일이 일어나는가를 보여준다"(74)고 말한다.

그렇지만 오즈의 환상적 색채와 대비되는 캔자스의 회색 이미지를 단지 흐릿하고 생기가 없으며 불확정한 것이라고 단정하기는 어렵다. 오히려 오즈의 초록안경과 같은 지나친 왜곡이 없는 현실의 세계라는 점에서 캔자스의 회색빛이 지닌 강점이 명료하게 드러난다. 오즈의 초록빛이 안경을 통해 만들어지며 안경을 벗으면 색채가 사라지는 일시적인 환상이고, 이 현실의 공간에서 사물 모두를 어떤 특정한 색깔로 덮어버릴 수 없다는 것을 생각한다면, 회색이란 매우 현실적인 색깔이며 다양한 색깔이 혼합되어 있는 가능성을 지닌 색깔이라는 것을 알게 된다. 다시 말하면 캔자스는 모든 판타지의 씨앗을 품고 있는 황무지의 색깔, 회색을 띠게 되는 것이다. 황무지가 표면적으로는 황량하고 거칠지만, 생명을 잉태하고 그 생명을 키워낼 수 있다는 가능성을 지닌다는 점에서, 결국 도로시의 판타지의 출발점은 바로 회색 캔자스가 된다.

도로시는 은구두를 세 번 부딪혀 캔자스로 돌아올 때 "엠 숙모에게 나를 데려다 줘"(258)라고 말한다. 그녀가 막 캔자스의 벌판에 도착했을 때 헨리 삼촌은 우유를 짜고 있었고, 엠 숙모는 양배추에 물을 주러 막 집밖으로 나오고 있었다(263). 일상은 계속되고, 그 일상은 삶의 지속성을 만든다. "집"이 아니라 "엠 숙모"에게 돌아온 것은 관계의 회복과 가족애의 재형성을 보여준다. 엠 숙모는 도로시를 붙잡고 키스를 퍼부으며 그녀와의 긴밀한 유대감을 확신시킨다. 환상의 세계는 도로시에게는 자기 성장의 기회를, 그리고 도로시와 엠 숙모에게는 관계 회복의 기회를 준다. 도로시가 만일 초록안경을 써야만 볼 수 있는 유토피아의 세계, 눈부신 에머럴드 시티의 초록빛 안에 계속 머물렀다면, 결코 모든 상상력이 출발하는 지점인 회색 캔자스의 진정한 아름다움을 깨닫지 못했을 것이다.

Ⅴ. 나가기

비행기구로 오즈의 나라를 벗어나려 했던 오즈의 시도가 도로시와 함께 하는 여정이 되었다면, 도로시는 자신이 가진 힘의 실체, 즉 은구두의 마법이 그녀 자신에게 속해있다는 것을 알지 못한 채로 캔자스로 돌아왔을지도 모른다. 그리고 허수아비를 비롯한 다른 세 친구들이 아무것도 얻지 못한 채로 여전히 농부의 들판에 묶여있거나 녹슨 채로 버려져 있거나 무서움에 떨면서 숨어살았을지도 모른다(257). 결국 오즈의 비행기구가 도로시를 싣지 못한 상태에서 날아가버린 것이 오히려 도로시에게는 중요한 모험의 전환이 된다. 오즈가 실제적으로 도로시에게 어떤 도움이 된 것은 아니었음에도 그가 자신을 캔자스로 되돌려보내줄 것이라고 믿었던 그녀는 이제 "위대한 마법사" 오즈에게 의존하려는 마음을 버려야만 한다.

도로시가 회색 캔자스가 다양한 색채를 지닌 판타지의 씨앗을 품고 있는 공간이란 것을 깨닫게 된 것은 오즈가 만들어낸 이야기의 세계를 통해서이다. 이야기란 실재하는 사건을 있는 그대로 전달하는 뉴스가 아니라 재료를 다시 부수고 조합하고 가공하고 꾸며서 전달하는 것이라는 점에서 오즈는 타고난 이야기꾼이며 나아가 소설가이다. 따라서 사기꾼인 오즈는 이야기꾼에 다름 아니다. 환상이 만들어 놓은 세계에 독자가 빠져드는 이유는 "기꺼이 믿지 못하는 마음을 유보하는 것"(Coleridge 6)이며, 믿을 수 없는 사건이나 인물들을 믿을 것인지 말 것인지를 결정하기 앞서 "묘사된 사건의 자연적이고 초자연적인 설명 사이에서 주저하는 것"(Todorov 33)에 있다. 오즈의 능력은 다른 사람들로 하여금 가공의 사실을 믿고 상상하도록 만드는 데 있으며, 믿을 수 없는 환상을 제공하면서 그 상상력의 세계로 그들을 초대한다.

자신의 실체가 도로시 일행에게 드러났을 때 오즈는 비로소 자신의 진정한 모습이 무엇인가를 에둘러 설명한다. 자신은 위대한 마법사인 채로 계속 남아있어야 한다는 말은 사람들의 환상을 깨지 말아달라는 부탁을 담고 있다.

> "조용히, 얘들아." 그가 말했다. "크게 말하지 마. 안 그러면 밖에서 다 듣게 될 꺼야. 그러면 난 파멸하겠지. 난 위대한 마법사여야만 한다고." (184)

그는 환상을 만들어 그 환상을 유지시키려 한다. 이야기를 만드는 자인 그는 이야기꾼의 역할에 충실하려고 노력한다. 오즈를 둘러싼 이야기를 만들고 그 이야기에 색채를 더하여 꿈을 담았던 이야기꾼 오즈는 이야기를 그만두거나 만들어진 이야기를 부숴버릴 수 없다.

"놀라운" 마법사가 된 오즈에게 "위대한"이라는 수식어를 붙일 수 있다면, 그것은 그가 마법사이기 때문이 아니라 이야기꾼이기 때문이다. 그는 수많은 가면을 만들어 자신을 위장하여 내세우고 사람들을 자신이 만들어 낸 세계 속으로 끌어들인다. 사람들은 그의 마법 속에서 온통 초록색으로 변한 꿈의 세계를 본다. 물론 그것은 은구두나 황금모자, 에메럴드로 둘러싸인 도시가 보여주듯이 황금만능주의의 속성을 드러내는 천박한 상상력일 수 있다. 그럼에도 불구하고 사람들은 환상이라는 것을 알면서 혹은 알지만 모르는 척 하면서 오즈가 만들어 낸 세계 속으로 기꺼이 몸을 던진다. 중요한 것은 가시적인 것이 아니라, 그가 만들어내는 창조물, 그가 퍼뜨리는 환상, 그가 심고 가꾸는 상상력 같은 비가시적인 것들이다.

마녀와 마법사가 있는 비문명화된 오즈의 나라가 상상력으로 가득한 세상이라고 해서 무한히 자유로운 공간은 아니다. 이 세계는 오즈의 창조물이며 오즈의 이야기 안에 존재하기 때문이다. 나쁜 마녀의 힘이 약하다고 하더라도 사람들은 그녀로부터 고통을 받으며, 날개달린 원숭이들은 어쩔 수 없이 복종한다. 변방으로 벗어날수록 곳곳에는 동물까지 잡아먹는 거대한 거미와 네모난 커다란 머리로 공격하는 쿼들링 같은, 위협적인 자연과 동물, 사람들이 있다. 오로지 마법사 오즈와 착한 마녀의 영역 안에 있을 때에만 사람들은 행복하다. 도로시가 글린다를 찾아가는 길에 만난 도자기 공주(china princess)의 말은 환상세계의 인물들이 왜 이곳에 머물러야 하는가를 설명해준다.

"내가 당신을 캔자스로 데리고 가서 엠 숙모네 선반 위에 놓아두어도 될까요? 내 바구니에 담아갈 수 있어요."

"그럼 난 매우 불행할 거예요." 도자기 공주가 대답했다. "이 나라에서 우리는 만족하며 살지요. 마음대로 말하고 돌아다니기도 한답니다. 하지만 누구든 바깥으로 나가게 되면 관절이 딱딱하게 굳어져서 똑바로 서 있을 수 밖에 없게 되어요. 보기에는 예쁘겠지요… 하지만 우리의 삶은 이 나라에서 훨씬 더 즐겁답니다." (234-35)

환상의 세계에 속한 인물들은 그 곳을 떠날 수 없다. 떠나자마자 움직일 수 없는 존재가 되기 때문이다. 반면 오즈와 도로시가 돌아오듯이 현실세계의 인물은 반드시 현실로 돌아와야 한다. 환상과 현실은 각기 구분되어 있으며 "상상력만이" 있는 곳과 "상상력 이상의 것"이 있는 세상으로 각자 돌아가야 한다.

이야기꾼의 "초록 안경"은 "순수한 흰색"의 세상에 새로운 빛깔을 부여한다. 오즈는 작품의 처음부터 등장하거나 그의 모습을 많이 보이지 않지만, 다양한 변신의 능력으로 이야기의 처음부터 끝까지 그의 존재를 여러 갈래로 담아놓는다. 오즈가 목소리(Voice)로 변신했을 때 "나는 어디에나 있다. … 그렇지만 평범한 사람들의 눈에는 보이지 않지"(182)라고 말한 것은 오즈 자신을 매우 정확히 설명하고 있다. 그는 작품의 처음부터 어디에나 있었다. 마찬가지로 상상력이 만들어 낸 창조물들은 사람들의 믿음이 있는 곳이라면 어디든 존재한다. 상상하지 못하는 평범한 사람들에게 초록 안경을 써야만 바라볼 수 있는 아름다운 초록색 에메랄드 시티가 보일 리 없다. 상상을 믿는 사람만이 "어디에나 있는" 놀라운 마법의 세계를 경험할 수 있다.

오즈를 가장한 바움은 어린이들이 알아야 할 덕목을 작품 전체를 거쳐 지속적으로 전달한다. 어린이독자들은 허수아비의 지혜와 양철 나무꾼의 사랑, 겁쟁이 사자의 용기는 중요한 미덕이며, 이 미덕은 바깥에서부터 주어지는 것이 아니라 스스로 발견해야 한다는 것을 배우고, 도로시의 친절함과 두려워하지 않는 도전정신을 익히며, 집의 소중함을 생각하게 된다. 그런 관점에서 본다면 유럽 전래동화의 전형성을 탈피한 새로운 동화를 만들려고 했던 바움 역시 "나이든" 어른의 모습을 한 채로 교훈을 전달하고 아이들을 가르치려는 전래동화의 틀 안에 놓여있음을 알게 된다.

오즈가 이름이면서 동시에 그가 만들어내어 다스리는 나라의 이름이기도 하다는 점은 곧 오즈가 이야기의 시작과 끝이라는 것을 보여준다. 그는 이야기를 만들고 이야기를 확장하며 퍼뜨린다. "어디에나 있는" 존재인 오즈는 오즈의 나라를 떠나 비행기구를 타고 현실세계로 돌아온다. 현실세계의 오즈는 곧 이야기꾼인 바움 자신이다. 그는 자신을 왜소하고 초라한 볼품없는 마술사 오즈에게 투영하여 그가 만든 세상을 보여준다. 삶이 계속되듯이 환상은 계속되고 "초록 안경"의 에메럴드 시티와 오즈의 나라는 여전히 건재하다. 새로운 인물들이 놀라운 모험을 통해 우정을 쌓고 지혜를 얻으며 성장해가는 이 환상의 세계는 "회색 캔자스"에서 자란 아이들이 모험을 찾으러 우연히 방문하기를 지금도 기다리고 있을 것이다.

이 글은 『영미문학교육』 17집 3호(2013)에 「이야기꾼의 "초록 안경": 『오즈의 놀라운 마법사』」라는 제목으로 실린 논문이며, 오류 및 문장을 수정하였다.

변형과 확장의 스토리텔링

『아기 돼지 삼형제』와 패러디 그림책들

Ⅰ. 들어가기

이야기가 구전되던 시절에 이야기를 들려주는 스토리텔러(storyteller)의 역할은 매우 중요했다. 벤야민(Walter Benjamin)은 "스토리텔러는 그가 이야기하는 것을 그 자신의 경험이거나 다른 사람이 그에게 말해 준 경험으로부터 가져온다. 그런 다음 그의 이야기를 듣고 있는 사람들의 경험을 이야기로 만든다"(364)고 말한다. 그들은 단지 이야기를 전달하는 데 그치지 않고 장소와 상황, 혹은 자신의 마음에 따라 이야기를 덧붙이거나 줄이고 특정한 메시지를 전달하기 위해 과장하기도 했을 것이다. 이런 구전의 전통이 '활자'를 만나게 되면서 새로운 국면을 맞게 된다. '청자'가 아니라 '독자'층이 늘어나게 된 것이다. 즉 스토리텔러의 역할이 아니라 책을 읽는 독자(reader)의 역할이 보다 더 중요해진다. 스토리텔러가 들려주는 이야기에서의 변형보다 독자가 무엇을 어떻게 받아들이는가가 중요한 문제가 된다. 게다가 스토리텔러의 입을 떠나 일단 활자화된 이야기는 어떤 식으로든 고정되어 있는 것처럼 보인다.

하지만 고정되어 있는 이야기란 없다. 활자화된 이야기는 다시 새로운 형태로 끊임없이 탈바꿈하고, 스토리텔러가 다양한 측면에서 드러나기 시작한다. 예전에는 광장이나 술집에서 사람들에게 둘러싸여 그들의 얼굴을 들여다보며 직접 이야기를 전달하는 형태였다면, 이제 스토리텔러는 그런 식으로 모습을 드러낼 수도 있고, 혹은 전혀 보이지 않게 숨어있을 수도 있다. 이야기를 들려주는 사람이던 스토리텔러는 이제 저자일 수도 있고 등장인물일 수 있으며 때로는 독자가 되기도 한다. 21세기에는 스토리텔링이 이야기의 세계를 벗어나 사람들의 일상적 삶 속으로 스며들어 확장되고 있다. 이야기가 다양해질 뿐만 아니라 해석 역시 무수한 관점으로 가능해진다.

특히 그림책의 경우, 글과 그림의 상관관계 속에서 이야기는 더욱 다양하게 해석될 수 있다. 니콜라예바(Maria Nikolajeva)와 스콧(Carole Scott)은 아이들이 그림책을 반복해서 읽는 것을 좋아한다면서 다음과 같이 설명한다.

> 글과 그림을 매번 새롭게 다시 읽는 것은 전체를 충분히 해석하기 위한 더 나은 필요조건을 만들어낸다. 짐작컨대, 아이들은 똑같은 책을 계속 반복해서 큰 소리로 읽어달라고 요구할 때 이것을 직관으로 알고 있는 것이다. 실제로 그들은 동일한 책을 읽는 것이 아니다. 그들은 의미 속으로 점점 더 깊이 들어간다. 아주 자주 어른들은 그림책을 이런 방식으로 읽는 능력을 잊어버리는데, 어른들은 삽화를 볼 때 전체를 무시하고 단지 장식적인 것으로 취급하기 때문이다. (2)

어른독자뿐만 아니라 글자를 읽기 시작하게 된 거의 모든 독자들은, 그림책에서 그림이 단지 글의 보완수단으로만 그려지지 않았다는 것을 생각하지 않은 채, 오로지 문자정보에서만 정보를 얻으려 한다. 그러나 글이 말하지 않는 것을 보여주는 그림책이야말로 아주 훌륭한 스토리텔링의 기반이 된다.

바터(Robert Bator)는 단순히 문자정보를 복제해서 전달해주는 삽화책과 그림책을 구분하면서 "삽화가가 텍스트를 확장하거나 해석한다면, 그림책이라는 결과물이 탄생한다"(149)고 설명한다. 그림책에서 글과 그림의 관계를 분석한 니콜라예바의 설명에 따르자면 글이나 그림은 각자를 보충하거나 확장시켜 복잡한 의미를 만들어내기도 하고, 서로 다른 이야기를 하면서 새로운 의미를 만들어내기도 한다(226). 솔즈베리(Martin Salisbury)와 스타일스(Morag Styles) 역시 "그림책의 경우, 글과 그림은 책의 전체적인 의미를 전달하기 위해 힘을 합친다. … 가장 만족스러운 그림책은 글과 그림 간의 역동적인 관계를 만들어낸다"(89)고 주장한다. 글과 그림의 밀접한 상관관계에 대한 설명을 통해 그림책에서 그림을 읽지 않는다면, 다시 말해서 그림이 들려주는 스토리텔링을 알아차리지 못한다면 그림책의 진정한 가치에 접근하기 어렵다는 것을 알 수 있다.

이 글에서는 그림책이 어떻게 읽혀지고, 얼마나 다양하게 변형되며 확장되는가를 전래동화 그림책인 『아기 돼지 삼형제』(*The Story of the Three Little Pigs*)와 그 패러디 작품들을 중심으로 고찰한다. 전래동화 『아기 돼지 삼형제』의 패러디 그림책들이 전래동화의 전형적인 요소들을 벗어나 어떻게 변화하는지가 주요 논점이 될 것이다. 전래동화를 현대식으로 그려낸 제임스 마샬(James Marshall)의 『아기 돼지 삼형제』를 시작으로, 프레데릭 스테르(Frederick Stehr)의 『아기 돼지 세 자매』(1999), 존 셰스카(Jon Scieszka)의 『아기 돼지 삼형제의 진짜 이야기』(*The True Story of the Three Little Pigs*, 1989), 유진 트리비자스(Eugene Trivizas)의 『아기 늑대 세 마리와 못된 돼지』(*The Three Little Wolves and the Big Bad Pig*, 1993), 데이비드 위즈너(David Wiesner)의 『돼지 세 마리』(*The Three Pigs*, 2001) 등을 비교하면서, 이야기를 들려주는 스토리텔러와 그 관점의 변화, 혹은 이야기의 해체에 이르기까지 다양한 변형의 이야기들을 살펴본다. 나아가 저자의 의도와 삽화가의 의도가 결합하여 글이 말하지 못한 내용을 그림이 어떻게 전달하는지, 독자의 역할과 해석은 어떻게 확장되는지에 대해 알아본다.[1]

Ⅱ. 변형과 확장

『아기 돼지 삼형제』는 가장 빈번하게 패러디되는 전래동화 중 하나에 속한다. 루이스(Daniel Lewis)는 전래동화나 민담이 가장 많이 패러디되는 이유에 대해서 "매우 고착화된 불변의 관습으로 굳어진 경향이 있으며, 잘 알려져 있고 문화 내에서 폭넓게 확산되어 있기 때문에 패러디 작가들에게는 손쉬운 대상이 된다"(97)고 설명한다. 고착화된 역할과 정형화된 패턴의 전복이 다양한 이야기로 가지를 뻗어나가게 되는 것이다. 빈번하게 패러디된다는 것은 가장 전형적인 특성을 갖고 있다는 의미로 해석할 수 있다. 전래동화에서 흔히 쓰이는 '3'이라는 숫자의 사용, 형제간의 경쟁구도, 악을 상징하는 적대자의 존재, 순진무구한 주인공, 위험과 위기, 도전과 응전, 권선징악의 결말 등이 그러하다. 베텔하임(Bruno Bettelheim)에 따르면 전래동화는 "어린이의 상상력에 새로운 차원을 제공하기 때문에 비할 수 없는 가치를 지닌다"(7).

1 패러디 작품들의 분석은 연대순과 상관없이 배열되었다. 이야기가 얼마나 변형되고 확장되었는가, 현대의 독자들, 특히 어린이독자들이 패러디 작품을 통해 얼마나 폭넓게 사고할 수 있는가, 얼마나 다양하게 해석되고 이야기될 수 있는가에 따라 필자가 정한 것임을 밝힌다.

자잎스(Jack Zipes)는 동화야말로 "경이로움에 대한 감각을 살아있게 만들며 우리 자신과 세계를 변형시킬 수 있는 가능성과 기회를 얻을 수 있다는 희망을 키워주는"(*Dreams* 7) 것이라고 설명한다. 현실세계를 은유적으로 보여주는 전래동화의 환상적 공간에서 어린이들은 자신들이 대면해야 할 세계와 가져야 할 덕목들에 대해 생각할 수 있는 기회를 갖게 된다.

반면, 구전의 전통을 거쳐 현대까지 살아남은 전래동화에 대해 비판적 시각을 견지하는 사람들은 전래동화가 폭력과 죽음, 성차별이나 계급 차별 등의 심각한 문제들을 가감 없이 그려낸다고 주장한다. 그런 이유에서 전래동화는 교육적 목적으로 검열당하고 축약되거나 변형되는 예가 많다. 『아기 돼지 삼형제』도 예외는 아닌데, 특히 셋째 돼지와 늑대 간에 이루어진 세 번의 시험과 셋째 돼지가 늑대를 끓여서 저녁 식사로 맛있게 먹는 마지막 결말 부분은 출판사에 따라, 혹은 출판의도에 따라 상당히 잘려나가거나 변형되었다. 이러한 검열의 흔적을 잘 보여주는 대표적인 예는 월트 디즈니(Walt Disney)의 만화영화 『아기 돼지 삼형제』일 것이다. 1933년 디즈니가 제작한 이 만화영화에서 돼지 삼형제는 각각 "파이프 부는 돼지"(Fifer Pig), "바이올린 켜는 돼지"(Fiddler Pig), "유능한 돼지"(Practical Pig)로 불린다. 이야기는 전래동화보다 훨씬 순화되어 단 한 마리의 동물도 죽지 않는데, 지푸라기와 나무로 집을 지었던 두 돼지는 셋째 돼지의 벽돌집으로 피신하고, 늑대는 셋째 돼지의 꾀로 엉덩이에 화상을 입은 채 숲속으로 달아나버린다. 자잎스는 디즈니가 동화를 만화 영화로 만들면서 "모험하지 말 것, 호기심을 갖지 말 것, 분수를 알 것, 집에서 멀리 떠나 방황하지 말 것"을 메시지로 전달했다고 설명한다(*Subversion* 202). 유아들을 위해 축약된 그림책 중 상당수는 디즈니사의 애니메이션처럼 이야기의 세부적인 부분들이 편집되거나 순화되었다. 보수적인 어른들이 이 이야기를 검열하고 편집하는 이유는 늑대와 돼지 간에 벌어지는 잔인하고 폭력적인 장면을 순화시키거나 혹은 늑대와 셋째 돼지 사이의 긴장관계 등의 복잡한 플롯을 보다 단순하게 만들어 권선징악의 교훈을 부각시키려는 데 있을 것이다.

축약되거나 어른들의 교육적 목적에 의해서 검열되지 않은 『아기 돼지 삼형제』의 이야기에서 가장 주목할 부분은, 우선 첫째 돼지와 둘째 돼지가 모두 "커다란 못된 늑대"(Big Bad Wolf)에 의해서 잡아먹히는 대목이고, 두 번째로 셋째 돼지를 잡아먹으려는 늑대와 셋째 돼지 사이의 흥미진진한 두뇌싸움을 그린 장면이다. 늑대는 셋째 돼지를 집밖으로 나오게 하기 위해 무밭과 사과농장, 다른 마을에서 열리는 박람회에 같이 가자는 등의 세 번의 제안을 한다. 셋째 돼지는 번번이 늑대보다 빨리 움직여 늑대를 골탕 먹인다. 세 번이나 돼지에게 농락당했다는 것을 알게 된 늑대는 더 이상 참을 수 없다고 생각하고 "저녁시간이야"를 외치며 돼지네 집 굴뚝으로 들어간다. 하지만 이번에도 돼지가 늑대보다 한 수 위다. 돼지는 이미 펄펄 끓는 물을 준비해 굴뚝에서 떨어진 늑대를 솥에 집어넣고 맛있게 끓여 저녁으로 먹는다.

『아기 돼지 삼형제』에서 돼지가 결국 늑대를 잡아먹고 만다는 놀라운 결론은 전래동화에서 가장 빈번하게 다루어지는 "먹느냐 먹히느냐"라는 주제를 보여준다. 『아기 돼지 삼형제』는 대부분의 전래동화처럼 권선징악의 서사와 성장의 문제를 다루는데 이 동화를 정신분석학적 관점으로 연구한 베이츠(Charles Bates)는 늑대가 돼지들의 내면에 존재하는 "어두움을 의인화"(6)한 인물이라고 분석한다. 「헨젤과 그레텔」("Hansel and Gretel"), 「빨간 모자」("Little Red Riding Hood"), 「미녀와 야수」("Beauty and the Beast") 등에서도 어리고 약한 아이들이나 소녀들은 자신들을 위협하는 거대한 힘 혹은 권력에 맞서 살아남아야만 한다. 그들은 대개 안전한 집에서 떠나야 하는데, 부모에 의해서 버려지거나(「헨젤과 그레텔」), 의도하지 않은 어떤 이유로 집을 나선다(「빨간 모자」). 혹은 아버지를 비롯한 다른 사람의 목숨을 담보로 거래되기도 한다(「미녀와 야수」). 거대한 힘이나 권력은 대개 마녀나 늑대, 괴물, 혹은 남성의 모습으로 나타나 주인공들을 위협하고 폭력을 행사한다. 이런 위협적인 힘은 권위와 질서, 안정적인 체제 수호 등의 이름으로 가부장제를 지지하며 스스로를 정당화한다.

전래동화를 다르게 읽고 새롭게 해석하려는 움직임은 구전되던 이야기가 기록되기 시작한 이후 꾸준하고 활발히 진행되고 있다.

> 일반적으로 작가는 어린 독자가 이미 고전 동화를 이미 알고 있다고 가정하고, 낯익은 내용을 낯설게 만든 방식으로 고전 동화를 다시 쓴다. 결과적으로 독자는 시대착오적 형식의 부정적 측면을 반성하지 않을 수 없으며, 나아가 이를 극복할 수 있다. 고전 동화의 변용은 전통적 모티프를 파괴하거나 변환, 폭로, 재배치함으로써 독자를 인위적이고 고정적인 문학적 수용에서 해방시키는 방향에서 이루어진다. (Zipes, *Subversion* 178)

낯익은 요소들이 비틀리면 이야기는 전혀 다른 방식으로 전개되고, 이러한 새로운 전개는 변함없다고 여겨지던 이야기들을 새롭게 바라보도록 만들어준다. 그렇다면 그림책으로 만들어진 전래동화 『아기 돼지 삼형제』는 어떤 그림을 통해 이야기를 덧붙이는가, 그리고 이 이야기를 패러디한 그림책들은 무엇을 어떻게 변형시키고 확장시켜 보다 새로운 이야기로 재탄생시키는가를 알아본다.

1. 마샬의『아기 돼지 삼형제』

마샬이 그린 그림책『아기 돼지 삼형제』는 전래동화의 흐름을 거의 그대로 따라간다. 돼지 삼형제는 "세상에 나가 너희의 운명을 개척해라"(Marshall 5)는 엄마의 말에 따라 각기 다른 방향으로 흩어져 자신의 수준에 맞는 집을 짓는다.[2] 이 집들이 완성되었을 때 커다랗고 못된 늑대가 나타나 돼지들의 집을 순서대로 방문한다. 늑대의 목표는 단 하나, 이 돼지들을 맛있게 잡아먹는 것이다. 마샬의 그림책이 보여주는 문자정보만을 놓고 본다면 엄밀하게 패러디책이라고 할 수는 없다. 하지만 마샬의 그림책에서 놓치면 안 되는 부분은 텍스트가 아니라 텍스트를 설명하는 그림들이다. 그의 그림책은 그림을 통해 다른 이야기를 들려주기 때문이다.

그림 1

특히 이 그림책에서 표지는 이야기의 본격적인 시작점을 알려준다. 이 그림책의 앞표지와 뒤표지에는 삼 형제의 분장을 한 돼지 세 마리가 무대 위에 서서 연극이 끝났을 때의 커튼콜(curtain call)을 하고 있다. 사이좋게 팔짱을 낀 세 마리의 돼지 연극배우들이 꽃을 받아들고 모자를 흔들며 인사하는 앞표지와 객석을 가득 메운 청중들의 모습이

2 그림책의 경우 쪽수 표시가 되어있지 않아 편의상 속표지부터 계산하여 쪽수를 표기함을 밝힌다.

그려진 뒤표지는 이 이야기가 관객들에게 들려주는 연극이라는 점을 분명하게 보여주는 셈이다.(그림 1) 연극이라는 특성을 표지에서 알려주고 있는 이 그림책은 "서사는 실제로 표지에서 시작하며, 마지막 페이지를 넘어 뒤표지까지 연결될 수 있다"(Nikolajeva 241)는 분석과 정확히 부합한다. 표지는 이 작품이 연극이라는 것뿐만 아니라 배경 역시 달라져 있다는 것을 보여주는데, 셋째 돼지의 복장이나 도구는 양복이나 안경, 자전거 등 근대의 물건들이다. 게으른 먹보 돼지뿐만 아니라 근사하게 양복을 차려입고 지팡이를 든 돼지까지, 전래동화의 돼지들과 달리 헐벗고 있는 것이 아니라 근대적인 특성을 띤다. 전래동화에서 약한 돼지들을 공격하는 잔인한 포식자로 그려지던 늑대는, 어슬렁거리며 나타나 비열한 미소를 짓거나 풍선을 매단 자전거를 타는 등 여유로운 모습을 보인다.

마샬이 써 놓은 글 정보와 달리, 이야기를 읽어줄 스토리텔러나 독자는 그림으로부터 다른 정보를 얻을 수 있다. 첫째 돼지와 둘째 돼지를 잡아먹은 늑대는 돼지들의 물건(모자와 풍선)을 들고 있어, 돼지들이 늑대의 뱃속에 있다는 것을 보여준다. 늑대가 셋째 돼지의 굴뚝으로 뛰어들려고 준비할 때, 벽난로에 솥을 걸어 물을 끓이고 있는 셋째 돼지의 오른쪽 편 의자에는 『늑대를 요리하는 법』(*How to Cook A Wolf*)라는 제목의 두꺼운 책 한 권이 놓여있다. 늑대가 솥에 빠지는 장면을 보지 않더라도 독자는 미리 늑대가 어떤 운명에 처하게 될 것이라고 예상할 수 있게 되는 것이다. 이 장면은 더욱 흥미로운 이유는 돼지가 '요리법을 연구하면서' 요리를 하기 때문이다. 전래동화에서나 마샬의 그림책에서 늑대는 첫째 돼지와 둘째 돼지를 잡아먹을 때 요리해서 먹지 않았다. 그는 돼지들을 날것으로 잡아먹는다. 그러나 전래동화의 셋째 돼지는 늑대를 "끓여서" 먹었으며, 마샬의 그림책에서는 심지어 어떻게 요리해야 하는지 요리법을 알고 있다. 이것은 아주 사소하게 보이지만 대단한 차이를 만들어낸다. 늑대는 불을 사용할 줄 모르는 야만의 존재이지만, 돼지는 불을 사용하는 문명의 존재이다. 늑대라는 야만적 동물은 돼지라는 문명의 존재에 패배할 수밖에 없는 것이다. 더구나 돼지는 '글을 읽을 수 있다.'

이로써 전래동화의 약자이자 피해자인 돼지는 어느 순간 늑대를 넘어서는 존재가 된다. 돼지가 늑대를 잡아먹는 이 순간은 권선징악의 교훈이 강고해지는 순간이자, 동시에 권력을 휘두르는 자의 질서가 무너지는 순간이다. 늑대가 돼지의 솥에 빠져 식탁에 요리로 오르는 순간은 바흐친(Mihail Bakhtin)이 말하는 일종의 카니발 상태로, "카니발 동안에는 일상적인 삶의 구조, 다시 말해서 카니발적이지 않은 삶의 구조를 결정하는 법과 금지, 제약이 지연(suspend)된다" (122-23). 포식자와 포식되는 자가 뒤바뀌고, 위아래의 질서가 무너지는 순간, 새로운 질서와 구조가 탄생한다. 그것은 언제나 피해자이던 돼지가 마침내 승리자가 되는 질서이다.

그림책은 그림으로 말한다. 글이 말하지 않는 것을 말하는 그림의 스토리텔링을 들어보는 것이 이야기를 이해하는 데 매우 많은 도움을 준다. 골든(Joanne M. Golden)은 "그림은 텍스트에 잉여 정보를 제공하는 자원으로 기능하기도 하고, 또한 텍스트에 밝혀진 이야기를 확장하고 강화하며 덧붙이기도 한다"(93)고 분석한다. 마샬의 그림책은 많은 변형을 가하지 않았음에도 불구하고 전래동화를 현대로 끌어들여 현재성을 부여하면서 동시에 거리감을 유지시킨다. 현대의 독자들에게 이 이야기는 옛날 이야기라는 것을 상기시키며, 무대 위에 올린 한 편의 연극을 보는 것처럼 한걸음 멀리 떨어져서 감상하고 판단해보라는 저자의 메시지가 담겨있는 것이다.

2. 스테르의 『아기 돼지 세 자매』

전래동화의 구도에 이질적인 소재를 끼워넣는 것은 독자들을 긴장시킨다. 이것은 "독자가 낯설게 느끼는 현대적 배경과 플롯을 사용함으로써 독자의 호기심과 흥미를 유발시키는 전략"(Zipes, *Subversion* 178)으로, 익숙한 이야기 구조를 벗어나는 낯선 인물들과 사건들이 반영하는 주제가 오히려 독자들에게 더 많은 생각의 여지를 만들어준다. 스테르의 『아기 돼지 세 자매』는 『아기 돼지 삼형제』의 성별을 바꿔 새로운 스토리로 재탄생되었다. 돼지 자매들의 삶의 목표는 달라졌으며, 늑대의 기만과 가장은 더욱 발전되었다. 늑대는 돼지들을 잡아먹기 위해 돼지가면을 쓰고 돼지들이 좋아할 만한 말로 그들을 꼬드긴다. 날로 발전하는 늑대의 꾀에 속지 않고 도리어 늑대를 속이기 위해 돼지도 영리한 전략이 필요하게 된 것이다.

돼지 세 자매의 이야기는 결혼의 문제에서 시작한다. 돼지 형제가 돼지 자매로 바뀌었을 뿐만 아니라 "더럽지 않았"고 "가정 교육을 잘 받았"으며, "결혼할 나이"(스테르 8-9)에 이른 다 큰 돼지로 설정되어있다. 『아기 돼지 삼형제』가 성장과 독립에 대한 이야기이라면, 『아기 돼지 세 자매』는 성장과 독립의 문제를 다루기 위한 가장 중요한 키워드로 결혼을 내세운다. 돼지 자매들이 돼지가면을 쓴 늑대에게 속아 넘어간 것도 결혼이라는 미끼 때문이었다. 근사한 집을 사는 데 가진 돈을 다 쓴 첫째 돼지는 겉모습이 중요하다고 생각하였던 탓에 자신을 귀부인으로 만들어준다는 늑대의 말에 속는다. 둘째 돼지는 돈을 반만 써서 나무집을 사는 알뜰함을 보이기는 했지만, 역시 늑대와 결혼하면 겨울땔감 걱정은 없을 것 같다는 생각으로 늑대에게 문을 열어준다. 이 두 돼지는 인생의 목적이 결혼에 있었으므로 늑대에게 속기 쉬웠던 것이다. 하지만 셋째 돼지는 거의 돈을 쓰지 않고 지푸라기 집을 사는 등 경제적 관념이 남다른데다가 인생의 목표를 결혼에 두고 있지 않다.

그림 2

이 그림책의 표지는 이야기 내에서 가장 중요한 장면 중 하나를 그대로 담고 있는데, 늑대와 돼지의 뒤바뀐 역할을 효과적으로 보여준다. 첫째 돼지와 둘째 돼지는 돼지가면을 쓴 늑대의 겉모습을 '진짜'라고 믿었지만, 영리한 셋째 돼지는 돼지가면을 쓴 늑대 앞에 더 무서운 늑대가면을 쓰고 나타난다. 늑대는 자신이 단지 돼지가면을 쓰고 있는 늑대라는 사실을 잊어버린 채 험상궂게 생긴 늑대(늑대가면을 쓴 셋째 돼지)가 몽둥이를 들고 앞을 가로막자 벌벌 떨며 "나는 돼지가 아니란 말이야!"(스테르 22)라고 외치며 가면을 벗어던진다.(그림 2) 돼지가면을 쓴 늑대가 늑대가면을 쓴 돼지 앞에서 쩔쩔 매면서 두려워하는 모습은 강자와 약자의 전도, 피해자와 가해자의 전도, 나아가 소위 '남성적인' 행동과 '여성적인' 행동 등으로 받아들여지는 성역할의 전도를 통해 어린 독자들에게 즐거움을 선사한다.

전래동화와 마찬가지로 늑대의 패배는 셋째 돼지의 꾀에서 비롯되며, 늑대를 잡은 셋째 돼지는 승리자가 된다. 펼쳐진 양쪽 페이지는 셋째 돼지의 지푸라기집 앞에 온갖 선물을 들고 서 있는 구혼돼지들이 긴 줄을 이루며 서 있는 장면이 등장한다. 하지만 그 장면 위에 쓰인, "가장 좋은 신랑감을 찾았는지는 아무도 몰라요"(스테르 28)라는 문장은 "영원히 행복하게 살았습니다"로 끝나는 전형적인 전래동화의 해피엔딩을 과감히 거부한다. 이 장면은 멋지고 근사한 집이나 결혼보다 셋째 돼지가 중요하게 여기는 가치가 따로 있을 것이라는 예측을 가능하게 만들어준다. 셋째 돼지의 선택은 겉모습을 중요하게 여기는 왕자를 차버리고 결혼 대신 세상으로 나가기로 결정한 『종이봉지 공주』(*The Paperbag Princess*)나, 결혼을 강요하는 부모와 끈질기게 구애하는 왕자들을 질리게 만들어 독신의 삶을 즐기는 『똑똑이 공주』(*Princess Smartypants*)를 연상시킨다.

『아기 돼지 삼형제』의 이야기는 독립과 성장의 문제를 다루며 이 과정에서 늑대는 분명하게 모습을 드러내는 악당으로 그려졌다. 『아기 돼지 세 자매』 이야기 역시 독립과 성장의 문제를 다루는데, 이에 덧붙여 돼지가면을 쓴 늑대를 등장시켜 보이는 겉모습과 실제 모습의 차이에 대해 어린이독자들이 생각할 수 있도록 만들어준다. 또한 돼지가면을 쓰고 돼지들을 잡아먹으려 한 나쁜 늑대의 본모습을 보지 못하고 속아 넘어가 늑대에게 스스로 문을 열어준 돼지 자매들의 행동이 어리석다는 점을 지적한다. 이 작품은 인생에서 어떤 집을 짓는가가 중요하다고 말하던 전래동화 『아기 돼지 삼형제』의 주장에서 한 걸음 더 나아가, 튼튼하고 근사하게 보이는 벽돌집이나 나무집만이 중요한 요소가 아니라는 것을 보여준다. 더불어, 남성에게 삶을 의존하려던 첫째, 둘째 돼지와 달리, 겉모습에 속지 않고 현명하게 처신하며 오히려 늑대를 잡아버린 셋째 돼지를 통해 여성의 삶의 목표를 결혼과 연관시키는 일반적인 통념도 뒤집는다. 돼지가면을 쓴 늑대 앞에서 지혜롭고 당당하게 맞선 셋째 돼지는 여성의 역할과 위치, 독립적 삶에 대한 많은 생각들을 던져준다. 아이들은 페미니스트적 관점을 담고 있는 세 자매 이야기 구도에서 『아기 돼지 삼형제』와의 차이점을 찾아낼 것이고 그것을 자신의 방식으로 이해하게 될 것이다.

3. 셰스카의 『아기 돼지 삼형제의 진짜 이야기』

전래동화에는 권선징악의 메시지나 행동과 예법에 대한 교훈이 항상 깔려있다. 무엇보다도 보수적이며 변하지 않는 관점을 일관되게 유지한다. 그러나 현대의 동화들은 이 변하지 않는 보수적 관점에 의문을 제기한다. 전래동화가 쓰이던 시기의 교훈과 훈계는 낡은 것이 되었으며, 변화하는 시대에 맞는 가치관과 역할이 필요하게 된 것이다. 셰스카의 놀라운 책, 『아기 돼지 삼형제의 진짜 이야기』는 이런 의문에서 출발한다. 전래동화의 고착화된 구조, 정형화된 틀에서 벗어나기를 시도한 이 작품에서 가장 의미 있는 중요한 차이는 바로 '관점'이다. 이 작품에서 이야기를 들려주는 화자는 늑대인데, 관점의 재설정은 독자들에게 그동안 들었거나 알고 있던 전래동화의 화자가 누구인가에 대해 묻는다. 셰스카의 그림책을 통해서 독자들은 『아기 돼지 삼형제』의 화자가 돼지였다는 점을 새삼스러운 사실로 인식하게 된다. 즉 이야기는 언제나 '돼지의 입장에서' 반복되었던 것이다.

제목은 매우 도발적이다. '진짜' 이야기라는 말은 지금까지 독자들은 가짜 이야기를 들었다는 뜻을 담고 있다. 독자의 의문에 답을 해주는 것 역시 늑대이다. 그는 '진짜' 이야기를 아는 사람이 거의 없다면서, 이는 "아무도 내 편에서 이야기를 들어준 적이 없"(Scieszka 1)기 때문이라고 말한다. 제목에서부터 늑대는 관점의 문제를 제기하는 것이다. 셰스카의 스토리텔링은 돼지 삼형제와 못된 늑대, 집짓기 등의 기본 틀을 유지하는 대신 이야기를 완벽히 뒤집는데서 출발한다. 늑대는 죄수인데, 그는 이미 갇혀있으며, 자신에 대한 변명을 늘어놓는 장면에서 아주 깔끔한 정장을 입고 있다. 요리할 때조차 정장을 입고 있는 늑대는 신사로 보인다. 그림과 글을 통해 그는 자신을 포장한다. 돼지들은 멍청하며 자신은 점잖은 사람이라고 독자를 속이려고 시도한다. 늑대는 자신의 이름을 "알렉산더"(Alexander T. Wolf)라고 소개하면서 독자들에게 친근감을 표시한다. 그는 의도적으로 돼지들을 잡아먹지 않았으며 단순한 우연의 일치이자 어쩔 수 없는 사고였다고 말한다. 게다가 셋째 돼지네 집을 부수려 했던 것 역시 '무례한' 돼지가 사랑하는 할머니에 대한 험담을 했기 때문이라고 변명한다. 늑대는 철저히 자신을 예의바른 늑대로 포장하고, 돼지들을 겁 많고 무식하며 무례한 동물로 만들어버린다. 심지어 늑대는 독자들에게 자신의 주장에 편드는 인물이 되도록 은근한 동조를 구한다. "커다란 치즈버거가 지푸라기 위에 놓여 있다고 생각해보라"(Scieszka 15)면서 귀엽고 어린 동물을 먹는 건 단지 자신의 식습관일 뿐이며, 만일 사람들이 귀엽고 어린 치즈버거를 먹는다면 그건 어떻게 해석해야 하는지 묻는다. 늑대의 변명과 주장을 받아들일 것인지 아닌지는 전적으로 독자의 몫이 된다.

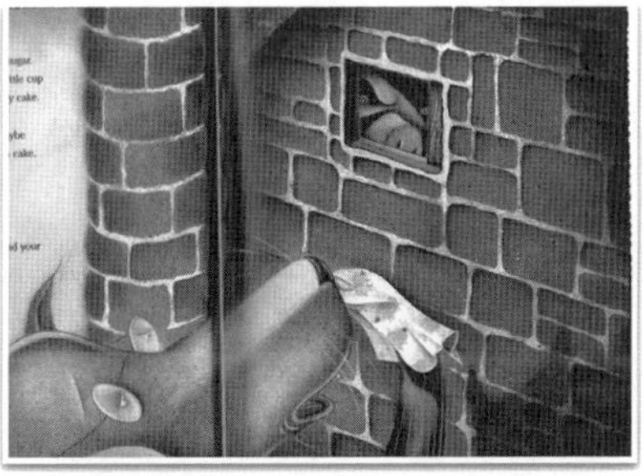

그림 3

화자가 누구인가의 문제를 제기하면서 관점의 변화를 시도하는 이 그림책은 단순히 관점을 바꾸는 데서 그치지 않는다. 노들만(Perry Nodelman)과 라이머(Mavis Reimer)는 그림책이 적어도 세 가지 이야기를 담는다면서, "단어에 의해서 말해지는 이야기, 그림에 의해 함축된 이야기, 그리고 이 둘의 결합의 결과로 드러나는 이야기"(295)라고 설명한다. 이 작품에서 그림은 글이 말하지 않는 많은 것들을 동시에 보여준다. 우선 늑대의 말과 행동이 전혀 다르다. 글은 늑대가 감기에 걸렸다고 쓰지만, 그림에서 늑대는 여유롭게 휘파람을 불며 걸어간다. 때로는 늑대의 의도에 따라 늑대의 관점을 반영한 그림이 그려지기도 한다. 셋째 돼지를 만났을 때 설탕을 달라고 청하는 늑대는 매우 순진하고 처량한 표정인 반면, 조그만 집 창문으로 늑대를 내려다보는 셋째 돼지는 포악한 악당처럼 그려져 있다.(그림 3) 솔즈베리와 스타일스 역시 "그[늑대]가 말하는 모든 것은 주위의 대비되는 이미지들을 이용한 새빨간 거짓말"(44)이라고 주장한다.

그림책의 표지는 늑대 알렉산더의 인터뷰를 받아 적은 기사의 형식을 취하고 있는데, 신문의 제호는 『늑대일보』(*The Daily Wolf*)로 늑대의 편에서 기사를 전달한 것이 분명해 보인다.(그림 4) 반면 이야기의 결말 부분에서 셋째 돼지의 집을 부수려 한 못된 늑대에 대한 기사는 "모든 기사는 돼지의 편에서"라는 말을 버젓이 적어놓은 『돼지일보』(*The Daily Pig*)에 실려 있는데, 늑대를 잡아넣고 늑대의 못된 행동에 대한 기사를 쓰는 인물들은 당연히 돼지 경찰과 돼지 기자들이다.(그림 5)

그림 4

그림 5

스토리는 변형되고 화자인 늑대의 입을 통해서 수많은 왜곡이 일어난다. 셰스카의 그림책을 읽고 나면 늑대의 말을 믿을 것인지, 아니면 우리가 이미 알고 있는 이야기를 믿을 것인지 진지한 고민을 시작하게 된다. 셰스카는 늑대의 서사를 통해서 전래동화의 스토리텔러의 문제뿐만 아니라 화자의 문제, 특히 믿을 수 없는 화자의 문제를 제기한다. 동시에 독자의 역할에 대해서도 적극성을 요구한다. 독자는 늑대일보에 실린 늑대의 이야기가 진실인가, 돼지일보에 실린 늑대의 사진과 지금까지 알고 있다고 믿었던 이야기가 진실인가의 문제에 대해 치열하게 생각해보게 된다. "그림책은 무수히 다른 측면에서 볼 수 있고 존재할 수 있다는 사실, 즉 자신의 의미를 무수한 방식으로 우리에게 전달한다는 사실"(Lewis 136)을 생각하면, 셰스카의 전략이 얼마나 경이로운지 알 수 있으며, 이 책을 펼치는 순간 독자들은 셰스카의 촘촘한 이야기가 만들어내는 수없이 많은 '다른 각도'의 이야기들을 만나게 되는 것이다.

4. 트리비자스의 『아기 늑대 세 마리와 커다란 못된 돼지』

자신을 피해자라고 강변하는 알렉산더 늑대는 늑대에게 악한의 틀을 씌웠던 기존의 이야기가 편견에 사로잡혀 있는 것은 아닌지 독자에게 묻는다. 비록 결말에 이르러 독자가 늑대의 '진짜 이야기'가 결국 그의 못된 행동에 대한 변명이자 왜곡이라고 생각하게 되더라도, 관점에 대한 의문은 독자가 자신의 사고를 돌아보고 확장시키는 계기를 만들어준다. 이러한 의문은 마침내 역할의 전도를 만들어낸다. 돼지와 늑대의 뒤바뀐 역할을 탁월하게 보여주는 그림책이 바로 『아기 늑대 세 마리와 커다란 못된 돼지』이다. 우리가 알고 있는 동물들의 전형성, 누군가에게 부여된 일반적인 특성들이 여지없이 무너지는 동화가 탄생한 것이다. 이 그림책에서 돼지와 늑대라는 인물의 뒤바뀜은 흥미를 배가 시키며, 늑대의 연약함이나 돼지의 폭력성 등 뒤바뀐 인물들의 특성 또한 독자들에게 재미를 준다.

그림 6

이 작품에서 늑대는 착하고 순진하며 평화를 사랑한다. 어린 늑대 세 마리가 찻주전자를 감싸 쥔 채 못된 돼지로부터 도망치는 장면은 그들이 돼지보다 훨씬 연약하다는 것을 보여준다. 반면, 착한 늑대들을 괴롭히며 집을 부수는 것은 폭력적이며 무례한 돼지이다. 심술궂은 표정을 하고 어슬렁거리는 돼지는 아기늑대들보다 두 배나 몸집이 큰데(Big Bad Pig), 커다란 몸짓과 고약한 행동으로 아기늑대들을 위협한다. 게다가 전래동화의 늑대가 집을 불어서 날려버리는 방법을 썼다면, 이 이야기에서는 훨씬 실제적이며 매우 파괴적인 무기를 쓴다. 돼지가 휘두르는 무기를 보는 순간, 모든 아이들과 어른들은 믿을 수 없는 무기에 깜짝 놀라 잠시 멈칫하게 된다. 이 못된 돼지는 망치나 콘크리트 파쇄기, 심지어 다이너마이트를 가지고 와서 아기늑대들의 집을 파괴하려 드는 것이다.(그림 6) 보통의 동화에서 어리석을 만큼 착하며 순진하고 먹을 것을 좋아해서 다소 식탐이 있던 뚱뚱한 돼지는 끔찍하게 탐욕스럽고 무시무시한 괴물 같은 돼지로 변해있다.

못된 돼지가 아기 늑대들의 집을 다이너마이트로 폭파시키는 순간, 독자들의 머릿속에는 더 이상 희망이 생기지 않는다. 다이너마이트로

부수지 못할 집은 없으므로, 아기 늑대들이 더 이상 어떤 집도 지을 수 없을 것이라고 생각하기 때문이다. 그런데 가장 엉뚱하고도 기발한, 한 편으로는 어이없는 해결책이 등장한다. 아기 늑대들은 "우리가 집을 지은 재료에 뭔가 문제가 있나 봐"(Trivizas 24)라고 말하며 아름다운 꽃을 소재로 집을 짓는다. 금잔화와 수선화, 분홍 장미, 벚꽃, 데이지 등을 이용해 벽과 천장을 만든 이 집은 "매우 연약한 집이었으며, 바람이 불때마다 흔들거렸는데, 정말 아름다웠다"(Trivizas 26). 하지만 꽃으로 지은 아름다운 집이 튼튼할 리 없다. 무엇보다도 독자를 어리둥절하게 만들고 이야기의 결말에 대해 계속 생각하도록 만드는 지점이 바로 이 대목이다. 바람만 불어도 부서질 것 같은 꽃으로 만든 아기 늑대들의 집 앞에 당도한 못된 돼지는 집을 부수려고 숨을 한껏 들이마시는데, 그 순간 아름다운 꽃향기가 돼지의 콧구멍 속으로 스며든다. 꽃향기를 맡은 돼지는 갑자기 개과천선하여 착한 돼지로 변한다. 노들만과 라이머는 이 작품에 대해서 "원작을 아이러니하게 뒤집을 뿐만 아니라 꽃이 방탄판보다 더 강할 수도 있다는 것을 믿을 만큼 비현실적인(impractical) 사람을 조롱하는 것처럼 보인다"(323)고 말한다. 그토록 나쁜 행동을 한 돼지가 꽃향기를 한 번 맡았다고 착한 돼지로 변할 것이라고 믿기 어렵다. 하지만 순진한 아기 늑대들은 못된 돼지가 착한 돼지로 변했다는 사실을 주저하면서도 받아들이려 노력한다.

그림책의 마지막 장면은 못된 돼지의 변화가 믿을 수 없다는 점을 영리하면서도 명백하게 보여준다. 돼지는 소파의 한가운데에 앉아있고 어리고 순진한 아기 늑대들이 돼지 옆에 둘러서서 웃고 있다. 아기 늑대 한 마리는 돼지에게 차를 권하고 있는데, 마치 시중을 들고 있는 것처럼 보인다.(그림 7) 이 그림이 대단히 불안하게 해 보이는 이유는 돼지의 진정한 변화가 무엇을 의미하는지에 대한 다양한 해석의 가능성

그림 7

을 차단한 채 "그들 모두는 영원히 행복하게 살았습니다"(Trivizas 32)라고 쓴 결말 때문이다. 이는 이 작품이 전래동화의 전형적인 결말에 대한 패러디라는 것을 명백히 보여준다. 전래동화의 세계이든 패러디의 세계이든 간에 영원한 행복은 없으며, 만일 "영원히 행복하게 살았습니다"라고 말한다고 해도 그 영원한 행복은 매우 불안정하다. 저자는 커다란 못된 돼지가 정말로 개과천선했는지, 그의 진심을 믿을 수 있는지, 이들이 누리는 이 행복은 언제까지 지속될 수 있을 것인지에 대해 끊임없는 의문을 제기하며, 매우 완곡하게 순진한 아기 늑대들에게 경계하라고 말하고 있는 것일 수도 있다.

이 그림책에서 전래동화 속 커다란 못된 늑대는 해로운 악당에서 가여운 희생자가 된다. 오히려 돼지가 끔찍한 일을 눈 깜짝하지 않고 저지른다. 전래동화에서 보여주던 확정적인 역할이나 고정된 스토리텔링은 급격한 변화에 직면한다. 미츠-스미스(Debra Mitts-Smith)는 늑대에 대한 다양한 접근에도 불구하고 "늑대는 악한으로서 '위험하다'는 점에서 똑같다. 변하는 것은 늑대가 재현하는 위험의 방식이다"(15)고 설명한다. 그런데 만일 늑대가 여전히 '위험'을 대변하는 인물이라면, 이 동화에서 돼지는 돼지의 겉모습을 지녔을 뿐, 그 내면의 본성은 늑대의 잔인함과 포악성을 지녔다는 것을 알 수 있다. 결국 보이는 것은 중요하지 않고 오히려 기만적인 것이 된다. 견고한 것의 연약함, 연약한 것의 견고함, 착한 것의 포악성, 잔인한 것의 순진함 등 모든 것의 경계는 무너진다. 어떤 이분법으로도 이 작품을 설명할 수 없게 된다.

스테르의 그림책처럼 직접적으로 교훈을 주는 대신, 그리고 셰스카의 작품처럼 교묘한 거짓말로 자신을 변명하는 늑대를 가둬버리는 대신, 트리비자스는 불안정하기 짝이 없는 현실의 모습을 그려낸다. 전래동화의 충실한 문법을 따르지만(어쨌든 주인공들은 영원히 행복하게 살았다는 문법, 악인이 개과천선하여 행복하게 같이 사는 문법, 혹은 악인을 처벌하는 대신 개과천선하게 만드는 검열을 통해서 이야기를 보다 유순하게 만드는 문법), 이 문법은 마지막 페이지의 불안한 결말을 통해 철저하게 조롱받는다. 이 작품은 『아기 돼지 삼형제』의 패러디이면서 동시에 전래동화 전체에 대한 패러디로 읽을 수 있다. 텍스트로는 행복한 결말을 말하지만, 그림은 전혀 다른 이야기를 하고 있는 이 그림책은 전래동화의 구조와 결말 자체에 대한 신랄한 조롱이 되는 것이다.

이 그림책은 그림 없이 글만 읽는다면 저자의 신랄한 풍자적 태도를 전혀 알아차릴 수 없게 된다. 그림과 글 사이의 간극은 현대의 그림책에서 더욱 깊고 정교하게 넓어지면서, "그림책의 다양한 초점화 전략은 독자-감상자에게 보다 제한된 허구적 우주의 재현과 해석부터 더 폭넓은 재현과 해석에 이르는 다른 정보를 제공한다"(Yannicopoulou 66-67). 저자가 글과 그림의 일치 혹은 모순을 통해서 말하려고 하는 바를 알아내려는 독자의 태도, 그리고 저자의 의도와는 상관없이 독자가 스스로의 의미를 해석해내는 능동적 자세가 그림책의 '텔링'의 범위를 더욱 확장시키게 된다. 글과 충돌하면서 그림이 말하려는 것이 무엇인가를 생각해 보는 것, 글은 분명히 행복하게 살았다고 말하고 있는데, 그림에서 독자가 읽게 되는 불편함과 어색함이 무엇인가를 생각해 보는 것, 저자의 의도든 아니든 그런 해석이야말로 그림책의 세계를 확장시키는 힘이 될 것이다.

5. 위즈너의 『돼지 세 마리』

『아기 돼지 삼형제』의 다양한 패러디 그림책들은 전래동화의 전형적인 선악구도 속에서 보통 약하고 귀여운 피해자 돼지와 커다랗고 못된 가해자 늑대의 설정이 어떻게 그려지며 재생산되는가를 생각하도록 만들어준다. 이 이야기들은 늑대와 돼지의 적대관계를 누가 설정하고 확산시키는가를 분석하고 비틀면서 새로운 이야기들로 만들어진다. 이렇게 전래동화의 관점을 바꾸거나 성별이나 역할을 바꾸는 패러디가 점점 보편화되고 흔해지면서, 여기에서 한 단계 더 나아간 스토리텔링이 등장하게 된다. 놀라운 스토리텔러인 위즈너는 가장 창조적인 방식으로 『아기 돼지 삼형제』를 패러디하여 『돼지 세 마리』를 만들어 냈다. 그는 이야기를 부수고 탐색하고 재조합한 뒤 새로운 이야기로 만들어낸다. 그의 그림책에서는 한 가지 이야기가 상호텍스트적으로 다른 이야기와 뒤섞인다. 이야기는 해체되고 다른 이야기가 끼어들면서(때로는 매우 밀접하게, 때로는 상당한 거리감을 유지한 채로) 낯익지만 동시에 낯선 이야기로 변형되어 훨씬 더 넓게 확장된다.

이 작품의 글은 실제로는 별로 많은 것을 전달하지 않는다. 그림책은 전래동화 『아기 돼지 삼형제』의 첫 부분을 그대로 들려주면서 이야기를 시작한다. 그렇지만 그림은 글보다 먼저 이야기의 변화를 보여준다. 배고픈 늑대가 첫째 돼지의 집을 입김으로 불어 넘어뜨리려 할 때, 입김이 너무 센 나머지 그림과 그림 사이의 여백으로 첫째 돼지가 밀려 나오는 것이다. 첫째 돼지는 그림 밖으로 밀려나면서 "늑대가 날 이야기 밖으로 불어버렸어"(Wiesner 5)라고 외친다. 재미있는 것은 그림 속의 늑대가 이야기의 진행에서 벗어나지 못한 채 "첫째 돼지를 먹어버렸습니다"(Wiesner 5)라고 쓰인 문장 아래에 아무것도 먹지 못해 홀쭉한 배로 멍하게 서 있는 장면이다.(그림 8)

그림 8

그림이 보여주는 시각적 서사와 글이 들려주는 언어적 서사는 완전히 다른 방향으로 나아가며 확장된다. 이야기 밖으로 밀려나간 돼지는 둘째 돼지와 셋째 돼지를 이야기 밖으로 불러내고 이야기의 바깥에서 자신들만의 모험을 시작한다. 원래 자신들의 이야기였던 『아기돼지 삼형제』의 책 페이지는 돼지들이 타고 다닐 종이비행기가 된다. 그들은 전래동요 「헤이 디들 디들」("Hey Diddle Diddle")을 찾아가서 읽어보고, 『조지 경과 용』(*Saint George and the Dragon*) 이야기를 찾아가 조지 경의 창에 찔려 죽을 상황에 놓인 용을 구해낸다. 못된 늑대와 약하면서 어리석은 돼지의 대결 구도에 느닷없이 용이 끼어드는 것이다. 용을 구한 돼지들은 종이비행기를 편 후 용과 함께 다시 자신들의 이야기로 돌아온다. 그런데 용과 함께 돌아온 『아기 돼지 삼형제』 이야기는 처음의 이야기와 달라질 수밖에 없다. 돼지들과 늑대의 관계 설정은 달라지고, 새로운 인물인 용이 끼어들면서 결국 결말마저 다른 이야기로 바뀌게 된다. 용은 늑대와 돼지와는 달리 전설의 동물이자 신화적 존재이다. 그는 전래동화나 민담 속에서 항상 악당의 역할을 도맡아왔다. 하지만 이 악당의 역할 역시 이야기가 만들어낸 것이며 끊임없이 재생산되어 확정적인 이미지로 굳어진 것이다. 악당인 용의 이미지는 돼지 세 마리와의 만남을 통해 완전히 뒤바뀐다. 그는 죄 없는 공주를 납치하고 용감한 기사와 싸우다 죽는 전래 동화 속 결말과 달리, 연약한 돼지들을 보호하고 비열한 늑대를 쫓아버리며 돼지들과 영원히 행복하게 살 수 있게 된다.(그림 9) 돼지들은 용의 머리에 부딪히며 조각조각 흩어져버린 단어들을 주워 모아 자신들만의 결말 문장을 스스로 만들어낸다.(그림 10) 결국 이야기는 다른 이야기와 뒤섞이면서 새로운 이야기로 만들어지는 것이다.

그림 9

그림 10

이 작품의 스토리텔러는 그림 자체이다. 그림은 글이 말하지 못한 많은 것들을 보여주고 들려주며, 서로 다른 이야기에서 온 그림들은 상호연관성을 맺으며 새로운 이야기를 만들어낸다. 혹은 이 그림책을 읽고 있는 독자들이 스토리텔러가 될 수도 있다. 각각의 연관성 없는 이야기들이 어떻게 새로운 연관성을 만드는가를 생각하면서, 새로운 이야기들을 끌어 모아 저자가 하지 않은 말을 독자들이 만들어 낼 수 있기 때문이다. 이야기는 다른 이야기들과 연관되어 있다는 것을 보여주는 이 그림책은 이야기의 바깥으로 밀려나온 돼지들이 다른 이야기들을 마치 독자처럼 들여다보는 장면을 그려낸다. 독자는 여러 겹의 이야기 바깥에서 이야기와 그 이야기 속 이야기를 만화경을 들여다보듯이 들여다본다. 독자의 해석의 여지는 더욱 넓어지고, 이야기란 이렇게 만들어진다는 것을 보여주는 장치로 읽힌다. 노들만과 라이머에 따르면 "모든 그림책은 퍼즐이다."

> 중요한 점은 모든 그림책이 퍼즐이라는 것이다. 그림의 상세함은 그 의미로 관심을 촉발시킨다. 정지한 그림은 보는 사람으로 하여금 그림이 나타내는 행동과 움직임의 퍼즐을 풀도록 요구한다. 글 없는 책의 그림은 보는 사람으로 하여금 그림이 담고 있는 이야기가 무엇인지에 대한 퍼즐을 풀라고 요구한다. 텍스트가 있는 책에서 단어와 그림은 다른 이야기를 들려주는데 독자는 단어와 그림을 어떻게 관련짓는지에 대한 퍼즐을 풀게 된다. 그림책의 즐거움은 단지 그림책이 말하는 이야기에 있는 것만이 아니라 이야기들이 무엇인지 밝혀내는 게임에 있는 것이다. (Nodelman and Reimer 298)

결국 이 작품은 상호텍스트성에 대한 이야기이며, 해체주의적 해석이 가능한 이야기이자, 이야기하기에 대한 이야기, 즉 메타픽션으로 읽을 수 있다. 새로운 그림책과 새로운 이야기가 어떻게 만들어지는가를 보여주는 것이다. 『아기 돼지 삼형제』의 전통적 구조가 해체되고, 이야기의 바깥이 탐색되며, 『조지 경과 용』과 같은 다른 이야기와 뒤섞이며 완전히 사라진 뒤 새로운 이야기로 재탄생한다. 늑대와 돼지의 관계가 역전되는 것도 재미있지만, 돼지들이 탈출했을 때 늑대의 황망한 표정, 용이 사라진 언덕에서 어찌할 줄 몰라 하는 조지 경의 모습은 그림을 통해서만이 알 수 있는 부분이다. 전래동화는 해체되고 동요는 깨뜨려지며 이야기의 주인공들은 이야기의 세상 바깥으로 탈출하여 자신들만의 이야기를 새롭게 만들어나간다.

Ⅲ. 나가기

『아기 돼지 삼형제』와 이 이야기를 패러디한 그림책들은 기본적으로 성장에 대한 이야기이며, 나쁜 동물과 착한 동물 사이의 대립관계는 변함없이 유지되어 있다. 하지만 이런 기본구조에는 다양한 변형이 가해진다. 이야기가 변형되어 보이지 않는다고 해도 그림이 다른 이야기를 들려주기도 하고, 전통적인 집의 재료(지푸라기, 나무, 벽돌)가 변형되기도 하며, 돼지의 성별이 바뀌기도 한다. 때로는 동물들의 특성이 전혀 반대로 설정되기도 하고, 하나의 이야기가 뒤섞여 다른 이야기로 변형되기도 한다. 돼지와 늑대의 관계 역시 전래동화에서 정형화된 것에서 벗어난다. 그들은 더 이상 잡아먹거나 잡아먹히는 관계가 아니다. 전래동화의 전형적인 결말과 달리, 어떤 방식으로든 두 개체가 동일한 시공간을 살아간다는 명백한 사실을 부인하지 않는다. 그래서 현대의 동화들은 두 개체의 불안한 공존을 보여준다. 확정적이지 않고 불안정하며 암울한 미래에 대한 예견을 던지거나, 혹은 『돼지 세 마리』에서처럼 두 개체가 아니라 세 개체가 등장하기도 한다. 나아가 『잠깐! 물감을 다 썼어!』(*Wait! No Paint!*)처럼 보다 적극적으로 이야기 바깥의 인물인 삽화가를 "알 수 없는 목소리"(*Wait* 12)를 지닌 이야기 속 등장인물로 만들어서 이야기의 세계를 쌍방의 의사소통이 가능한 공간으로 만드는 작품도 있으며, 『아기 물고기 세 마리와 커다란 못된 상어』(*The Three Little Fish and the Big Bad Shark*)처럼 중심동물들의 특성을 그대로 유지한 채로 돼지와 늑대를 물고기와 상어로 바꾼 이야기가 등장하는 등 『아기 돼지 삼형제』는 다양하게 변주되어 그려지고 있다. 이항대립 속에서의 변형은 이야기를 일정한 틀 밖으로 확장시켜 마침내 하나의 이야기가 아니라 여러 개의 이야기가 얽혀있는 상호텍스트적으로 얽혀있는 새로운 이야기로 창조된다.

그림책은 수많은 해석을 가능성을 지닌 채 펼쳐진다. 그림책의 글 작가나 그림 작가가 전달하고 보여주려고 하는 것 너머에 스토리텔러나 독자의 새로운 해석이 놓여있다. 하나의 이야기를 변형하여 다시쓰기 하는 것은 저자의 몫이지만, 또한 독자의 몫이기도 하다.

> 이야기를 다시 말하고 자신의 것으로 만드는 작가와 전문 스토리텔러는 실제로 전래동화를 새롭게 할 수 있다. 그러나 어린이를 포함하여 독자 역시 이야기를 새로운 방식으로 다시 읽고 다시 해석할 수 있다. 폭넓은 다양한 이야기를 경험하면서, 그들은 새로운 문맥 안에서 고전적 정전의 이야기를 바라볼 수 있게 된다. (Hasse 363)

독자는 확정적으로 여겨지던 이야기를 새롭게 바라보며, 이 새로운 이야기를 보다 더 새롭게 해석할 수 있다. 마치 『아기 늑대 세 마리와 커다란 못된 돼지』의 결말을 어떻게 바라볼 것인가를 놓고 토론하듯이 말이다.

스토리텔링의 미래는 아마도 전래동화의 수많은 "뒷이야기" (Continued)에서 찾을 수 있다. 셰스카가 『개구리 왕자 뒷이야기』(*Frog Prince Continued*)와 같은 책에서 해피엔딩으로 이미 완결된 이야기들을 다시 불러들여 끝나지 않고 '계속'(continued)되는 새로운 이야기를 만들어내는 것처럼, 이야기로부터 새로운 이야기가 파생되며 연이어 무한히 증식되어, 이야기가 있는 한 이야기는 끝이 없을 것이다. 나아가 그림책을 읽는 독자들의 능동적 해석, 글과 그림을 함께 읽고 그림으로부터 새로운 이야기를 찾아내는 태도가 보다 새로운 이야기와 끊임없는 이야기하기(스토리텔링)를 만든다. 다시 말하면 우리는 무엇을 어떻게 읽을 것인가에서 출발하여 무엇을 어떻게 창조할 것인가로 나아간다. 독서는 읽어내는 행위이며 동시에 만들어내는 행위인 것이다. 그림책은 언제나 현재진행형이다. 우리는 그림책의 '스토리'(story)를 '계속'(continued)이라고 여전히 '텔링'(telling)하는 중이다.

이 글은 『근대영미소설』 21권 3호(2014)에 「변형과 확장의 스토리텔링－『아기 돼지 삼형제』 패러디그림책을 중심으로」라는 제목으로 실린 논문이며, 오류 및 문장을 수정하였다.

Ⅲ

성장의 고통

드러난 권위와 숨겨진 권위 사이 –청소년문학의 디스토피아적 비전

『해리 포터』, 『나니아 연대기』, 『기억 전달자』, 『헝거 게임』, 『딜러리엄』, 『다이버전트』, 『인카세론』

Ⅰ. 들어가기

호기심을 억누르고 말을 잘 들어야 하며, 늑대나 마녀 같은 사악한 힘을 피해 가부장에게로 귀환해야 안전하다는 교훈을 주던 전래동화와 민담의 시절을 지나 18세기까지 도덕과 교훈을 강조하던 이야기들은 19세기에 이르러 아동들의 즐거움을 염두에 둔 작품들로 대치되었고, 이러한 흐름과 더불어 아동문학은 보다 유연한 태도로 아이들과 만나게 된다. 이 작품들은 아이들의 눈높이에서 성장에 대한 언급을 그려내며 어린시절의 즐거움을 담은 상상의 세계를 제시하고, 때로는 어린이의 순수함과 영민함이 타락한 어른의 세계를 구원하리라는 희망을 담는다. 반면 어린시절이 단지 오염되지 않은 순수한 시기가 아닐 수도 있다는 것을 생생하게 겪으며 십대가 된 청소년들은 아름다운 동화의 세계를 더 이상 믿지 않으며 혹은 믿을 수 없다고 여긴다. 선과 악이 혼재된 이 현실세계에서 그들의 태생이 존귀하다는 믿음을 확신시켜 줄 누군가가 존재한다거나[1] 위험에 빠졌을 때 구하러 달려와 줄 왕자나 공주가 있지 않다는 것을 알기 때문이다. 그리하여 십대 청소년을 주인공으로 한 청소년문학은 전래동화나 아동문학보다 훨씬 더 치열하게, 직접적인 교훈도 장밋빛 희망도 없는 상태의 비전을 담아낸다. 이들에게는 자신의 잠재력에 대한 신뢰와 더불어, 이 잠재력이 자신의 존재에 대한 증명, 즉 정체성의 확보에서 비롯됨을 인식하는 것이 중요한 일이 된다.

가부장의 권위에 복종하고 기성세대가 만들어낸 시스템에 적합한 인물로 자라는 것이 바람직하다는 사회의 보수적 가치관이 20세기에 들어서면서 본격적으로 도전을 받게 되었다고 말하기는 어렵다. 어느 시대이건 권력을 지닌 집단에 도전하고 저항하는 변화의 에너지들이 있었기 때문이다. 특히 20세기 후반부터 십대 청소년들의 정서적, 신체적 불안정이나 불완전함은 그들의 잠재적 가능성과 더불어 현실세계의 문제들에 대적할만한 힘으로 부상하면서 더욱 생동감 있게 문학작품에 담기기 시작한다. 청소년 주인공들의 눈앞에 놓인 현실의 문제들은 신체적, 정신적 성장이라는 보편적인 문제뿐만 아니라 가족의 해체, 질병과 죽음, 차별과 폭력, 섹슈얼리티, 동성애, 권력과 소외 등의 사실적인 문제들이다. 게다가 그들이 대적해야 하는 상대는 권력과 힘을 지닌 채 사회의 시스템을 건설하고 지배하며, 겉으로는 도전을 흔쾌히 받아들이지만 실제로는 결코 이를 허용하지 않는 위선적 인물이며, 보

---

1 프로이트(Sigmund Freud)의 "가족소설"(family romance)을 언급하면서 소설의 기원을 설명하는 로베르(Marthe Robert)는 어린이들이 자신의 친부모가 대단한 사람이 아니라는 것을 알게 되면서 "스스로를 업둥이로, 다시 말해서 왕족이거나 귀족 혹은 영향력 있는 진짜 부모가 언젠가 나타나서 그의 정당한 위치에 복귀시켜줄 양자로 여기게 된다"고 설명한다(24).

다 나은 사회를 지향한다고 하면서 더 나은 사회의 기준을 자신의 안위에 맞추는 기만적 인물이다. 청소년들을 교육과 훈육의 세계로 편입시키려는 기성세대는 그들을 통제하고 옭아매는 감옥이 되고, 모든 사상과 행동의 자유를 호시탐탐 감시하는 감시카메라가 된다.

그런 점에서 "디스토피아는 청소년들에게 강력한 은유로 작용할 수 있다. 청소년기에 권위는 억압적으로 여겨지며, 어느 누구도 평범한 십대보다 그 억압을 더 잘 느낄 수 없을 것이다"(Hintz and Ostry 9). 디스토피아 문학은 이런 청소년들의 심리를 매우 잘 꿰뚫고 있다.

> 종종 어린이나 청소년이 유토피아나 디스토피아의 중심 인물이 된다. 때로 유토피아는 어른의 통제로부터 도망치는 방법으로써 그리고 어른의 통제에 대한 비판으로써 어린이나 청소년 주인공이 창조하는, 분리된 이상적 세계의 모습을 띤다. (Hintz 254)

이 답답한 현실을 벗어나기 위해서는 마법적 방법을 사용하거나(『해리 포터』[*Harry Potter*]), 이차세계로 가는 통로를 통과하여 다른 세상의 지배자가 되거나 (『나니아 연대기』[*The Chronicles of Narnia*]), 혹은 유토피아로 보이는 세상의 거짓을 인식하고(『기억 전달자』[*The Giver*]와 『딜러리엄』[*Delirium*]), 효율적인 통제를 위한 분리정책과 기만적 전략에 저항하며(『헝거 게임』[*The Hunger Games*]과 『다이버전트』[*Divergent*]), 감옥으로 은유되는 이 세상을 흔들어 균열을 만들고(『인카세론』[*Incarceron*]) 뒤집어 깨뜨려야 한다.[2]

---

2 본 글에서 다루는 청소년 문학작품들은 다음과 같다. J. K. Rowling. *Harry Potter and the Philosopher's Stone* (London: Bloomsbury, 1997)/ C. S. Lewis. *The Chronicles of Narnia: The Lion, the Witch and the Wardrobe* (New York: Harper

이 글에서는 청소년 문학작품들의 디스토피아적 비전에 주목하여, 현실 세계와 디스토피아적 세계의 재현이 어떤 방식으로 연관성을 갖는지 고찰한다. 청소년 주인공들이 통제 권력의 명백한 권위의 명령에 어떻게 저항하는가를 살피면서 동시에 이들의 투쟁이 자율적인 선택의 결과인지 혹은 저자/어른의 드러나지 않는 권위에서 비롯된 또 하나의 이데올로기적 담론으로 구성되는지를 저자와의 관계에서 분석한다.

Ⅱ. 드러난 권위에 저항하기

어린 시절의 순진함과 수동적 의존성이 점차 사라지게 되면서 청소년들은 어른세계의 타락을 경험하고 좌절하며 이 과정에서 자신의 독립성을 시험해보고자 한다. 불안한 실험정신을 가진 그들을 열광시키는 것은 극한의 노력을 통해 특별한 업적을 이룬 전기적 인물들의 성공담이 아니라, 자신들과 유사한 인물, 비슷한 단점과 부족함을 지닌 주인공의 성장기이다.

> 주인공들은 결점들 때문에 고통을 겪는데, 이 결점들은 그들이 다르다는 것, 그리고 그들의 부적응이 더 큰 공동체의 조화를 위협한다는 것을 인식하도록 만들어준다. 각각의 주인공은 고통이 끝나기를 갈망하며, 새

Trophy, 1950)/ Lois Lowry. *The Giver* (New York: Laurel-Leaf, 1993) and *Son* (New York: Houghton Mifflin, 2012)/ Lauren Oliver. *Delirium* (New York: Harper, 2011)/ Suzanne Collins. *The Hunger Games* (New York: Scholastic, 2008) and *Catching Fire* (New York: Scholastic, 2009)/ Veronica Roth. *Divergent* (New York: Katherine Tegen, 2012)/ Catherine Fisher. *Incarceron* (New York: Firebird, 2007).

> 로운 사회(혹은 정말 있을 것만 같은 새로운 사회에 대한 이해)를 발견하는데 이 새로운 사회에서 그는 더 이상 부적응자가 아니다. 이 두 다른 세계 사이의 대조를 경험하면서 주인공은 그가 겪는 고통의 본성을 이해하게 되고, 유토피아 혹은 디스토피아로서의 기원을 지닌 그의 공동체를 알게 된다. 새롭고 실용적인 지식으로 무장한 채로 곧 주인공은 그가 어느 곳에 속하는지 결정해야만 한다. (Totaro 129)

청소년 소설의 주인공들은 청소년 독자의 현재와 그들의 사고를 반영한다. 그들은 압제적인 어른들과 무력한 어른들 사이에서 고통 받는데, 권력시스템의 통제는 억압적이고, 청소년들을 보호해야 하는 어른들은 무력하다. 이 두 상반된 어른들의 모습을 통해서 그들은 어른세계의 타락과 부패를 직시하고 좌절한다. 그리하여 청소년 자신의 독립성이 시험대에 오른다. 로버타 트라이츠(Roberta Trites)는 "모든 청소년 소설은 개인과 제도 사이의 포스트모던적 긴장을 그려낸다. 그리고 이 긴장은 담론적 구성 내에 존재하는 것으로 묘사된다"(52)고 설명한다. 그들이 겪는 갈등과 절망감, 분노는 학교에서 배우는 도덕적 가치가 가차 없이 배반당하는 현실로부터 비롯된다. 청소년들의 개인적인 반항은 점차 확장하여 좀 더 정치적인 저항으로 변하며, 개별적인 활동은 조직적으로 유대를 갖추어 시스템에 대한 항거로 나타난다.

디스토피아 문학의 가장 큰 특징 중 하나는 배경으로 설정된 세계가 언제나 유토피아를 지향하거나 유토피아인 척 가장한다는 것이다. 구성원들이 실제로 느끼고 인식하는 것과 상관없이 그 세계는 유토피아로 여겨져야만 한다. 그런 인식의 강요가 권력시스템을 지탱하는 매우 중요한 토대가 된다. 표면적으로 이상적인 이 세계에서 불온한 생각이란 구성원들이 갖는 의문 그 자체를 말한다. 자유로운 사고와 표현, 다양성, 불복종과 저항을 두려워하며, 모든 것을 검열하려 드는 지배층들은 개인의 선택을 안정과 평화라는 이름으로 제한하기 위해서 존재한다. 만일 개인이 의문을 품고 통제에 불복종하며 불안정을 기꺼이 감수하려 든다면 이러한 국가와 집단은 그 존재기반을 잃게 될 것이다.

유토피아를 가장한 디스토피아에서 가장 민감하게 제한되는 것은 바로 이 자유로운 선택의 권리이다. 공동체의 규칙을 내면화한 사람들은 선택의 권리를 가진 것처럼 착각하지만, 실제로 이것은 권력이 재단해 놓은 범주 안에서만 이루어지는 "제한된 선택"(*Delirium* 21)이다. 『딜러리엄』에서 하나(Hana)는 "우리가 행복하기를 원한다면, 그들은 우리에게 스스로 선택하도록 내버려 둬야 해"(20)라고 말하지만, 레나(Lena)는 그 말을 듣고 알 수 없는 두려움에 사로잡힌다. '선택'을 해 본 적이 없는 레나(Lena)는 "모든 선택이란 제한되어 있는 거야, 그게 삶이지"(21)라며 하나의 말을 새겨듣지 않는다. 『기억 전달자』에서는 '선택'이라는 단어 자체가 존재하지 않는 세계가 등장한다. 이 공동체에서 아이들은 열두 살이 되었을 때 어린시절부터 기록된 성향과 개성을 토대로 평생 동안의 임무(assignment)를 할당받는다. 구성원들은 늙어서 노동력이 저하되어 "노인의 집"(the House of the Old)으로 들어갈 때까지 무엇을 할 것인지를 애써 결정할 필요가 없으며, 통제시스템에서 부여한 대로 따라가기만 하면 된다. 배우자를 고르거나 여행을 하거나 일을 그만두는 등의 선택을 할 수 없는데도 불구하고, 조너스(Jonas)와 기억 전달자(The Giver)를 제외한 어느 누구도 이러한 체계에 의문을 제기하지 않는다.

선택이 제한되어 있다는 것은 사람들의 일상적 삶의 모든 부분이 통제의 시스템 아래 놓여있다는 의미이다. 통제가 원활하려면 구성원들의 생존조건이 극단적인 두 형태 중 하나로 재단되어야 한다. 하나는 구성원들이 필요한 모든 것을 제공하는 것이고, 또 다른 하나는 반대로 필요한 어떤 것도 제공하지 않는 것이다. 필요한 모든 것이 제공되는 세상에서 사람들은 의식주의 문제를 비롯한 어떤 긴급한 문제로도 고통을 겪을 필요가 없다. 『기억 전달자』의 세계에서는 사람들이 살아가는 데 필요한 많은 것들이 차등 없이 분배된다. 의식주의 문제가 해결되며 직업이 할당되고 심지어 가족구성원도 배정되는데, 물질적으로 풍족하며 부족함을 느끼지 않는 사람들은 자신들이 살고 있는 세계에 대해 어떤 의문도 갖지 않는다.

반면, 필요한 어떤 것도 제공되지 않는 세상에서 물질적인 결핍으로 고통 받는 사람들은 당면한 고통을 해결해야 하기 때문에 시스템에 순종적일 수밖에 없다. 생존을 좌우하는 문제들이 눈앞에 놓여있기 때문에 저항하려는 의지 또한 차후의 문제가 된다. 『헝거 게임』에서는 의식주의 문제가 거의 해결되지 않는다. 먹을 것이 현저히 부족하고 자신의 적성에 맞는 직업을 갖는 것도 여의치 않다. 하루하루 먹을 음식을 구해야 하는 사람들은 자신들을 짓누르는 통제시스템의 폭력성과 감히 대항할 여유가 없다. 이 정반대의 조건은 결국 동일한 목표를 지닌다. 모두 사람들에게 저항의 의지를 앗아가는 것이다.

이렇게 유토피아를 가장하는 세계는 시스템의 안정성을 최우선으로 삼기 때문에, 이를 위해서 철저한 검열과 감시로 시스템의 유지에 불필요한 모든 것을 제거한다. 이 때 불필요한 것이란 통제에 방해가 되는 것들인데, 특히 '사랑'과 같은 감정은 불필요한 모든 것에 속한다. 섀런 스트링어(Sharon A. Stringer)는 청소년기에 자연스럽게 느끼게 되는 사랑, 혹은 섹슈얼리티에 대해서 다음과 같이 설명한다.

> 섹슈얼리티는 가족 역할과 동료 관계, 도덕, 신체적 발달을 포함하여 우리 삶의 모든 측면에 영향을 미친다. 청소년들은 십대의 성적인 관계에

의미심장한 변화를 겪는다. 교육과 경험, 통찰력을 통해서 청소년들은 섹슈얼리티에 대하여 극단적으로 낭만적이거나 부정적인 이미지에 의존하는 대신 현실적이고 긍정적인 관점을 발달시키게 된다. (75)

청소년기에 겪는 자연스러운 감정의 분출을 통해 변화를 경험하고 "현실적이고 긍정적인 관점을 발전시키"며 성장하는 일련의 과정이 통제권력에게 위협적으로 여겨지는 것은, 감정의 다양성이 사람들의 사고와 행동에 변수를 만들어 내고 이러한 변수가 많을수록 통제권이 도전을 받게 되기 때문이다. 그리하여 이런 디스토피아적 세계에서 "사랑"이란 단어 대신 "즐긴다"는 표현이 훨씬 자연스럽고(*The Giver* 127), 아이란 공동체를 위해 생산되는 하나의 "상품"에 불과하게 된다(*Son* 4). 『기억 전달자』에서 "생모"(Birthmother)라는 직업을 가진 사람이 아이를 낳으면, "양육가"(Nurturer)가 일 년 동안 돌본 뒤 각 가정에 분배한다. 『딜러리엄』에서는 더 나아가 사랑이라는 감정이 사람을 미치게 만들거나 심지어는 목숨을 앗아가는 치명적인 질병으로 취급된다. 인간의 육체와 정신을 파괴시키는 최악의 질병으로 여겨지는 사랑은 "아모르 딜러리아 너르보사"(amor deliria nervosa [*Delirium* 3])라는 병명으로 규정되어 있다. 일정한 나이에 이른 모든 청소년들은 모두 의무적으로 이 질병을 예방하기 위한 치료 및 수술을 받아야만 하고, 치료를 거부할 경우 격리조치가 취해진다. 감정의 통제와 육체적 관계의 제한은 사람들 사이의 밀접한 관계형성을 제한하려는 의도를 갖고 있다. 이러한 극도의 억압은 가장 기본적인 감정을 멸균하고 거세하여 사고를 통제함으로써 사람들의 삶을 권력이 원하는 방향으로 효율적으로 재단하려는 목적을 지닌다.

심지어 이 가장된 유토피아에서는 죽음의 의미조차도 탈색된다. 태어나고 죽는 것에 별다른 의미를 부여하지 않는데. 이는 한 사람을 인격적 존재가 아니라 단순한 노동력으로 보기 때문이다. 때로는 죽음에 대한 공포를 심어주어 이를 권력집단의 통제 강화의 방법으로 사용한다. 『기억 전달자』에서 "임무해제"(release)란 말은 노인이나 병든 자, 혹은 너무 약해서 건강하게 자랄 가능성이 없는 신생아에게 행해지는 살인행위이다. 혈관에 주사를 놓고 죽은 시체를 쓰레기소각장으로 가는 통로로 밀어 넣으면서도 어떠한 죄책감도 느끼지 않는 조너스의 아버지가 담당하고 있는 임무는 역설적이게도 "양육가"이다. 『헝거 게임』에서 죽은 자의 시체는 통치 집단의 힘을 과시하기 위한 수단이 된다. 캣니스(Katniss)는 "그들을 수치스럽게 할 행동, 그들의 책임을 물을 행동, 캐피톨(Capitol)에게 그들이 우리에게 무엇을 하든, 무엇을 강요하든 그들이 소유할 수 없는 어떤 것이 있다는 것을 보여줄 수 있는 행동을 하고 싶다"(*The Hunger Games* 236-37)고 결심하며 죽은 루(Rue)의 몸을 꽃으로 장식하는데, 그녀의 이러한 행위는 지배 권력에 대한 반항과 저항의 의미로 받아들여져 지배층의 분노를 사게 된다. 캐스린 제임스(Kathryn James)에 따르면 "아동문학에서 죽음의 재현은 사회 내에서 의미가 만들어지고 공유되는 방식을 이해하는 매우 분명한 가능성을 제공한다"(2). 따라서 죽음의 의미를 격하시키고 혹은 공포의 수단으로 만드는 것은 사랑을 무가치하게 만드는 것과 같은 효과를 낳는다.

'사랑'이라는 언어 사용의 제한과 사랑을 치명적인 질병으로 규정하여 왜곡시키는 행위, 나아가 죽음의 의미를 무가치하게 만드는 행위는 모두 통제의 방법이다. 언어가 통제된다는 것은 결국 사람들의 자유로운 사고가 제한당한다는 의미이다. 존 스테펜즈(John Stephens) 역시 이데올로기적으로 구성되는 언어에 대해서 다음과 같이 설명한다.

> 만약 아이가 사회에 참여하게 되고 그 구조 내에서 목적을 갖고 움직이려면, 그는 질서를 위해서 사회가 사용하는 다양한 의미화코드를 습득해야만 할 것이다. 주요한 코드는 언어이다. 왜냐하면 언어는 사회 의사소통의 가장 일상적인 형태이기 때문이다. 사회가 현재의 가치와 태도를 예시하고 가르치는 언어의 가장 독특한 사용 중 하나는 이야기를 상상하고 기록하는 것이다. 이데올로기가 없는 서사는 생각할 수 없다. 이데올로기는 언어 안에서 언어에 의해서 형성된다. 언어 내에서 의미는 사회적으로 결정되며 서사는 언어로부터 구조화된다. (8)

모든 언어와 서사에는 이데올로기가 작동하고 있으며, 공동체 안에서 사람들이 사용하는 언어의 의미는 "사회적으로 결정"되어 통치 집단에 권위를 부여하고 그것이 유지되도록 지지한다. 언어는 우선적으로 소통의 매개이지만, 동시에 역사적, 철학적 함의를 지닌다. 언어가 통제되거나 왜곡된다는 것은 그 언어가 담고 있는 역사와 철학, 인간과 공동체에 대한 이해가 지워진다는 것을 의미한다. 언어의 왜곡은 사고의 통제를, 사고의 통제는 행동의 제약으로 이어지게 되는 것이다.

디스토피아의 또 다른 특성은 사람들의 소통과 교류를 통제하는 분리정책이다. 『헝거 게임』에서 사람들은 엄격하게 분리된 열세개 구역에 속해있으며 함부로 다른 구역으로 이동하거나 자신의 거주구역 바깥의 사람들과 소통할 수 없고 구역들 사이의 거래 역시 불가능하다. 다른 구역과 소통하기 위해서는 캐피톨의 허락을 받아야 하며, 어떤 경우에서든지 모든 행동과 말이 녹화되고 감시의 대상이 된다. 『다이버전트』에서도 역시 팩션(faction)이라고 부르는 다섯 개의 구역이 나뉘어져 있다. 각 팩션의 지도자들은 세상의 분쟁이 "정치적 이데올로기나 종교적 믿음, 인종이나 국가주의 탓"이 아니라 "사람들의 잘못된 성격, 인류의 악한 경향"(*Divergent* 42)에서 비롯되었기 때문에 사람들의 잘못을 방지하고 보다 나은 삶을 영위하기 위해 팩션을 만들어 평화를 유지하려 하는 것이라고 강조한다. 십대가 된 청소년들은 일종의 적성 검사를 거쳐 자신의 성향을 파악하고, 앱니게이션(Abnegation), 캔도르(Candor), 에루다이트(Erudite), 애머티(Amity), 돈트리스(Dauntless)로 나누어진 다섯 개의 팩션 중 하나를 선택해야만 한다. 일단 한 팩션의 일원이 되기로 결정하면 그 팩션의 규칙을 절대적으로 따라야 하며, 다른 팩션으로 마음대로 이동할 수 없다. 아이들은 세뇌당하고 훈련을 받으며 격리된다. 치열한 경쟁 속에서 이겨야만 자신의 존재를 입증할 수 있는 경쟁구도 속에서 다섯 개의 팩션이 상징하는 다섯 가지의 성향(지식, 평화, 정직, 이타심, 용기)만이 중요한 특성으로 인정될 뿐이다. 만일 팩션의 일원이 되는 것에 실패한다면, 사회의 낙오자가 되고 팩션으로 다시 돌아올 수 없게 된다. 지독한 경쟁과 철저한 복종이 이 세계를 유지하는 틀이다.

사람들을 억압하는 제도를 살아있는 감옥으로 형상화한 『인카세론』에서는 지배 권력의 통제와 분리정책에 고통 받는 사람들을 그린다. 이곳은 "범죄자, 사회부적격자, 정치적 과격분자, 성도착자, 정신이상자"(*Incarceron* 68) 등 소위 사회시스템이 정상이라고 받아들이지 못하거나 안정된 조직에 어떤 해를 가할 수 있는 잠재적 위험인물들을 가두기 위해 만들어진 최첨단의 감옥인데, "교육, 균형 잡힌 식단, 운동, 정신적 복지와 목적이 있는 일 등 필요한 모든 것을 제공하게 되며 낙원을 만들"(*Incarceron* 68) 목적으로 건설되었다. 완벽한 설계와 철저한 통제로 유지되는 감옥은 그 자체로 하나의 세계이다. 바깥 세계는 감옥에 어떤 식으로든 영향을 미쳐서는 안 되며, 감옥과 바깥 세계의 교류는 금지된다. 감옥의 상태를 점검하고 통제하기 위해서 가장 중요한 장치는 감시이다. 인카세론의 곳곳에는 사람들을 관찰하는 감시카메라인 "눈"이 있으며, 이 눈은 감옥의 벽, 천장, 바닥을 막론하고 어디에서 나타나 사람들을 감시한다. 유기체처럼 스스로 생각하고 반응하며 결정하는 진화한 감옥인 인카세론은 감옥 안에 갇힌 사람들을 감시할 뿐만 아니라 필요하다면 감옥 벽이나 복도의 형태를 변형시켜 사람들을 삼켜 죽이기까지 한다. 이 폐쇄된 공간이 자신들의 세계라고 생각하는 사람들은 "바깥에서 오는 사람은 아무도 없어. 누구도 탈출하지 못해! 인카세론은 폐쇄된 곳이야"(*Incarceron* 66)라고 말하는데, 이미 이 시스템에 매몰된 채로 바깥 세상에 대한 기억을 잃고, 바깥이 존재하리라는 희망 역시 품지 않는다.

권력집단이 사용하는 분리정책의 가장 큰 목적은 연대감의 약화에 있다. 자유로운 소통과 교류가 금지된 상태에서 사람들은 저항하거나 저항의 방법에 대해서 생각하지 못한다. 갇힌 자들은 검열을 피해 때때로 울타리 너머에 있을 희망을 꿈꾸지만 확신을 갖지 못하고 절망한다. 그리고 여전히 모래알처럼 개별적인 존재로만 생존을 이어가게 되는 것이다.

하지만 "모든 감옥에는 부서지고 갈라진 틈새가 존재한다"(*Incarceron* 354). 견고하게 보이는 철저한 통제의 세상에 균열을 만드는 것은 청소년 주인공들의 깨달음에서 비롯된다. 그들은 자신들이 속한 사회가 감추고 있는 추악한 진실의 이면을 발견한다. 조너스와 핀(Finn)은 사람들에게 감추어진 진실, 알려지지 않은 과거와 역사에 접근하면서 세계의 불합리함에 눈뜨며, 레나는 예기치 않게 찾아온 사랑의 감정으로부터 자신이 속한 세계의 거짓과 직면한다. 베아트리스(Beatrice)는 엄격하게 구획된 다섯 개의 팩션 어느 곳에도 자신이 속하지 않는 복합적 인물인 "다이버전트"(divergent)라는 사실을 알게 되면서 권력집단의 기만과 술수를 인식한다.

> "하지만 우리의 마음은 여러 다른 방향으로 움직이지. 우리는 한 가지 생각에 묶여있지 않아서, 지도자들을 두렵게 하는 거야. 우리는 통제되지 않아. 지도자들이 무엇을 하든지 간에 우리는 언제나 그들에게 골칫거리가 되는 것이지." (*Divergent* 442)

베아트리스의 엄마가 설명하는 다이버전트의 성향은 베아트리스 같은 다이버전트에만 해당되는 것이 아니라, 통제조직과 전투를 해야 하는 다른 작품 속 청소년 주인공들인 조너스와 핀, 레나, 캣니스에게도 해당된다. "통제되지 않는" 자유에의 갈망과 그 갈망을 행동으로 옮기는 결단력, 굴복하지 않는 용기를 가진 청소년 주인공들은 정해진 규칙에 따라 제한된 구획 내에서 살기를 거부한다. 그들은 표면적으로 완벽하고 평화로워 보이는 이 세계가 결국 불합리함과 몰이해, 상식의 부재로 가득 찬 정의롭지 못한 장소라는 것, 그리고 그들이 결코 이익과 편리를 위해 이 추악함을 지속시키려는 기성세대의 억압과 공포에 굴복하거나 편입되지 말아야 한다는 것을 깨닫는다.

> 이 청소년들은 어렵고 심지어는 고통스러운 선택을 해야만 하는 혹독한 환경이나 상황 속에서 그들 스스로를 발견한다. 이 개인들은 용기를 갖고 결단을 내려야만 한다. 의심할 것도 없이 이 소설들 속에서 청소년들은 그러한 도전을 할 능력이 있는데, 이는 전래동화가 젊은이들에게 어려운 과업을 위한 준비를 시키고 그들이 이런 시험을 통과할 충분한 힘을 갖고 있다는 것을 깨닫도록 만든다는 브루노 베텔하임의 고전적 이론을 생각나게 한다. 더군다나 이 소설들에서 어린이와 청소년은 자신들이 상대하는 어른들보다 훨씬 명료한 전망을 갖고 있다. (Hintz 256)

물론 통제 권력이 정해놓은 구역을 벗어났을 때는 감당하기 어려운 고통이 기다리고 있을 수 있다. 조너스는 공동체를 벗어나 새로운 세상으로 가기를 원하지만, 먼저 추위와 배고픔, 죽음에의 공포와 싸워야 한다(『기억 전달자』). 클레어(Clair)와 아이나(Einar)가 깎아지른 듯한 절벽을 기어올라 바깥세상으로 나가려 할 때 그들을 기다리는 것은 비열하고 끔찍한 악의 존재였다(『아들』). 베아트리스와 포(Four)는 압제적인 복종을 거부하고 팩션의 지도자들이 지닌 사악한 욕망을 밝혀내려고 하지만, 그들 앞에 놓인 것은 세뇌당한 군대들에 의해 무참히 살해당하는 가족과 동료들, 그리고 황량하고 막막한 벌판이었다(『다이버전트』). 핀은 인카세론을 벗어나면 더 이상 무자비한 통제의 그물에 잡혀있지 않을 것이라고 믿었지만, 실제로는 또 다른 기만과 통제의 세상으로 던져진다(『인카세론』).

Ⅲ. 숨겨진 권위에 저항하기

디스토피아의 세계에서 대립되는 두 세력의 전투는 피할 수 없이 치열하게 벌어진다. 아동문학의 경우 주인공들이 싸우는 상대는 대개 명백하게 악인의 정체를 드러내는데, 『나니아』의 여왕(The Queen)이나 『해리 포터』의 볼드모트(Voldmort)는 악의 화신과 같은 인물들로 작품의 시작부터 주인공과의 적대관계가 두드러지게 그려진다. 이러한 인물들의 역할은 주인공들이 투쟁의 대상을 보다 명확히 인식하고 이에 대적할 힘을 기르며 이 전투를 통해 성장할 수 있도록 설정되어 있다.

반면 주인공이 싸워야 하는 상대가 명확히 드러나지 않을 경우 주인공의 싸움은 훨씬 복잡하고 어려워진다. 쉽게 모습을 드러내지 않은 적들은 보통 개인이 아니라 어떤 집단이나 시스템으로, 전래동화식의 권선징악 구도로는 그 실체를 파악할 수 없다. 조너스가 싸우는 대상은 개인으로 형상화되지 않는 거대한 조직이다. 레나와 핀 역시 자신들을 억압하는 한 개인과 겨루는 것이 아니라 그 세계를 관할하는 거대한 조직과 겨뤄야 한다.

> 유토피아 소설에서, 젊은 독자들은 사회 조직과 맞붙어야 한다. 이 유토피아 작품들은 지배, 사회 개선의 가능성, 개인의 역할과 자유의 제한에 대해 젊은 독자들을 가르치고자 한다. 어린이와 청소년을 위한 유토피아 소설들은 사회적 행동의 근원을 고찰하며 어린이가 자신의 사회에 의문을 품도록 해 준다. 종종 어린이와 어른 세계 사이에 대결을 설정하기도 한다. 또한 어린이와 청소년은 행동이나 관심의 한 가운데에 있는데, 때로는 심지어 사회의 형성과 생존 혹은 개혁을 위한 막중한 책임을 감수하기도 한다. (Hintz and Ostry 1)

다시 말해서, 이들 작품의 공통점은 결국 투쟁의 대상이 누구 혹은 무엇이냐 하는 것이다. 선인과 악인의 싸움을 그리던 전통적인 작품들에서 주인공은 대체적으로 선인이었으며, 도덕적 우월함을 지닌 선한 주인공이 비열한 악인을 마침내 쓰러뜨리는 것이 해피엔딩의 정석이었다. 주인공의 신체적 역량이 악인보다 열등하다고 하더라도 주인공의 도덕적 우월성은 악인의 신체적 우월함을 능가하여 마침내 그를 쓰러뜨린다. 하지만 현실에서 선과 악의 명확한 구별은 불가능하다. 선한 자도 내면에 욕망을 지니며, 악한 자는 자신의 악행에 변명이 될 만한 개인사를 지니게 되기 때문이다. 게다가 악한 자 한 명을 쓰러뜨린다고 해서 공동체가 갑작스런 평화를 얻게 될 만큼 세상이 단순한 구조로 이루어진 것이 아니다.

따라서 한 개인과의 싸움은 이제 그 악한 개인이 속한 조직과의 싸움으로 변한다. 현대의 청소년문학이 개인과의 투쟁이 아니라 시스템과의 투쟁을 전면에 내세우는 이유이다. 한 개인의 사악한 특성이나 비열한 욕망이 싸움의 진정한 대상일 수 없다는 것을 알기 때문에, 청소년 주인공의 궁극적 목표는 한 악인의 파멸이 아니라 자신들을 억압하는 시스템의 파멸, 억압적인 권위의 해체가 된다.

이런 관점에서 본다면, 로리(Lois Lowry)의 최신작 『아들』(*Son*)은 『기억 전달자』 4부작의 마지막 편임에도 불구하고, 앞선 세 편의 작품에서 모호한 열린 결말로 강렬한 시사점을 던져 주었던 것과는 달리, 오히려 전통적인 해피엔딩의 세계로 회귀하는 듯 보인다.[3] 이 작품에서는 "진정한 악"(*Son* 358)이라고 일컬어지는 절대악을 상징하는 인물이 등장하고, 그와 대적하는 가브리엘(Gabriel)의 모습이 그려진다. 『기억 전달자』에서 갓난아기였던 가브리엘은 『아들』에서 자신의 능력을 발견하고 이를 현명하게 활용할 줄 아는 젊은이가 되어, 마침내 악을 물리치고 소멸시킨 뒤 양부인 조너스와 친어머니 클레어가 기다리는 공동체로 돌아간다.

절대적인 힘을 지닌 악인 트레이드마스터(Trademaster)는 사람들의 공포와 갈망을 흡수하여 점점 더 힘이 커져간다. 하지만 일단 가브리엘이 그 굶주림의 원인을 알게 되자, 가브리엘이 지닌 담대한 용기와 선함, 정정당당한 솔직함 등에 의해서 트레이드마스터는 작아지고 소멸된다.

3 로리는 『기억 전달자』를 시작으로 『푸른 빛 채집』(*Gathering Blue*, 2000)과 『메신저』(*Messenger*, 2004)를 잇달아 내놓으며 청소년 주인공의 디스토피아 세계에 대한 인식과 저항의 문제를 다루었는데, 이 세 작품들은 『기억 전달자』 3부작으로 불리기도 했다. 2012년 로리가 『아들』을 출판하며 세 편의 작품에서 각기 다루어졌던 이야기와 인물들이 서로 밀접한 연관성이 있음을 밝혔으며, 『아들』의 출판을 계기로 『기억 전달자』 4부작이 되었다.

> "당신은 이런 걸 모를 테죠. 누군가를 사랑하는 거 말이에요. 그런 점에서 난 당신이 불쌍해요. 하지만 당신이 굶주렸으면 좋겠어요."
>
> 개브는 자신의 적을 어느 새 내려다보고 있었다. 적은 훌쩍거리면서 땅에 몸을 웅크렸다.
>
> …………
>
> 새로운 빛이 번쩍이자, 개브는 무기가 변했다는 것을 알아차렸다. 무기는 녹슨 양철 조각의 깨진 장난감이었는데, 마치 조심성 없는 아이가 빗속에 내버려둔 장난감들 같았다.
>
> "당신의 힘은 사라졌어요." 개브가 말했다.
>
> 들리는 대답은 신음소리 뿐이었다. 개브가 쳐다보자 트레이드마스터는 더욱 쪼그라들었다. 곧 그는 형체 없고 알아볼 수 없는 썩은 냄새 나는 무더기로 변했다. (*Son* 391)

가브리엘은 트레이드마스터와의 싸움에서 어떤 무기도 사용하지 않는다. 칼이나 창과 같은 실제적 무기 대신 가브리엘은 타인이 되는 능력(I can veer [*Son* 342])을 사용한다. 이뿐만 아니라, 정신의 우월함과 도덕적 고결함이라는 고전적인 미덕을 무기로 삼아 악에 대항하여 승리한다. 『기억 전달자』나 『푸른 빛 채집』, 혹은 『메신저』 등 『기억 전달자』 3부작 각각의 작품이 보여주는 불편하지만 열린 결말이 훨씬 더 현실적이고 더 많은 상상력과 생각할 거리를 제공한다는 점을 알고 있는 독자들은 『아들』의 닫힌 결말이 해피엔딩이라는 점을 제외하고는 어떤 매력을 찾아내기 힘들 것이다. 롤링(J. K. Rowling)이 『해리 포터』의 마지막 편에서 전통적인 해피엔딩을 그렸던 것처럼, 『아들』 역시 전래동화나 19세기 아동문학의 틀이 갖는 전통적인 해피엔딩을 따르는 것처럼 보인다.

물론 고전적이고 예측 가능한 『아들』의 결론을 다른 관점으로 해석해 볼 수 있다. 이 작품에서 악인으로 설정된 자의 직업이 '거래'(trade)

와 관련이 있으며 부당하고 불합리한 거래 행위를 통해 이익을 얻고 이 악인과 거래한 사람들은 모두 파멸하거나 파산한다는 점에서, 그가 자본이 만들어낸 근대적인 악인이라는 사실을 부인할 수는 없다. 게다가 자본의 탐욕으로 가득 찬 이 근대적 악인을 제거하는 인물이 훨씬 더 근대적인 특성을 지녔다기보다 오히려 자연이나 원시에 가까운, 비문명사회에서 자라난 인물이라는 것 역시 주목할 만한 부분이다. 조너스와 가브리엘이 키라(Kira)와 함께 살고 있는 마을이나 클레어가 잠시 거주하던 마을은 모두 산업화나 문명화와는 거리가 멀며, 농사를 짓거나 약초를 캐고 양을 치는 등의 일차적인 산업에 종사한다. 이 작고 소박한 공동체에서 성장한 가브리엘이 절대적인 지배를 원하는 트레이드마스터의 탐욕을 소멸시키게 되는 것이다. 이렇게 작품의 결론을 해석하는 경우 자칫하면 문명과 비문명, 혹은 문명과 자연에 대한 이분법적 구분을 상정하게 되지만, 오히려 자본의 비열하고 천박한 속성과 그것이 낳은 비인간적 특성에 대한 작가 자신의 성찰이자 청소년 독자들에게 던지는 메시지로 읽을 수도 있다.

전통적인 의미에서 선악구도가 형성되고, 악한 인물이나 추악한 제도가 명백한 권위로 등장하는 것에서 나아가 보다 더 현실적인 의미의 적, 진정한 적이 등장하기도 한다. 『헝거 게임』의 표면적인 적은 스노우(Snow)이다. 그는 사람들을 통제하고 헝거 게임이라는 잔혹한 경기를 만들어 사람들의 목숨을 농락한다. 하지만 치열한 전쟁이 진행될수록 스노우 이외에 더 영악하고 잔인한 적이 등장하는데, 이 잔인한 적은 적진에 있지 않으며 그렇다고 악으로 표상되는 인물도 아니다. 권력을 위해서 어떤 짓이라도 하는 스노우의 판박이이자, 선한 자로 위장하고 사람들을 기만하기 때문에 더욱 끔찍한, 저항군의 지도자 코인(Coin)이다. 코인은 모든 사람들의 내부에 존재하는 탐욕의 상징이며,

모든 공동체 내에 존재하는 배신자의 전형이다. 더 이상 선과 악의 분명한 구분은 없으며, 전투에서 승리하기 위해서 청소년 주인공들은 "누가 너의 적인지 잘 기억해라"(*Catching Fire* 314)는 충고를 가슴에 새겨야만 한다.

권위적 인물이나 제도와 치열한 대결이 시작된다고 하더라도, 이러한 작품 속에서의 전투가 때로 비현실적일 수밖에 없는 것은 현실 세계에서의 싸움이 결코 녹록하지 않기 때문이다. 청소년들이 통제 권력과 대적하기 위해서 조직력이나 전투력이 필요하지만 현실 세계에서 그런 힘을 얻기는 쉽지 않아 보인다. 마리아 니콜라에바(Maria Nikolajeva) 역시 청소년 소설에 대해 설명하면서 "주변성, 머뭇거림, 그리고 때로는 청소년 소설의 특징인 마지막 발걸음을 내딛어야 하는 주인공의 무력함"(56-57)이 드러난다고 설명한다. 청소년 주인공들이 갈등 속에서 무기를 들고 싸우는 것은 질풍노도의 시기인 청소년기의 은유일 수 있다. 그들은 자신과 겨루고 부모와 대적하며 바깥 세계와 싸운다. 싸움이 없다면 아무 것도 얻을 수 없을 것이다. 하지만 전쟁과 전쟁의 승리가 모든 것을 다 해결하지는 못한다. 전투로 모든 문제를 해결한다는 결말을 보여준다면 그것이야말로 비현실적인 허구이다. 청소년 주인공들은 이 싸움에서 승리하기 어렵다는 것을 안다. 그럼에도 불구하고 싸움을 그만두지 않는 이유는 그들이 지켜야 할 삶의 가치의 문제가 연관되어 있기 때문이다.

이들 작품의 청소년 주인공들은 자신들이 특별한 재능을 갖고 있다고 생각하지 않는다. 다만 남들과는 다른 예민한 시선을 갖고 있을 뿐이다. 다시 말해서 디스토피아의 세계를 걷어내고 사회의 모순과 대적하는 힘은 특별한 재능이나 천재성에서 비롯된 것이 아니라 세상을 인식하는 태도의 차이에 있다. 청소년 주인공들이 세계의 실체를 깨닫는

'각성'의 순간이 필연적으로 오게 되며, 바로 이 깨달음의 순간이 그들을 보다 더 나은 인물로 이끈다. 타고난 천부적 재능이란 의미가 없으며, 오히려 관계 속에서 타인과 공동체를 위해 무엇을 할 것인가를 고통스럽게 생각하고 선택하는 과정, 그 선택에 책임지려는 그들의 태도가 더 많은 지혜와 용기를 가져다준다. 해리 포터(Harry Potter) 역시 이마에 표식을 지닌 아이로, 뛰어난 마법적 능력을 지녔다고 알려지지만, 실제로는 그의 표식이나 마법적 능력보다는 불굴의 용기와 부단한 노력, 사람들에 대한 뜨거운 애정이 그를 특출한 마법사로 만들었다. 이처럼 청소년들은 자신의 불안정함이 결점이 아니라는 것, 혼돈으로 가득 한 이 세상에 누구나 고통을 겪는다는 것을 깨달으며 자신에 대한 믿음과 자기 존중감을 획득하게 된다.

디스토피아를 건설하여 사람들을 억압하고 청소년 주인공들과 대적했던 통제 권력이 현실 세계의 기성세대와 닮아있다는 것은 쉽게 인식된다. 한 가지 다른 점이 있다면, 작품 속의 통제 권력은 오로지 한 방향, 보다 철저한 통제와 억압을 통해서 획득하는 힘을 향해서만 나아간다. 그런데 현실의 기성세대는 작품 속의 통제 권력보다 훨씬 더 영악하다. 그들은 실은 이중적인 사고를 갖고 있다. 그들은 청소년들의 미숙함을 강조하며 억압하고, 특정한 이데올로기를 주입시키는 한편, 청소년들을 원하는 방향으로 이용한다. 기성세대는 청소년들이 순종적이기를 바라면서 동시에 무력한 자신들이 손대지 못하는 부패한 시스템을 청소년들이 구원자가 되어 개혁시켜주기를 바라는 무책임함을 갖고 있는 것이다. 청소년 주인공들은 부패한 권력에 맞서는 한편, 무력한 어른들을 부양해야 한다.

청소년문학에서 선악구도의 설정, 주인공의 저항과 투쟁의 묘사와 전달에 저자의 어떤 의도가 숨어있는지를 숙고하는 일이 필요한 이유는 어린이와 청소년을 위한 글쓰기가 결국 어른저자에 의해서 쓰이고 있기 때문이다.

> 어린이를 위한 글쓰기는 대개 목적성을 띠는데, 어린이독자에게 저자와 관객에 의해서 (당연한 듯이) 공유되는 사회문화적 가치의 긍정적인 인식을 키워주려는 의도이다. 이 가치들은 동시대의 도덕과 윤리, 그리고 문화의 과거에서 가치 있는 것에 대한 감각(문화의 주된 중요한 전통으로 여겨지는 특정한 동시대의 사회적 구조), 현재와 미래에 대한 열망을 담고 있다. (Stephens 3)

보통 어른저자의 궁극적인 목표는 어린이와 청소년을 위한 작품을 통해 바람직한 미덕에 대한 가르침을 전달하고 이를 이용하여 그들이 강인하고 독립적인 어른으로 자라나기를 희망하는 데 있다. 그러므로 주인공들의 투쟁은 바람직한 것으로, 부패한 시스템에 대항하는 순수한 세력으로 그려진다.

그런데 이것이야말로 현실의 기성세대가 청소년들에게 원하는 것이다. 늙고 병들었거나 혹은 두려운 마음에 부패한 세력과 직접 대항하기 어렵다고 생각한 그들은 대신 싸워 줄 세력을 찾는다. 그들의 싸움을 대신하여 피를 흘려줄 세력은 이제 젊음으로 들어선, 혈기왕성한 십대들이다. 기성세대는 그들에게 대신 무기를 쥐어주며 뒤로 물러나 이 싸움을 관망한다. 전투에 끼어들지 않는 기성세대는 청소년들에게 이것이 "너의" 싸움이라고 말한다.

> "그건 나의 여정이었고 도움 없이 내가 해내야만 하는 거였어. 난 내 자신의 힘을 발견하고 스스로의 두려움과 대면해야 했지. 이제 네가 해내야 하는 거란다."

………

> "이건 너의 여정이고, 너의 전쟁이야. 용감해라. 네 재능을 찾아. 네가 사랑하는 것을 구하기 위해서 그 재능을 사용해라." (*Son* 367-68)

물론 어린이에서 어른으로 가는 경계에 선 청소년들이 어떤 식으로든 '자신의' 싸움을 해야 하는 것은 사실이다. 그리고 실제로 자신과의, 혹은 자신만의 싸움을 거쳐야 그들은 진정으로 성장하게 된다. 다만, 이 전투의 시기에는 항상 십대들로부터 부양을 받는 무력한 부모나 부모의 대리인들이 등장한다. 결국 십대는 자신을 억압하는 세력과 싸우고 자신이 부양해야 하는 어른세대와도 겨뤄야 한다.

작품 속의 통제 권력과 현실의 기성세대의 권위는 명백히 드러난다. 반면 명백히 드러난 권위의 그림자 속에서 보이지 않은 권위를 부리고 있는 자도 있다. 문제는 다시 청소년문학의 주체에 대한 질문으로 되돌아간다. 즉 청소년들이 통제 권력과 시스템에 저항하며 자기 안의 힘을 발견하도록 만드는 것은 누구인가에 대한 질문이다. 트라이츠는 청소년 문학의 두 종류의 권위에 대해서 다음과 같이 설명한다.

> 두 종류의 권위가 특히 청소년 소설과 관련이 있다. 텍스트 내의 권위와 독자를 압도하는 저자의 권위가 그것이다. 텍스트 내에서 권위는 부모나 부모 대리인과의 투쟁으로 그려지기도 한다. … 청소년을 위한 대부분의 텍스트에 내포되어 있는 이러한 권위와의 갈등은 저자에게 청소년 독자를 조종하는 이데올로기 사용의 기회를 제공한다. 그런 점에서 저자 자신들이 청소년 문학에서 권위 있는 인물이 된다. (xii)

작품 속 청소년 주인공은 기성세대의 권위와 싸우는데, 이런 권위적 인물은 대개 명백하게 드러나 있다. 하지만 저자는 인물의 말이나 행동을 통해서 등장인물을 움직이고 나아가 청소년 독자들에게 영향을 미친다. 다시 말해서 작품 속 청소년 주인공과 청소년 독자를 모두 아우르는 권위적 인물은 바로 저자인 것이다. 청소년문학이 저자의 권위 아래 있을 때, 작품 내에서 청소년 주인공들은 목숨을 걸고 투쟁하며 승리하지만, 작품 밖에서 그들은 저자의 대리인이 되어 저자의 의도를 생생하게 전달한다. 저자는 디스토피아적 세계의 추악함을 폭로하고 바람직한 청소년상을 제시하며 전투의 방법을 제안하거나 권위적인 기성세대와 싸울 것을 주문하면서 동시에 무력한 부모를 부양하라고 설득한다. 저자의 권위가 청소년 주인공들과 청소년 독자들을 압도하는 한, 실제 청소년이 원하는 것이 무엇이든지간에 작품의 결론과 교훈은 결국 어른세대가 청소년들에게 가르치고 싶은 것에 지나지 않는다. 특히 해피엔딩의 결론은 저자의 권위를 그대로 드러내며 저자의 권위에 복종하는 청소년의 모습을 보여준다.

그러므로 저자의 권위를 벗어나 숨겨진 교훈적인 의도와는 다르게 어떻게 해석해야 하는가의 문제와 대면하게 된다. 로더릭 맥길리스(Roderick McGillis)는 타자의 목소리란 "쓰기보다는 쓰이고 말하기보다는 말해지는 사람들의 목소리"(xxi)라고 말하면서, 특히 "문화적으로 보이지 않거나 혹은 축소된 채로 여성과 어린이에게는 공통된 무언가가 있는데, 그들은 정치 행위의 문화적인 다른 형태의 대화에 참여하기에는 힘이 없다"(xxi)고 주장한다. 어린이와 여성의 목소리만이 타자화되어 들리지 않는 것이 아니라 청소년의 목소리도 마찬가지이다. 권력을 지닌 어른남성의 목소리, 펜을 쥔 저자의 목소리만이 권위를 부여받는다. 그러므로 청소년 주인공들이 작품 속의 권위 세력과 치열한 전투를 통해서 승리하는 것처럼, 청소년 독자들도 저자의 권위와 싸워 승리해야만 한다. 선한 세력의 승리를 직접적으로 그려내는 것보다 다양한 해석의 여지를 남기는 열린 결말이야말로 청소년 독자들이 저자의 권위를 벗어날 수 있는 가능성을 더 많이 부여하게 된다. 작품 속의 청소년 주인공들이나 작품 밖의 청소년 독자들 모두 수많은 가능성을 염두에 두고 작품을 '스스로' 해석할 수 있게 되기 때문이다.

Ⅳ. "결을 거스르며"

아동문학이 자신의 존재를 인식하고 독립성을 획득하는 시기의 어린이 주인공들을 등장시켜 어떻게 자기정체성을 확립하는가의 문제를 다룬다면, 청소년문학은 이 확립된 자기정체성을 어떻게 확장시키는가의 문제를 다룬다. 어린이와 어른의 경계에 선 청소년들의 자기 정체성 확장은 나아가 세계관의 확립과 존재에 대한 인식, 더불어 관계의 문제로까지 확장된다. 청소년문학에서는 독립적인 개인으로서 타인과 공동체, 그리고 시스템과 어떻게 관계를 맺을 것인가가 중요한 문제로 대두된다. 그런데 청소년의 확장되는 정체성은 필연적으로 기존사회나 시스템과 갈등을 빚을 수밖에 없다. 그 시스템의 미래의 주인이 될 청소년들이 오랫동안 지속되어 온 부패하고 경직된 낡은 시스템에 스스로 굴복할 수는 없다. 그러므로 이 갈등은 당연하고 자연스러운 일이 된다.

불안하고 긴 모험과 치열한 전투를 거치면서 청소년 주인공들은 모험을 시작하기 전보다 훨씬 성장해간다. 그렇지만 이들이 모두 전통적인 해피엔딩에 이르는 것은 아니다. 모험이 끝나고 돌아올 곳이 있었던 『나니아』의 형제들이나 해리 포터는 행복하다. 그들은 자신들을 기다리고 있던 집과 가족들에게 돌아갈 수 있었던 것이다. 그러나 최근의 청소년 주인공들은 여전히 전장의 한복판에 무기를 들고 전투의 치열한 그을림을 씻어내지 못한 채 피를 흘리며 서 있다. 삶은 여전히 불합리한 채로 계속되고 싸움은 끝나지 않는다.

기성세대가 구축해 놓은 벽과 감옥은 지나치리만큼 견고하며 사악하고 심지어 기만적으로 유연하다. 통제되는 세계 너머의 "다른 곳"은 그저 환각 속에서 들리는 메아리일 수도 있고(『기억 전달자』), 폐허가 되어버린 곳을 평화로워 보이는 공간으로 바꾸어도 여전히 죽은 자들에 대한 기억이 깊이 파묻혀 있는 곳일 수 있으며(『헝거 게임』), 끝나지 않는 전투로 내일을 기약할 수 없는 밤일 수도 있다(『다이버전트』, 『인카세론』). "난 어디든지 존재한다"(*Incarceron* 236)고 말하는 감시의 눈을 벗어나 자유로운 선택이 가능한 삶을 살 때까지, 청소년들은 고정되어 있지 않으며 수많은 변형의 가능성을 지닌 음울한 매트릭스에서 쉽게 끝나지 않을 치열한 싸움을 계속해야만 한다.

디스토피아 문학은 청소년들에게 고통스러운 깨달음의 과정과 불안정한 열린 결말을 제시하면서, 문명과 진보의 이름으로 사람들의 자유를 옭아매고 선택을 제한하며 감정을 통제하는 통제 권력의 권위에 저항할 것을 요구한다. 기성세대는 자신들이 제도 내에서 이미 힘을 잃은 쇠락해가는 어른들이라는 사실을 알고 있다. 기성세대를 지지하고 동시에 기성세대에 저항할 것을 요구하는 어른들의 모순된 요구를 알아차리지 못한다면 청소년들은 십대의 불안과 고통, 순수함과 타락 사이의 갈등 속에서 부패한 어른들을 대신해 이 세계의 고통을 오롯이 짊어져야 할지도 모른다.

어른저자는 아동과 청소년을 위한 문학작품을 통하여 어떤 식으로든 이데올로기를 전달한다. 그것이 순응의 목소리든, 저항의 목소리든 저자의 의도는 청소년 주인공의 생각과 행동, 언어를 결정하며, 나아가 청소년 독자들에게 영향을 미치게 된다.

> 모든 발전 경로는 사회의 규범에 순응하는 것을 담으면서 이데올로기적으로 구성된다. 아동소설에 관련된 사람은 이 과정에 대한 인식과 이 구성의 결말을 발전시키는 것이 중요하다. (Stephens 3-4)

주인공들은 저자에 의해서 창조되지만, 언제나 저자의 손아귀에 있는 것은 아니다. 만일 기성세대와 저자의 권위가 지나치게 압도적이면, 청소년 주인공과 청소년 독자들 모두 말할 기회를 잃게 된다. 그러므로 서사의 구성과 결론은 다양한 분석과 해석이 가능하도록 열려있어야 한다. "청소년 문학은 힘(power)에 대한 것"(Trites 3)이며, 청소년 독자들은 이 힘이 어디에서 비롯되는지, 어떻게 행사되는지, 어디에 숨어있는지를 알아차려야 하기 때문이다. 청소년 독자들이 진정으로 승리하는 싸움이 되려면, 작품에 그려진 청소년 주인공들이 경험하는 전투와 승리에 머무르지 않고, 그들을 조종하여 일정한 결론으로 이끌어 가며 때로는 교묘한 방법으로 기성세대로의 순응을 가르치려는 저자의 의도를 제대로 간파하고 그 권위에 저항하는 것이 필요하다.

결국 다시 "결을 거스르며"(Benjamin 257) 읽는 문제로 돌아간다. 기성세대의 권위에 대항하고 동시에 저자의 권위에 대항하면서 순응하지 않은 채로 결을 거슬러 세상을 바라보고 작품을 읽는 것은 청소년 독자를 비롯한 모든 독자들에게도 중요한 일이 된다. "결을 거스르며" 읽는다는 표현이야말로 청소년들의 특성과 매우 동일하다. 그들은 결코 결을 그대로 따라가지 않는다. 누군가 건설해놓은 길을 그대로 답습하며 따라갈 생각이 없는 청소년들은 언제나 바람을 거스르고 들판을 가로질러 자신만의 새로운 길을 만들면서 나아간다.

이 글은 『현대영미소설』 21권 1호(2014)에 「드러난 권위와 숨겨진 권위 사이 – 청소년문학의 디스토피아적 비전」이라는 제목으로 실린 논문이며, 오류 및 문장을 수정하였다.

몸의 전유와 리얼리티 쇼의 정치 전략 —"진짜야 가짜야?"

『헝거 게임』 삼부작

Ⅰ. 들어가기

수잔 콜린스(Suzanne Collins)의 『헝거 게임』(*The Hunger Games*) 삼부작은 살아남기 위해서 다른 사람을 죽여야만 하는 야만적 상황이 놀랍도록 흥미진진한 게임으로 받아들여지는 미래의 가상세계를 다룬다. 이 비현실적인 가상세계는 명백하게 우리가 발을 딛고 있는 현실세계에 대한 신랄한 비판을 담고 있다. J. K. 롤링(J. K. Rowling)의 『해리 포터』(*Harry Potter*) 시리즈가 선과 악의 전통적 구도를 기저에 깔고 마법과 판타지의 세계를 놀라운 상상력으로 그려냈다면, 『헝거 게임』은 보다 음울하고 폭력적인 디스토피아의 세계를 묘사한다. 치열한 생존과 죽음을 피하기 위한 두뇌싸움, 그리고 훨씬 복잡하고 치밀해진 전투장면을 그리는 『헝거 게임』의 서사구조는 독자들을 매우 흡입력 있게 끌어당긴다.

『헝거 게임』 삼부작이 인기를 끄는 비결은 제목에서 시사하는 것처럼 '게임'에 있다. 마을 공터나 놀이터에서 장난감 총을 들고 놀던 아이들은 전자기기의 발달 덕분에 컴퓨터가 구현하는 실감나는 전투 게임에 몰입할 수 있게 되었다. 다양한 인물들이 등장하고 변화무쌍한 사건들이 벌어지는 컴퓨터 속 게임 세계는 실제로 피를 흘리고 부상을 당하는 듯한 생생한 장면을 제공하며 접속자들에게 승리와 패배를 피부로 느끼게 만들어준다. 『헝거 게임』의 서사는 컴퓨터 속 게임의 전투보다 더 설득력 있는 스토리를 가미하여 진행된다. 게임에 익숙하지 않은 독자들조차도 이 작품의 기본 구도를 낯설지 않게 여기는 것은 이미 우리의 실생활에 온갖 방법으로 변형된 게임의 디지털 세계가 파고들어 있기 때문이다.

이 작품의 또 다른 흥미로운 점은 리얼리티 쇼(Reality TV Show)의 특징을 극대화하여 미디어를 이용한 정치적 책략을 매우 잘 보여준다는 데 있다. 리얼리티 쇼는 문자 그대로 '리얼리티', 즉 실재를 표방한다. 텔레비전을 통해 바라보는 사물과 사람에는 현실과는 다른 분위기가 덧씌워지는데, 그것은 보통 연출자나 편집자의 의도이다. 이를 의식적으로 관찰하고 기억하지 않는 한, 대중들은 리얼리티 쇼를 액면 그대로 받아들이게 된다. 텔레비전 앞에 모여 앉아 리얼리티 쇼를 시청하는 시청자들은 모두 '관음증'에 빠져 "그저 세계의 무관심하고 수동적인 소비자가 된다"(Anders). 『헝거 게임』에서 캐피톨(Capitol)과 열두 구역의 대중들은 집단적으로 텔레비전을 통해 방영되는 리얼리티 쇼에 몰입한다. 생사를 가르는 잔혹한 게임의 모든 과정은 낱낱이 생방송으로 중계되는데, 교묘한 편집을 통해 정치권력은 자신들에게 유리한 이데올로기를 퍼뜨린다. 그러나 대중들은 이런 사실과 관계없다는 듯이 오히려 '편집이 가미된' 상황을 실제 현실로 여기며 소비한다. 텔레비전 쇼는 일정한 상황이나 인물을 의도적으로 부각시키거나 축소한다. 리얼리티 쇼는 태생적으로 '리얼리티'가 아니라 '리얼리티'의 허상을 뒤집어 쓴 '쇼'인 것이다.

리얼리티 쇼의 속성을 잘 보여주는 영화 『트루먼 쇼』(*The Truman Show*)는 폭력적인 미디어의 시선에 노출된 한 인간의 진솔한 삶이 어떻게 단순한 오락거리로 소비되는가를 씁쓸하게 그려낸다. 반면 『헝거 게임』의 세상은 이보다 훨씬 더 교묘하고 거대한 시스템을 구축하며 서로서로를 속인다. 캐피톨의 사람들은 현실 혹은 사실이라고 믿고 있는 것이 진정으로 믿을 만한 것인지를 확신하지 못한 채, 진실과 거짓 사이 또는 이미지의 홍수에서 헤어 나오지 못한다. 『트루먼 쇼』와 같은 단순한 속임수는 이제 『헝거 게임』과 같은 매우 모호하고 치밀한 속임수의 세계로 변화한다. 물론 이러한 리얼리티 쇼의 이면에는 권력에 의한 감시와 통제가 숨어있다.

『헝거 게임』이 보여주는 현실과 게임, 현실과 리얼리티 쇼의 모호한 경계선은 작품의 서사를 보다 흥미롭게 하는 매력적인 특성이 된다. 현실을 가상현실(virtual reality)에서 체험하거나 현실의 사물 위에 이미지와 정보를 입히는 증강현실(augmented reality)의 기술은 이미 현대인의 삶 속에 깊숙이 들어와 있다. 사람들은 현실에 영향을 미치는 발명품들을 이용하면서 현실과 비현실을 구분하는 것에 별 의미를 두지 않는다. 또한 온라인 게임을 끝내고도 현실로 재빨리 돌아오지 못하는 경우도 있는데, 게임의 법칙과 캐릭터들이 사람들의 인식 속에서 현실처럼 느껴지면서 현실과 게임의 경계가 구분되지 않기 때문이다. 보드리야르(Jean Baudrillard)는 "컴퓨터 통신, 정보 통신 기술, 디지털화 등 온갖 형태의 가상현실 뒤로 현실이 사라졌다. 그리고 바로 그것이 모든 사람을 매혹시키는 이유이다"(『사라짐에 대하여』 40-41)고 분석한다. 『헝거 게임』을 읽는 독자들도 유사한 혼란을 경험하게 된다. 작품 속 인물들이 겪는 현실은 어느 순간 게임이 되며 게임에서 벌어지는 일이 즉각적으로 그들의 현실에 영향을 미치기 때문이다. 마이클 하임

(Michael Heim)은 사이버스페이스(cyber space)가 우리의 삶을 수동적으로 만드는 마법을 건다면서, "우리는 시스템에게 무엇을 해야 하는지를 지시함으로써 시스템과 이야기하지만, 시스템의 언어와 처리방식이 우리의 심성을 지배하기에 이르렀다"(134-5)고 설명한다. 부지불식간에 현실 속에 파고들어온 가상현실과 게임은 끊임없이 사람들의 기억을 조작하고 왜곡시킨다.

『헝거 게임』의 주인공 캣니스 에버딘(Katniss Everdeen)은 피타 멜라크(Peeta Mellark)와의 첫 만남을 제대로 기억하지 못한다. 파편적으로 흩어져 있는 그녀의 기억들은 왜곡될 가능성에 직면한다. 더구나 캣니스는 스스로의 감정에 대해서도 확신을 갖지 못한 채 끊임없이 자문하고 확인하려 한다. 그녀는 수없는 가짜/위장/속임수 속에 살고 있기 때문이다. 헝거 게임에서 살아남아 승리자가 되기 위해 그녀 스스로가 가짜를 만들어 진짜/진실인 것처럼 다른 사람들을 속이려 든다. 이 과정 속에서 진짜와 가짜의 경계선은 점점 더 모호해진다. 캣니스와 피타가 살고 있는 현실과 그들이 수행해야 하는 게임 속 현장은 끊임없이 맞물리면서 현실과 게임의 경계선을 모호하게 만든다. 이 모호함의 이면에는 판엠(Panem)의 지도자 스노우(Snow)의 잔인하고 폭압적인 정치적 책략이 숨어있다. 진짜와 가짜 사이에서 끊임없이 자문하던 캣니스는 게임이 진행될수록 진짜를 향해가고 반면 처음부터 진짜와 가짜를 명백하게 구분하던 피타는 진짜와 가짜를 구분할 수 없게 된다.

이 글에서는 캣니스의 '몸'이 어떻게 지배세력과 반군의 메시지를 전달하기 위한 수단으로 왜곡되며 전유되는가를 살핀다. 몸의 전유는 끔찍한 헝거 게임을 생중계하는 리얼리티 쇼를 통해 더욱 극적으로 대중들에게 전달된다. 리얼리티 쇼의 교묘한 전략 속에서 진실과 거짓의 차이가 흐려지고 지워진다는 점을 밝히면서 참혹한 전쟁에서 살아남은 사람들의 몸과 마음에 새겨진 고통이 현실 속에서 어떻게 지속되는가를 알아본다.

Ⅱ. '빵'과 '몸'

『헝거 게임』은 모든 참가자들을 죽이고 단 한 사람이 살아남는 살육의 게임에 참가할 어린 아이들을 뽑는 내용으로 시작한다. 캐피톨은 반란을 일으켰던 13구역의 처절한 파멸과 캐피톨의 승리를 지속적으로 기억시키고 사람들을 보다 가혹하고 엄격하게 통제하기 위해서 이 광적인 죽음의 경기를 정기적으로 진행하며 어린 아이들을 희생 제물로 만든다. 캐피톨이 만든 제단에 공물로 "바쳐진"(tribute) 아이들은 명칭조차 "선수"가 아니라 "조공인"(tributes)(*HG* 18)이라고 불린다.[1] 물론 이 역사는 캐피톨에 의해서 조작되어 있다. 폭력과 억압, 통제와 감시에 바탕을 둔 권력은 인간의 존엄성을 처절히 짓밟는 가장 끔찍한 게임을 마치 하나의 축제처럼 포장한다. 캐피톨은 이렇게 왜곡되고 조작된 과거를 통해서 "사람들이 국가의 과거에 대한 폭력적이고 일상화된 서사를 발전시키도록 만든다"(Koenig 40). 각 구역들간의 교류 금지, 생산과 유통의 통제, 부족한 식량, 지속적인 감시체제, 신체적 폭력과 위협 등은 캐피톨이 자신들의 우위를 영원히 유지시키려는 효과적

1 이 논문에서 다루는 『헝거 게임』(*The Hunger Games*) 시리즈는 다음과 같다. 첫 번째 편인 『헝거 게임』(*The Hunger Games*, 2008), HG를 약어로 사용한다. 두 번째 편인 『캣칭 파이어』(*Catching Fire*, 2009), CF를 약어로 사용한다. 세 번째 편인 『모킹 제이』(*Mockingjay*, 2010), MJ를 약어로 사용한다.

인 정치 전략이다.

아이들의 희생을 생존의 전략으로 이용하는 것은 전래동화에서도 흔히 찾아볼 수 있다. 아이들은 보살핌을 받고 양육되는 존재가 아니라 오히려 탐욕에 빠진 어른들의 목숨을 살리는 제물이 된다.[2] 샘벨(Kay Sambell)은 "어린 시절의 은유적 죽음은 말 그대로 아동 디스토피아에서 자주 묘사된다. … 많은 소설에서 순진한 어린이 희생자들(주요한 어린이 주인공이 아닌 경우에도)은 어른들이 창조하여 아이들이 물려받은 세계의 무관심과 부패를 부각시키기 위해 실제로 죽는다"(250)고 설명한다. 『헝거 게임』 삼부작에서도 동일한 일이 벌어진다. 어른들이 아이들을 보호하고 먹여 살리는 것이 아니라 아이들이 죽음의 위협에 노출된 어른들의 방패막이가 되어 어른들 대신 죽거나 음식을 구하기 위해 노력한다. 죽을 때까지 싸워야만 하는 "헝거 게임"이나 캐피톨과 반군들의 치열한 전투의 현장에서 아이들은 가장 먼저 선택되어 희생당한다. 어른들은 잔인한 게임의 운영자이거나 구경꾼이며 심지어 전투의 승리를 위해 아이들의 살해를 계획하고 방조한다.

헝거 게임의 진행 시스템은 인위적으로 조작 가능한 것들로 가득 차 있다. 경기장은 일종의 가상현실인데 이 가상현실의 세계는 게임 운영자들(game makers)에 의해 통제된다. 경기장과 경기장의 날씨, 식물과

---

2 야수(the Beast)의 정원에 있는 장미 한 송이를 꺾다가 그의 분노를 사게 된 아버지는 "그 애(셋째 딸)의 목숨을 위험하게 할 수 없다"고 말하면서도 야수에게 딸을 데려간다(Tatar, 「Beauty and the Beast」 36). 게으른데다가 거짓말까지 잘 하는 소녀는 왕을 속이고 왕비가 되기 위해서 "여왕이 된다면 당신의 첫 번째 아이를 내게 주시오"라고 요구하는 룸펠슈틸츠킨(Rumpelstiltskin)에게 아직 태어나지도 않은 미래의 아이를 팔아넘긴다(Grimm, 「Rumpelstiltskin」 165). 비정한 아버지와 어머니는 "우리 넷이 다 굶어죽을지도 몰라"라고 생각하면서 아이들을 숲 속 깊은 곳에 갖다 버린다(Tatar, 「Hansel and Gretel」 184).

동물조차도 컴퓨터를 통해 만들어진다. 이 경기장의 인위성은 캣니스가 살고 있는 12구역의 경계선 바깥인 숲 속과 대조를 이룬다. 자연과 야생의 공간이어서 컴퓨터 프로그램으로 조작당하지 않는 그곳에서 캣니스는 감시망 밖의 자유로운 세상을 꿈꾼다. 인위성으로 가득 찬 호화로운 도시 캐피톨은 탐욕과 가식, 기만, 사치, 사치스러운 의상과 과도한 화장, 쇼의 세계인 반면, 12구역은 가난, 희생과 공존, 연대, 진실, 자연, 결핍의 세계이다. 캐피톨과 12구역의 극명한 차이는 유토피아를 가장한 이 디스토피아의 모순을 선명하게 전달한다.

12구역 울타리를 몰래 넘어 숲에서 먹을거리를 사냥하는 캣니스의 모습은 통제 권력의 위협에 쉽게 순응하지 않는 그녀의 성품을 보여준다. 게다가 그녀의 사냥은 과도한 노동에 비해 턱없이 부족한 식량을 보충하는 역할을 한다. 반면 캐피톨에서는 너무 많은 음식과 너무 적은 노동이 문제가 된다. 게다가 캐피톨 사람들은 자극적인 오락을 찾고 생중계 쇼를 통해서 즐거움을 얻지만 이 즐거움이 생명을 담보로 한 끔찍한 살육게임으로부터 온다는 것을 생각하지 않는다. 통제 권력은 화려한 쇼와 볼거리를 제공하며 이를 이용하여 목숨을 담보로 한 게임의 잔혹성을 덮어버린다. 보드리야르에 따르면 이 세계에서는 "더 이상 당신이 tv를 보는 것이 아니라, 당신을(당신이 사는 것을) 보는 것은 거꾸로 tv이다. … 더 이상 주체도, 초점도, 중심도, 주변도 없다"(『시뮬라시옹』 70-71). 그들은 인위성에 익숙해진 나머지 가짜와 진짜를 구별하지 못하며 구별할 필요성도 느끼지 못한다. 컴퓨터를 비롯한 문명의 발달이 인간의 삶에 만들어낸 인위적인 설정은 어느 새 자연적인 것을 대체하고 심지어 자연적인 것으로 인식되기 시작한 것이다.

헝거 게임이라는 잔혹한 살육 게임은 축제이자 오락으로 포장되며, 광장에 모인 열두 구역 사람들은 추첨의 순간을 즐기도록 강요받는다.

이렇게 헝거 게임에 참가한 아이들이 서로를 죽이는 장면을 매시간 TV를 통해 생중계로 방영하는 캐피톨의 목표는 분명하다. "너희들이 할 수 있는 것은 아무 것도 없다. 너희가 손가락 하나라도 들어올리면 우리는 너희를 남김없이 파괴할 것이다"(*HG* 18)는 메시지가 TV를 통해 전달된다. 과거의 저항과 그 패배로 겪게 되었던 참혹한 폭력의 역사를 되새김질 하도록 강요하는 헝거 게임은 실제적인 처벌보다 더 공포스러운 처벌이 된다. 푸코(Michel Foucault)에 따르면 "공개 처벌의 소름끼치는 광경이 아니라 처벌당한다는 확신, 그것이야말로 범죄를 단념하게 만드는 것"(9)이다. 헝거 게임에 무작위로 뽑히는 아이들은 처벌의 대상인 범죄자가 아니다. 그럼에도 불구하고 아이들이 과거의 잘못을 멍에처럼 뒤집어쓰고 살상의 게임에 참가한다. 가장 순진하고 더럽혀지지 않은 피가 과거의 잘못을 벌충하고자 제단에 흩뿌려진다. 이것은 일종의 희생제의이다. "희생제의는 도처에 퍼져 있는 분쟁의 씨앗들을 희생물에게로 집중시키고, 분쟁의 씨앗에다 부분적인 만족감을 주어서 방향을 딴 데로 돌려버린다"(19)고 르네 지라르(Rene Girard)는 분석한다. 헝거 게임의 생중계를 소비하는 캐피톨 사람들에게 죽음의 전투는 현실의 모순과 갈등을 망각하게 만드는 일종의 의식이다. 셋째 딸을 야수에게 바치고 목숨을 살리고 부자가 된 아버지, 미래의 아이를 팔아넘기고 여왕이 된 소녀 같은 전래동화 속 인물들과 판엠의 열두 구역에 사는 어른들은 결코 다르지 않다. 그들은 아이들의 목숨을 담보로 자신들의 안위를 살핀다.

실제로 판엠에서는 아이들이 어른들을 먹여 살린다. 궁핍하게 살고 있는 열두 구역에서 어른들이 생산하는 물품들은 그 구역의 경제적 지표와는 아무런 상관이 없다. 구역의 생산물들은 그 지역에서 소비되거나 다른 구역의 물품과 교환되거나 판매될 수 없다. 철저한 분리정책은 사람들의 교류를 차단하고 정보교환을 방해함으로써 통제를 보다 완벽하게 만든다. 각 구역에서 생산된 모든 물품들은 캐피톨로 보내지는데, 실제 생산자들이 자신들의 생산품을 유용하게 쓰지 못하기 때문에 결국 보다 더 쓰라린 가난이 노동의 대가로 주어지는 셈이다. 이런 궁핍한 생활에서 여분의 음식을 얻을 수 있는 방법 중 하나는 헝거 게임의 조공인을 뽑는 추첨통에 아이들의 이름을 집어넣는 것이다.

> 이 시스템은 아이들을 가족의 생존을 위한 대리인으로 만든다. 어른들은 생존을 부양할 수 없지만 아이들은 할 수 있다. 어린시절은 가족과 어른들이 아이들을 잠재적 희생물로 제공하면서 박탈된다. … 생존은 죽음과 긴밀하게 연결되어 있다. 이 경우, 어른의 생존은 어린이의 죽음을 의미한다. 판엠 내 구역들에서 모든 아이들은 어른문화의 위협 아래에서 살고 있다. (Tan 56)

가난하고 굶주린 가족과 어른들을 먹여 살리기 위해 아이들은 자신의 이름이 적힌 추첨표를 실제보다 더 많이 추첨통에 집어넣게 된다. 누적된 추첨표는 추첨의 확률을 더욱 높게 만든다. 아이들은 자신의 목숨을 팔아 부모를 비롯한 가족들의 먹을 것을 마련한다.

헝거 게임의 '헝거'는 당연히 굶주림이다. 스노우는 헝거 게임의 추첨부터 승리자에 대한 보상까지 전 과정을 통해 '빵'에 굶주린 이들을 조롱한다. 그는 빵을 미끼로 아이들의 피를 요구한다. 극도의 굶주림과 가난에 시달리던 조공인들은 캐피톨로 가는 기차를 타는 순간부터 무한히 제공되는 수많은 음식들에 둘러싸이게 된다. 하지만 모든 조공인들에게 제공되는 음식에는 누군가가 흘렸던 피와 그들이 앞으로 흘릴 피의 대가가 각인되어 있다. 그들이 먹는 음식은 스노우가 열두 구역 사람들에게서 강제적으로 거둬들인 것이며 그들이 느끼는 현재의 배부름은 게임이 벌어졌을 때 그들에게 닥칠 견디기 힘든 굶주림을 더욱 비참하게 만들 것이기 때문이다.

열두 구역의 사람들이 '빵'의 굶주림에 시달린다면, 캐피톨은 '빵'으로 가득 차 있다. 플루타르크(Plutarch)는 "캐피톨 사람들이 아는 것이라고는 '판엠 엣 키르켄세스'(Panem et Circenses) 뿐이란다"고 설명한다(*MJ* 260).[3] 캐피톨 사람들이 배가 부를 때까지 먹고 더 이상 먹을 수 없게 되면 일부러 토한 뒤 다시 배부를 때까지 먹기를 반복하거나 텔레비전 쇼에 열광하며 자극적인 흥밋거리를 찾는 것 등은 그들의 무의미한 삶을 여실히 보여준다. "몸이나 마음이 병들었거나 상한 음식 때문이 아니고 … 그냥 재미로"(*CF* 98) 이런 행동을 하는 사람들은 다른 구역의 굶주림에 관심이 없다. 캐피톨 사람들에게 주어지는 지나치게 많은 음식들과 자극적인 오락물들은 그들을 정치적 의식이나 비판적 사고와는 거리가 먼 사람들로 만든다. 물론 이것은 스노우의 정치적 책략이다. 열두 구역에 살고 있는 사람들은 지독한 굶주림과 끔찍하고 지속적인 폭력적 위협 앞에서 스노우에게 감히 대항할 생각을 하지 못한다. 반면 풍족한 음식과 오락거리에 파묻힌 캐피톨 사람들은 생존의 문제를 걱정할 필요가 없기 때문에 자신들의 몸을 통제하는 더 큰 권력을 보려 하지 않는다. "배부른 것과 오락을 위한 대가로 사람들은 자신들의 정치적 책임과 그에 따른 힘을 포기"(*MJ* 260)한 것이다. '빵'과 '서커스' 즉, 음식과 오락은 사람들의 정치적 책임을 저버리게 만든다.

'빵'을 얻기 위해서 열두 구역 사람들이 제공하는 것은 자신들의 '몸'이다. 조공인으로 목숨을 건 게임에 참여해야 할 뿐 아니라 후원자들

---

3 '판엠'(panem)은 라틴어로 '빵'(bread)이라는 뜻이며, '키르켄세스'(circenses)는 '서커스'(circus)라는 의미이다.

로부터 게임의 승리에 필요한 물질적 후원을 얻기 위하여 자신의 신체적, 정신적 능력의 탁월함을 증명해야만 한다. 조공인들의 몸은 인격을 지닌 몸으로서가 아니라 마치 시장에 진열된 상품들처럼 검사받고 등급을 매기는 대상이 된다. 헝거 게임의 추첨이 시작될 때부터 "남성이든 여성이든, 모든 조공인들은 지배적이고 적대적인 응시의 수동적 수용자이자 대상이 된다"(Montz 140). 조공인들을 매력적인 상품으로 만드는 스타일리스트들은 조공인들의 몸에 난 모든 털을 뽑고 피부를 말끔하게 만들며 필요하다면 성형수술을 하기도 한다. "털이 다 뽑힌 채로 화덕에 구워질 준비가 된"(*HG* 61) 상품을 바라보듯이 아이들의 몸을 전시하고 진열하고 감상하며 그들의 속살이 찢기는 것을 즐기는 폭력적 응시 앞에서 아이들은 원하든 원하지 않든 자신들의 몸을 적나라하게 드러냄으로써 상품성을 높이기 위해 애를 쓴다.

캐피톨 사람들은 조공인들의 훈련모습을 지켜보면서 마음에 드는 조공인의 점수를 매기거나 정육점에 내놓을 고기처럼 등급을 매기고 그들에게 적절히 필요한 선물을 '하사'하며 때로는 지루한 경기의 속도감을 높이기 위해 인위적으로 게임 환경을 조작한다. 이런 사람들이 끔찍한 게임에 참가한 조공인들의 신체적, 심리적 고통을 공유할 가능성은 희박하다. 후원자들이 호화로운 식탁 주변에 둘러서서 조공인들의 훈련모습에는 아랑곳하지 않고 넘치게 차려진 음식에만 정신을 쏟으며 환담을 즐기는 모습에 분노한 캣니스는 식탁 위 돼지구이 입에 채워진 사과에 화살을 쏜다(*HG* 101-102). 이 장면은 열두 구역의 운명과 조공자들의 목숨이 달린 잔혹한 게임이 캐피톨 사람들에게는 그저 하나의 오락거리일 뿐이라는 사실을 극명하게 보여준다.

스노우는 사람들의 몸을 이용하여 공포를 현실화한다. 푸코는 권력관계가 신체에 직접적인 영향을 미치며 "신체를 공격하고, 그것에 낙인을 찍고, 훈련시키고, 고통을 주고, 노역을 강제하고, 의식을 강요하고, 그것에 여러 가지 기호를 부여한다"(55)고 설명한다. 스노우는 사람들을 일상적인 굶주림에 몰아넣고 자신들이 생산하는 물품에는 손을 못 대게 함으로써 고통을 가중시킨다. 헝거 게임을 고안하여 아이들을 무작위로 추첨하고 살육의 경기장에 몰아넣으며 그 경기를 실시간으로 생중계함으로써 모든 구역의 사람들에게 공포를 세포 깊숙이 각인시킨다. 헝거 게임에서 죽은 아이들의 시체를 호버크래프트(Hovercraft)로 끌어올리고, 죽은 아이의 얼굴을 영상으로 공중에 띄워주는 것 역시 같은 맥락이다.

만일 이것이 부족하다면 다른 방법이 있다. 시스템에 순종적이지 않은 사람들이나 구역을 떠나 도망치는 사람들을 잡아들인 후 그들의 혀를 잘라 말을 할 수 없는 "무성인"(Avoxes)으로 만들어 노예로 부림으로써 한 개인의 몸 자체가 얼마나 무력하며 그 몸이 권력에 저항할 때 어떻게 파괴되는지를 보여주는 것이다.[4] 신체는 폭력을 각인하고 이미지화한다. 극도로 발달된 기술은 게임의 환경 자체를 현실과 매우 유사하면서도 통제가능하게 만들어준다. 텔레비전 앞에 모여 앉은 사람들은 뇌를 전혀 가동시키지 않은 채로 오락에 빠져, 전달되는 모든 메시지를 무비판적으로 받아들인다. 그들은 자신들의 손가락 아래 타인의 삶이 달려있으며 그 사람이 한 가족과 공동체의 일원이라는 것을 잊어버린다. 그들에게 게임 환경 속의 조공인들은 단지 게임의 아바타이며 재미를 극대화시키는 살아있는 게임 캐릭터일 뿐이다. 혀가 달려있으나 말을 할 줄 모르는 캐피톨 사람들은 '무성인'과 결코 다르지 않다.

4 "Avoxes"는 소리, 혹은 목소리(voice)의 뜻을 가진 라틴어 "vox"에 'not'의 의미인 'a-'가 합성되어있다.

헝거 게임에서 살아남은 승자들의 몸을 후원자들에게 파는 것 역시 통제의 수단이다. 이 세계에서 몸의 주인은 한 개개인이 아니다. 몸은 권력시스템에서 사용되는 도구에 불과하게 된다. 피닉 오데어(Finnick Odair)가 여러 사람을 만나는 바람둥이가 되었던 것은 자신의 의사와 상관없이 스노우의 지시에 의한 것이었다. 피닉은 "스노우 대통령이 나를 … 내 몸을 팔았다"(*MJ* 198)는 충격적인 사실을 밝힌다. 캐피톨의 후원자들과 구경꾼들은 어린 소년소녀인 승리자들이 매력적이라고 여겨지면 그들의 몸을 산다. 아이들의 몸은 인격체가 아니라 돈으로 사고 팔 수 있거나 보상으로 주어질 수 있는 상품에 불과하게 된다. 물론 스노우는 승자들의 몸을 이렇게 다루면서 그의 정치적 입지를 강화시킨다. 몸은 광고와 소비, 지배 이데올로기를 주입하고 강화시키는 수단이 되는 것이다.

캐피톨 사람들의 주요한 관심사는 먹고 마시고 소비하며 오락을 즐기는 데 있으며, 자신들의 몸에 지나치게 많은 관심을 기울인다. 캐피톨은 "희한한 머리를 하고 얼굴에 색칠을 한 채 괴상하게 옷을 입은 사람들"(*HG* 59)로 가득 차 있으며, "옥색 머리에 금색 눈썹 문신을 한"(*HG* 61) 스타일리스트가 있고, "더 젊고 날씬해 보이기 위해서 성형수술을 한다"(*HG* 124). 피부색을 완두콩색이나 밝은 녹색으로 바꾸는 것 역시 "캐피톨의 변덕스러운 패션 트렌드"(*CF* 42)와 관련이 있다. 무서울 정도로 수십 년 동안 똑같이 변하지 않는 얼굴과 희한한 의상, 성형수술과 과도한 문신, 피부색을 바꾸는 것 등 캐피톨 사람들 모두 자신들의 몸에 많은 관심을 기울이는 것처럼 보인다. 그러나 이러한 현상은 실제로 그들이 자신들의 몸에 전혀 관심이 없으며 몸 자체에 얼마나 무지한가를 드러내는 것이다. 자연스러운 것 대신 인위적인 것들이 당연시된다. 삶의 가치는 조작되고 왜곡된다. 정치적 의식이 없는 사람들에게 남은 것은 더 자극적인 것, 더 열광할 수 있는 오락과 소비, 사치와 향락, 타락 뿐이다.

스노우와 캐피톨만 사람들의 몸을 도구화하는 것은 아니다. 반군들 역시 마찬가지인데 스노우가 몸을 도구화하여 폭압적 통치를 위한 위협의 수단으로 사용했다면 반군들은 캣니스의 몸을 이용하여 자신들에게 유리한 정치적 메시지를 전달하려 한다. 스노우에게 보내는 저항의 메시지를 담는 프로포(propo)를 촬영하면서 반군들은 캣니스를 보다 극적인 인물로 만들기 위해 공들여 화장과 의상을 준비한다.[5] 촬영된 화면을 통해 스스로의 모습을 바라보는 캣니스는 화면에 비친 자신의 모습을 보면서 "그녀의 몸집은 나보다 더 커 보이고 더 눈길을 끄는 모습이다. 얼굴은 더러운데 섹시하다. … 난 이 사람이 누구인지 모르겠다"(*MJ* 83)고 말한다. 몸이 전하는 메시지는 과장되고 때로는 왜곡되며 전달자의 의도에 따라 극적으로 만들어질 수도 있다. 만일 몸의 주인이 자신이 아니라 타인이라면 언제든지 몸이 전달하려는 메시지는 타락하게 된다. 헤이미치(Haymitch)의 말대로 "그것은 혁명을 죽이는 방법"(*MJ* 85)이 되기 때문인데, 진정성이 담겨 있지 않으면 몸이 전달하려는 메시지는 어떤 힘도 갖지 못하게 된다. 때로는 "불타는 소녀"(The girl on fire)(*HG* 147)로, 때로는 "정말 그냥 여자아이 … 순진하고 무해한 소녀"(*HG* 355)로, 때로는 "혁명의 상징, 모킹제이"(*MJ* 12)로, 캣니스의 몸은 다양하게 전유되면서 지속적으로 캣니스 자신의 정체성을 규명할 것을 요구한다.

어떤 사물에 특별한 의미를 부여하면 하나의 상징이 되듯이, 이 세

---

5 "propo"는 'propaganda spots'을 말한다. 정치적 메시지나 인터뷰, 광고 등을 방영하기 위해 반군들이 촬영한 영상을 의미한다.

계에서 몸은 저항이 부질없으며 폭력과 통제가 영원히 강력하다는 메시지를 전달하기 위한 효과적인 수단으로 보인다. 하지만 동시에 몸은 저항의 매개, 나아가 그 자체로 하나의 저항이 된다. 캣니스는 자신과 피타의 몸을 전유하여 캐피톨과 스노우에게 저항한다. 캣니스는 여동생 프림로즈(Primrose)를 대신하여 헝거 게임에 자원할 때만 해도 이 살육 게임의 목적이나 스노우의 정치적 책략을 전혀 눈치 채지 못했다. 캣니스에게 당면한 문제는 어머니와 프림, 그녀를 가장 잘 이해하는 친구 게일(Gale)의 안전이었다. 그렇지만 고통스러운 싸움을 통해서 성장하게 된 캣니스는 열두 구역이 겪는 극도의 궁핍과 굶주림의 이면에 무엇이 있는지 깨달아간다. 또한 헝거 게임으로 사람들의 목숨을 위협하고 몸을 농락하는 스노우에 저항하기 위해 역설적이게도 바로 자신과 피타의 몸을 이용할 수 있다는 점을 알게 된다. "승자가 없다면 모든 것이 게임 운영자들의 눈앞에서 사라져버릴 것"(*HG* 344)임을 알게 된 캣니스는 반드시 승자가 있어야 하는 게임의 규칙을 역이용하여 승리자 없는 게임의 결말로 캐피톨 사람들과 스노우를 위협한다. 몸이 단지 물리적인 형태의 만질 수 있는 것에 그치지 않으며 무형의 메시지를 전달하는 상징이 될 수 있다는 것을 깨닫게 된 것이다. 철저한 통제와 절대 권력을 유지하기 위한 뒷받침으로 공포를 각인시키는 도구로 사람들의 몸을 이용하는 스노우에 대항하여, 독딸기를 손에 쥔 "캣니스와 피타는 자신들의 몸이 더 이상 처벌의 장이 아니라는 것을 증명한다"(Tan 63).

캣니스는 나아가 캐피톨이 헝거 게임을 통해서 통제하고 조작하려는 세상에 강력한 경고의 메시지를 보내고자 한다. 자신이 돌보던 어린 소녀 루(Rue)의 참혹한 죽음 앞에서 캣니스는 "캐피톨의 도덕적 자세를 변화시켜야만 하며 그곳 사람들에게 책임을 지워야만 한다"(Gant

93)는 것을 알게 된다. 헝거 게임의 우승자가 된다고 해서 이 부조리한 세계를 끝장낼 수 없으며, 이 한 번의 게임에서 살아나간다고 해도 폭력의 위협은 없어지지 않을 것이고 제2, 제3의 루가 계속 죽어갈 것이라는 걸 깨닫게 되는 것이다.

> 나는 지금 이 순간, 바로 여기에서, 그들을 수치스럽게 할 행동, 그들의 책임을 물을 행동, 캐피톨에게 그들이 우리에게 무엇을 하든, 무엇을 강요하든 그들이 소유할 수 없는 어떤 것이 있다는 것을 보여줄 수 있는 행동을 하고 싶다. 루는 그들의 게임의 말 이상이었다는 것. 나도 그렇다는 것. (*HG* 236-37)

캣니스가 루의 몸을 꽃으로 장식하고 그들을 생중계하는 카메라를 역이용하여 분노와 저항의 메시지를 전달하는 순간, "루의 몸은 캐피톨의 파워를 보여주는 대신, 캐피톨의 야만성을 상징화한다"(Wright 103-4). 헝거 게임의 참가자에 불과했던 캣니스의 몸과 전투의 패배자인 루의 몸은 새로운 의미를 획득한다. 경기 중 살해된 조공인들의 시체는 마치 하나의 사물처럼 후버크래프트로 들어 올려져 판엠 사람들에게 공포를 불러일으키며 전시되었다. 하지만 루의 몸은 캣니스의 전략을 통해 사랑과 애도의 의미를 담고 눈부시게 다시 태어난다. 프림을 대신해 헝거 게임에 자원한 캣니스의 잠재적 죽음 앞에 12구역 사람들이 "감사, 존경, 혹은 사랑하는 사람을 떠나보내는 인사"(*HG* 24)를 하면서 감정적 지지를 보여주었던 것처럼, 이제 캣니스는 자신의 세 손가락을 들어 올려 죽은 루에게 경의를, 11구역을 비롯한 판엠의 모든 잠재적 죽음 앞에 애도를 표한다.

스노우가 캣니스에게 웨딩드레스를 입으라고 한 것 역시 캣니스를 효과적으로 위협하고 그녀의 몸을 정치적으로 이용하려는 목적이었다.

이것은 구역들에서 감지되는 반란을 잠재우지 않으면 사람들을 죽일 수 있다는 협박이자 캣니스가 사랑하는 사람들을 죽이겠다는 협박이다. 그는 다시 시작된 75번째 헝거 게임에서 서로를 죽일 수밖에 없는 비운의 연인들의 비극을 한껏 극대화시킴으로써 헝거 게임의 거역할 수 없는 규칙을 상기시키고 나아가 스노우 자신의 무소불위의 권력을 사람들에게 각인시키고자 한다. 웨딩드레스는 사랑의 결실을 의미하지만 캣니스의 웨딩드레스는 죽음을 염두에 둔 일종의 수의이다. 그런데 캐피톨의 사람들이 생중계 쇼에 등장한 캣니스의 웨딩드레스에 슬픔 어린 탄식을 쏟아내는 순간 백색의 웨딩드레스가 불타올라 검게 변하면서 캣니스를 모킹제이(mockingjay)로 만든다(*CF* 303-4). '불타는 소녀' 캣니스가 자신의 불길을 스노우에 대한 저항의 불길로 옮겨야 한다는 것을 깨닫게 되자, 마침내 "캣니스의 불은 판엠의 희망을 유지시키고 정의로운 사회에 대한 사람들의 갈망에 불을 붙인다"(Olthouse 43). 캣니스는 "우리가 불타면 당신[스노우]도 불타는 거야"(*MJ* 118)라고 외치며 혁명의 상징, 즉 모킹제이로서의 역할을 받아들인다.

Ⅲ. "진짜야 가짜야?"

생존에 가장 기본적인 음식을 놓고 목숨을 건 싸움을 해야 하는 것이 헝거 게임의 가장 큰 목표이다. 먹지 않으면 먹히고 죽이지 않으면 죽게 된다. 먹느냐 먹히느냐는 전통적으로 전래동화의 모티프이다. 잡아먹으려는 늑대는 헝거 게임에 참가한 다른 조공자들이며 동시에 '나'다. 잡아먹으려는 자가 늑대이고 잡아먹히는 자는 '빨간 망토' 같은 희생자인데, '나' 역시 다른 조공자들을 잡아먹어야 살아남기 때문이다.

빵과 오락만이 중요하던 시대에 로마의 원형경기장에 모여든 관중들은 목숨을 걸고 싸우는 검투사들의 피를 즐긴다. 약한 자를 죽이라고 소리 지르고 그 약한 자가 죽어야만 경기를 끝낼 수 있다고 믿는다. 이런 잔인한 게임의 규칙은 헝거 게임에서도 반복된다. 약한 자를 죽이고 살아남는 늑대는 표면상 이 전투 게임의 승자이지만, 실제로 그 역시 타인에 의해 삶과 죽음이 결정되는 이 커다란 규칙을 벗어나지 못한다. 그러므로 실제 늑대는 설정된 환경 속의 살육의 전투를 즐기며 죽음을 명령할 수 있는 관중인데, 나아가 더 강력하고 무시무시한 늑대는 관중과 검투사들의 머리 위에 서 있는 황제이다.

캣니스와 피타의 이야기가 흥미진진한 것은 바로 이런 규칙에 정면으로 대항하기 때문이다. 그들은 서로를 공격하여 죽이는 늑대의 역할을 포기하고 놀랍게도 '협력'하는 길을 택한다. 개별적으로 파편화되어야 할 게임은 협력을 통해 공존의 게임이 되어간다. 가장 강력한 권력을 지니고 모든 것을 통제해야 하는 스노우에게 이런 협력의 태도는 치명적인 위협이 된다. 헝거 게임의 목적은 사람들을 억압하고 철저히 통제하려는 것인데 이를 위해 폭력과 격리만큼 효과적인 것은 없다. 격리는 어떤 식의 의사소통도 불가능하게 만들며 폭력은 굴욕감과 패배감을 안겨주어 사람들을 한없이 수동적으로 만든다. 따라서 통제 권력은 사람들 사이의 연대를 금지시키려 한다. 물론 헝거 게임에서 타인을 보다 쉽게 죽이고 승리자가 되기 위해 전략적 제휴의 가능성은 존재한다. 그런데 캣니스와 피타는 이 전략적 제휴의 근본 목적을 살상이 아니라 공존과 생존에 둔다. 즉 캣니스와 피타는 둘의 공존을 통해 구역 내의 사람들, 나아가 구역 간의 연대를 상징화한다. 두 사람의 연대는 피비린내 나는 이 게임을 흥미진진하게 만들 뿐만 아니라 게임의 목적 자체를 변형시킨다. 죽고 죽이는 살육전이 아니라 그 참혹함

속에서 피어나는 인간애를 보여주는 것이다. 단순한 우정이나 협력을 넘어 누구나 원하는 그 감정인 사랑 말이다.

아이러니하게도 이 사랑은 조작되어 있다. 피타의 짝사랑 고백부터 피타와 캣니스의 비운의 연인 행세, 그리고 가짜 임신으로 스노우와 캐피톨 사람들을 속이는 것에 이르기까지 캣니스는 자신의 감정을 정확하게 알지 못한다. 순간순간 인식하는 사랑의 감정마저도 믿고 싶어 하지 않는 캣니스는 "성적 순진함"(sexual innocence)(Hansen 163)의 상태에 놓여있다. 게다가 피타의 속마음은 정확하게 드러나지 않는다. 일인칭 시점으로 서술되는 이야기 속에서 독자는 손쉽게 캣니스의 마음속을 들여다볼 수 있다고 여긴다. 그러나 이것은 불가능한데 캣니스 자신도 스스로의 마음을 알지 못하기 때문이다. 피타와의 첫 만남에 대한 기억부터 게일에 대한 감정, 게임이 진행될 때 피타와의 관계에서 느끼는 감정은 매순간 변화 속에서 혼란을 겪는다. 마치 우리가 찰나에 아주 많은 생각을 동시에 하는 것처럼 캣니스의 마음 역시 확정적인 어떤 것도 보여주지 않는다.

사람들이 피타와 캣니스의 로맨스에 열광한 것은 살기 위해 다른 사람을 죽여야 하는 이 잔혹한 싸움이 보다 극적이 될 수 있기 때문이다. 게임의 승리자는 단 한 명이어야 하며, 이 때 죽이는 자와 죽는 자가 사랑에 빠진 연인이라면 훨씬 더 비극적이 될 것이다. 게임이 흥미진진해지고 비극의 클라이맥스가 다가올 때, 캣니스는 이 게임의 목표와 규칙의 함정을 꿰뚫어보고 이것을 역으로 이용한다. 이러한 전략이 가능했던 이유는 이 모든 게임 장면이 텔레비전을 통해 생중계되고 있기 때문이다. 즉 캣니스는 단순히 게임의 규칙만을 이해한 것이 아니라 리얼리티 쇼의 속성과 허점을 정확히 간파하기 시작한다. 특히 캣니스가 루의 시체를 꽃으로 장식하는 장면은 그녀가 얼마나 전략적이고 효과적으로 텔레비전 생중계를 이용하고 있는가를 보여준다. 카메라의 피사체에 불과하던 캣니스는 카메라를 이용하여 자신의 메시지를 능동적으로 전달하는 자로 변하는 것이다. 그녀는 이 순간 이후 리얼리티 쇼의 생산자가 된다.

리얼리티 쇼는 참가자의 모든 것을 날것처럼 보여주는 것처럼 광고한다. 진짜 '리얼리티'라는 것을 강조하면서 프로그램을 방영하는 것이다. 이런 리얼리티 쇼에서 드러나는 것은 단순히 참가자의 행동에 그치지 않는다. 참가자의 사생활과 개인적인 감정 역시 개인의 의사와는 상관없이 공개된다. 모든 사적인 부분이 공공 앞에 드러나야만 그것이 리얼리티 쇼라고 생각하는 것이다. 하지만 바로 이것이 함정이다. 리얼리티 쇼의 모든 것은 '있는 그대로'를 '진짜로' 보여주는 것이 아니기 때문이다. 연출자의 의도에 따라서 특정한 상황이 부각되고 과장되거나 혹은 축소되고 심지어 왜곡된다. 참가자의 진실이나 의도와는 상관없이 카메라에 보이는 대로 시청자는 받아들이게 되는데, "더 이상 분리도, 공백도, 부재도 없다. 사람들은 스크린 속으로, 장애물 없는 가상의 이미지 속으로 들어간다"(『토탈 스크린』 200). 게다가 참가자가 의도적으로 진실을 드러내지 않는다면, 카메라는 그 참가자의 외적인 모습과 행동을 따라가기 때문에 참가자에게 속을 수밖에 없다.

캣니스와 피타, 헤이미치, 그리고 시나(Cinna)는 이 사실을 잘 알고 있다. 그들은 이미지를 만들고 상황을 의도적으로 연출하며 이를 통해 리얼리티 쇼가 갖고 있는 한계를 조롱하고 이용한다. 피타가 캣니스에게 품고 있던 오랜 짝사랑을 고백하는 순간 사람들은 다른 어느 참가자보다 캣니스에게 관심을 기울이게 된다. 캣니스가 피타에게 키스를 하는 장면 역시 카메라와 시청자를 의식한 행동이다. 그 순간 그녀에게 가장 중요한 것은 자신의 감정이 아니라 카메라였다. 인위적으로 설정된 환경 속에서 캣니스는 교묘한 편집을 통해 시청자들을 속이는 리얼리티 쇼의 속성을 능동적으로 이용한다. 독성이 있는 딸기를 이용해 게임의 룰을 바꾸고 루의 몸을 전유하여 저항의 메시지를 생중계할 수 있게 된 캣니스는 피타와의 로맨스 역시 자신들에게 유리하게 이용하게 되며 "정보와 미디어를 사용하고 해석하는 데 능숙해지면서, 살아남을 뿐만 아니라 게임 운영자를 속여 넘기고 캐피톨의 힘을 손상시키며 혁명의 불꽃을 일으킨다"(Latham and Hollister 34).

현실과 가상 현실, 현실과 게임의 혼재는 곧 진짜와 가짜 사이의 구분을 불명확하게 만든다. 가짜 감정으로 상황을 유리하게 이끌며 독딸기를 가짜로 입에 넣는 상황을 만들어내어 상황을 역전시키는 캣니스와 떼어낼 수 없는 이미지가 모킹제이이다. 모킹제이는 모킹버드(mockingbird)와 재버제이(Jabberjay)의 이종교배(crossbreeding)로 만들어진 새인데, 사람들을 감시하고 캐피톨에 알리는 일을 하는 재버제이와는 다른 형태로 변형되면서 이 이종의 '진짜가 아닌' 새, 가짜 새는 오히려 전위, 전복, 혁명의 이미지로 거듭난다. 즉 이 작품에서 모든 가짜는 진짜로부터 파생되지만, 결코 진짜에 종속되지 않으며, 오히려 진짜를 넘어선다. 가짜 로맨스와 가짜 이야기로 상황을 반전시키며, 희망과 혁명의 기운을 전달하는 캣니스의 상징이 모킹제이인 것은 결코 우연이 아니다. 원본과 이미지 사이의 구분이 무의미해질 때 이미지는 더욱 강력한 힘을 발휘할 수 있다. 원본인 재버제이보다 그 모방의 이미지인 모킹제이가 더욱 강력한 파급력을 갖게 된다.

캣니스가 헝거 게임에서의 승리와 생존을 우선순위로 두고 있다면, 피타는 전혀 다른 목표를 갖고 있다. 그는 헝거 게임의 조공자로 선택된 이후 사랑하는 캣니스를 살리기 위해 치밀하고도 섬세한 계획을 진행하는데, 피타의 전략 역시 텔레비전 생중계 프로그램을 이용하는 것이다. 헝거 게임의 참가자들을 화려한 화장과 매혹적인 의상으로 꾸미는 것은 아이들의 성적 매력을 극대화시켜 후원자들로부터 더 많은 후원을 받기 위한 것이다. 후원을 받기 위해서 캣니스 역시 다른 참가자들처럼 갈망의 대상이 되어야 한다. 조공인들의 삶과 인격에 대해 전혀 고려하지 않고 그들이 지닌 신체적 능력만을 평가하는 무심한 폭력적 응시 속에서 캣니스 역시 벗어날 수 없다. 그런데 피타는 캐피톨 사람들 앞에서 진행되는 텔레비전 생중계 인터뷰에서 그녀를 자신의 사랑으로 공표함으로써 이런 응시의 대상, 성적 갈망의 대상에서 제외시킨다. 그는 캣니스를 갖고자 하는 모든 사람들의 갈망을 극대화시키면서 동시에 결코 가질 수 없도록 만든다.

게다가 그는 캣니스가 보지 못하는 판엠의 부조리한 진실, 캐피톨의 사악한 욕망을 꿰뚫고 있다.

> "난 내가 타락하지 않기를 간절히 바래. 그리고, …" 피타가 머뭇거린다.
> "그리고 뭐?" 내가 묻는다.
> "뭐라고 말해야 할지 잘 모르겠어. 다만 … 난 내 자신으로 죽고 싶을 뿐이야. 이게 말이 되나?" 그가 묻는다. 나는 머리를 젓는다. 어떻게 자신이 아닌 다른 사람으로 죽을 수 있단 말인가? "난 경기장에서 그들이 나를 변하게 만들도록 두지 않을 거야. 내가 아닌 괴물 같은 것으로 변하게 만드는 거를 원하지 않아." (*HG* 141)

"내 자신으로 죽고 싶을 뿐"이라고 말하는 피타는 스노우가 헝거 게임을 만든 이유와 이 게임으로 판엠의 사람들이 겪는 고통을 명백하게 인식하고 있다. '불타는 소녀'라 불리는 캣니스는 저항의 불씨가 될 힘을 자신이 지니고 있다는 것을 깨닫지 못하지만, 피타는 한 개인으로서 자신이 할 수 있는 최소한의 저항을 알고 있다. 그것은 "캐피톨에게 그들이 나를 소유하지 못한다는 것을 보여주는" 것이며, "게임의 말(piece) 이상이라는 것"을 보여주는 것이다(*HG* 142).

캣니스와 피타의 협력과 연대, 나아가 스노우에 대한 저항적 면모는 그들이 전통적이거나 고정적인 역할의 문제에 사로잡혀 있지 않기 때문에 더욱 강력한 파급력을 보여준다. 빵을 만드는 소년 피타는 그림을 그려 자신의 의지를 표명하며 이를 저항의 수단으로 삼고 사냥을 해 본적이 없다는 점에서 전통적인 남성의 역할에 어울리지 않아 보인다. 하지만 동시에 피타는 직관적이며 전략적이고 냉철한 판단력을 지니고 있다. 게다가 신체적인 전투능력에서도 결코 다른 조공인들에게 뒤지지 않으며 캣니스를 살리기 위해 치밀한 계획을 실행에 옮기는 결단력도 겸비하고 있다. 이런 점에서 "피타는 매우 바람직한 남성적 여성적 특성을 지닌 양성적인 조합의 존재에 가장 가깝고"(Miller 154), 그는 "주어진 젠더를 궁극적으로 뛰어넘어 새로운 사람(someone new)으로 성장하는 역동적인 인물이다"(Henthorne 57). 반면 캣니스는 활을 이용해 사냥을 하고 죽은 아버지와 무력한 어머니를 대신해 가족을 돌본다. 민첩한 신체와 빠른 판단력을 지닌 캣니스가 피타에게 "내가 죽일 테니[사냥할 테니] 네가 요리해"(*HG* 295)라고 말할 때, 그녀 역시 전통적인 여성의 역할과 거리가 멀어 보인다. 그러면서도 프림에 대한 헌신, 루와 같은 약자에 대한 애정, 상처 입은 피타에 대한 정성 등은 그녀의 또 다른 성품을 보여준다. 렘(Ellyn Lem)과 해슬(Holly Hassel)은 "피타는 캣니스에게 그들이 하고 있는 행동 이면의 보다 높은 도덕적 목적, 정의로운 과정을 끊임없이 부과하는 유일한 인물이다. 그렇지만 캣니스의 재간(ingenuity), 영리함, 민첩함과 전략적 사고가 결국 그들의 목숨을 구한다"(124)고 설명한다. 니콜라예바(Maria Nikolajeva)가 말하듯이 "피상적인 여성적 특질들이 여성 정체성을 만들어내는 것이 아니다"(153). 다시 말해서, 피타와 캣니스의 성 역할은 "상대적인 위치를 바꾸는 유동성"(Mitchell 133)을 지니고 있는데, 전통적인 남성/여성의 특성에서 벗어나 고통스러운 게임의 과정을 통해 고정된 성 역할의 한계를 뛰어넘으며 확장된다.

캣니스와 피타가 겪는 감정적 혼란의 일부분은 리얼리티 쇼의 특성에서 비롯된 것이다. 캐피톨 사람들이 게임 속 장면의 살육을 현실적이라고 여기지 않는 것과 달리, 가상의 게임 공간에 들어가 목숨을 건 싸움을 하는 조공인들은 자신들이 발을 디디고 있는 게임 공간의 비현실이 곧 현실이라는 것을 안다. 컴퓨터로 만들어진 가상의 세계는 이 게임에 참여하고 있는 조공인들의 목숨을 실제로 위협한다. 목숨을 위협하는 독가스 안개나 사람을 물어 죽이는 뮤테이션(mutation) 등은 분명 컴퓨터로 조작된 가상의 것들이지만, 게임 공간에 들어가 있는 조공인들에게는 현실인 것이다. 만들어지고 조종당하며 완벽히 노출된 리얼리티 쇼에서 살아남는 방법은 이 리얼리티로 보이는 '가짜' 리얼리티를 깨뜨리는 수밖에 없다.

'가짜' 리얼리티를 깨뜨리는 방법은 수동적 피사체로 남지 않는 것이다. 독성이 있는 딸기를 들고 거래를 하거나, 루의 몸을 전유하여 메시지를 전달하고, 비운의 연인들'처럼' 행동하여 리얼리티 쇼의 시청자들을 조롱하던 캣니스와 피타는 보다 적극적으로 '가짜'를 부수기 위해 노력한다. 캣니스는 컴퓨터로 조작된 게임 공간의 틈새를 발견하고 화살을 날려 그 공간을 폭발시킨다(*CF* 457). 나아가 반군들을 조직하여 이 폭압적 권력과 맞서 싸운다. 이 전투야말로 빵과 자유에 대한 '굶주림(헝거)'을 해결하는 근본적인 방법이다. "누가 너의 적인지 잘 판단하라"(*CF* 314)는 헤이미치의 충고는 매우 유용한 것이다. 명백한 적인 스노우뿐 아니라 저항군의 수장인 코인(Coin) 역시 권력을 탐하며 폭력에 굶주린 적이었기 때문이다. 스노우가 조공인들의 게임과 죽음을 텔레비전을 통해 생중계했던 것처럼, 코인 역시 캣니스의 이미지를 이용하여 반군의 힘을 모은 뒤 권력을 차지할 욕망을 지니고 있었다.

리얼리티 쇼의 주인공인 캣니스가 역으로 이 쇼를 이용하면서 발생하는 문제는 캣니스 자신의 감정적 혼란과 관련되어 있다. 비운의 연인들'처럼' 행동할 때 캣니스는 자신의 '진짜' 감정이 무엇인지 생각할 여유가 없었다. 치명적인 상처를 입은 피타를 돌보면서 피타에게 매혹당하며 사랑을 느끼지만 캣니스는 이를 인정하는 대신 회피하려 든다. 반면 어린 시절부터 캣니스를 사랑했으며 그녀를 위해 자신의 모든 것을 기꺼이 내놓으려 하는 피타에게는 캐피톨의 카메라 앞의 연인 행세가 진심이었다. 캣니스가 피타에 대한 자신의 감정이 '진짜'라는 것을 깨닫게 될 때, 비극적이게도 스노우에게 잡혀간 피타의 기억은 지워지고 조작된다. 피타에게는 스노우에게 유리한 가짜 기억이 심어진다. 그는 헝거 게임 속 살인동물이었던 뮤테이션과 같은 상태가 된다. 계속된 고문과 세뇌 속에서 피타는 진실을 놓치지 않기 위해 분투하지만 결국 조작된 가짜 기억에 굴복한다. 그는 가짜 기억의 조작된 현실, 실제로는 가짜인 비현실을 진짜로 여기게 된다. 마지막 전투에서 구출된 뒤에도 피타는 조작되어 주입된 기억과 진짜 기억을 구분하지 못한다. 피타는 반복적인 치료와 수없는 "진짜야 가짜야?"(Real or Not Real) (*MJ* 317)라는 질문을 통해서 가짜 기억에는 "지나치게 강렬하거나 이미지가 불안정하다"(*MJ* 352)는 특성이 있다는 것과 진짜의 진짜 같음 대신 가짜에는 가짜 같은 "반짝이는 것"(*MJ* 352)이 숨겨져 있다는 것을 깨닫게 된다. 진짜 기억은 파괴되고 왜곡된 기억만이 그의 신체와 정신을 지배한다. 피타는 전쟁이 아니라 사랑을 원하고 자신의 존재를 온전히 자신으로 남겨놓기를 원했으며 단순히 게임의 "말"이 되는 것을 원하지 않았다. 하지만 그는 주입된 가상의 기억과 실제의 현실 사이에서 끊임없이 혼란을 겪는다. 억압과 통제, 폭력적 정권의 기만성을 잘 알고 있었던 주체적이었던 피타는 역설적이게도 조작된 기억과 왜곡된 이미지에 집어삼켜지며 자신을 잃어버린다.

Ⅳ. 나가기

마침내 캣니스는 스노우와 코인이 지배하던 폭력과 학살의 시대를 끝내고 평화로운 일상으로 복귀하는 듯 보인다. 더 이상 감시 카메라와 울타리는 없으며 죽음을 생중계하면서 이를 축제처럼 즐기는 리얼리티 쇼도 없다. 12구역으로 돌아온 캣니스는 오랜 친구인 게일 대신 피타와 함께 사는 삶을 선택한다. 어린 시절 "희망을 주었던 빵과 내가 운이 다한 게 아니라는 것을 알려주었던 민들레"(*HG* 32)가 다름 아닌 피타라는 것을 마음속 깊이 알고 있었기 때문이다.

> 살아남기 위해 나에게 필요한 것은 분노와 증오로 타오르는 게일의 불이 아니다. 나는 이미 불을 많이 가지고 있다. 내가 필요한 것은 봄의 민들레이다. 파괴가 아니라 부활을 의미하는 밝은 노란색. 우리가 참혹하게 많은 것을 잃었다고 하더라도 삶이 계속되리라는 약속. 삶이 다시 나아지리라는 약속. 피타만이 나에게 그 약속을 줄 수 있다. (*MJ* 453)

통치자 스노우는 엄혹한 겨울을 의미하며 이 겨울을 녹인 사람이 '불타는 소녀' 캣니스라면 봄의 민들레를 피워낸 사람은 "빵을 든 소년"(*HG* 31) 피타이다. 어릴 때부터 빵을 굽고 우승상금의 일부를 헐벗고 굶주린 11구역 사람들을 위해 기꺼이 내놓았던 피타는 심신이 피폐

했을 때에도 아름다운 웨딩 케익을 만들며 12구역의 황폐해진 땅에 달맞이꽃(primrose)(*MJ* 447)을 심는다. 절망 속에서 다시 일어설 수 있다는 희망을 보여주는 인물인 피타는 캣니스와 주변 사람들의 육체적 정신적 굶주림을 채우며 "교양과 공동체의 상징"(Despain 71)이 된다.

선과 악, 정의와 불의, 자유와 억압, 평화와 폭력 사이의 치열한 전투 속에서 가족구성원은 죽거나 해체되고 흩어지지만, 삶은 전쟁의 상흔이 남긴 잿더미 위에서 계속된다. 살아남은 사람들은 자신들의 현실과 비현실의 경계를 묻고 또 물으며 이 처연한 생존의 상황을 견디기 위해 노력한다. 캣니스가 사라졌던 노래를 다시 부르고 중단되었던 책을 만들어 완성시키려 노력하는 것이나 피타가 달맞이꽃을 심으면서 프림로즈를 기억하려고 하는 것은 스노우가 조작하고 파괴했던 역사가 많은 이들의 죽음과 희생, 고통과 눈물을 거쳐 정화되어 개개인의 일상의 삶과 기억, 그리고 기록 속에서 제자리를 잡아갈 것에 대한 희망적 암시이다.

그럼에도 불구하고 이 결말은 전래동화식의 "모두 다 행복하게 살았습니다"와는 매우 다르다. "폐허가 되어버린 곳을 평화로워 보이는 공간으로 바꾸어도 여전히 죽은 자들에 대한 기억이 깊이 파묻혀 있는 곳"(이수진 298)인데, "음울하고 현실적이며, 사람들이 상상하는 소원성취(wish fulfillment)와는 거리가 먼"(Wilson viii) 결말인 것이다. "놀고 있는 곳이 무덤 위인 줄 모르는 아이들"(*MJ* 455)에 대한 언급은 아이들이 밟고 선 땅의 피와 폭력의 기억이 그림자처럼 들러붙어있으며 캣니스와 피타의 고통스런 기억이 결코 치유되지 않는다는 것을 보여준다. 캣니스는 여전히 악몽을 꾸다가 비명을 지르며 깨어나고, 전쟁은 끝났지만 조작된 기억에서 완전히 회복되지 못한 피타는 여전히 "진짜야 가짜야?"를 묻는다. 진실과 거짓 사이에서 끊임없이 "진짜야 가짜야?"라고 묻는 피타의 말은 우리가 살고 있는 현실과 그 현실을 바탕으로 만들어진 가상현실, 우리가 알고 있는 진실과 진실처럼 가장한 거짓, 텔레비전의 리얼리티 쇼처럼 '리얼리티'로 보이지만 실제로는 '쇼'인 왜곡과 조작의 산물들에 대해 독자들에게 던지는 질문이다. 세상에 결코 확정적인 것은 없으며 어느 것도 확실하지 않기 때문에 끊임없는 의심과 질문 속에서 답을 구해야 하고 나아가 미래도 결코 전래동화처럼 해피엔딩이 아니리라는 점을 음울하고 명백하게 전달하고 있는 것이다.

더 이상 현실과 가상현실의 구분은 의미가 없어진다. 데이(Helen Day)가 밝히듯이 "헝거 게임 삼부작에서, 이미지는 모든 사람에 의해서 조작되고 진짜를 가장하기 위해 사용되고, 진짜를 강탈하고, 진짜를 밝히고, 마침내 진짜가 된다"(177). 게임 공간이 만들어낸 가상의 현실은 가상이 아니라 그들에게 실제의 위협을 가하는 현실이었으며, 그 게임공간이 캣니스의 화살로 부서졌다고 하더라도 가상의 공간에서 겪은 상처와 전투, 고통과 죽음은 그들의 정신과 피부에 고스란히 각인된다. 따라서 "진짜야 가짜야"라는 질문은 끊임없이 계속될 수밖에 없다. 캣니스와 피타, 그리고 우리는 가상이 가상을 넘어 현실성을 획득한 시대, 이미지가 현실을 집어삼킨 시대, 더 이상 원본이 중요하지 않은 시대를 살고 있기 때문이다.

이 글은 『현대영미소설』 22권 3호(2015)에 「『헝거 게임』 속 몸의 전유와 리얼리티 쇼의 정치 전략: "진짜야 가짜야?"」라는 제목으로 실린 논문이며, 오류 및 문장을 수정하였다.

이질의 문화에서 뿌리 내리기-디아스포라

『천국으로부터 한 걸음』, 『미국출생 중국인』

Ⅰ. 들어가기

어른과 기존 시스템이 만들어 낸 권위의 굴레 속에서 아동은 보이지 않는 감옥에 속박된 존재이다. 천진난만한 어린시절의 틀 안에 아동을 가두려는 어른들의 태도에 대해 언급하면서 노들만(Perry Nodelman)은 "우리는[어른들은] 아이들 스스로 말할 능력이 없다고 확실히 믿는다"(29)고 설명한다. 맥길리스(Roderick McGillis) 역시 "어린이는 식민화된 주체이다. 어른들은 식민자이다"고 분석하고 있다(xxviii). 만일 아동이 소녀라면, 이 소녀는 권위와 여성이라는 이중의 굴레를 쓰게 된다. 이 아동이 이민의 상황에 놓인다면, 그에게는 한 겹의 굴레가 더 부가된다. 디아스포라 아동문학은 아시아에서 태어났거나 아시아인 부모를 지닌 아동들을 주인공으로 하여 그들의 뿌리가 있는 고국과 현재 살고 있는 미국, 두 나라의 경계선에서 심리적 갈등을 겪는 모습을 그린다. 보텔호(Maria Jose Botelho)와 러드만(Masha Kabakow Rudman)에 의하면 "아동문학에 대한 비평적 다문화분석은 모든 문학이 역사적 문화적 산물이라는 것을 인식하고 텍스트와 이미지, 나아가 사회에서 계급과 인종, 젠더의 권력관계가 어떻게 작동하는가를 밝힌다"(1). 문학작품이란 역사적, 사회적, 문화적 산물이며, 작품 속 인물들을 둘러싼 역사와 문화, 사회와 정치, 환경과 관계의 문제가 그 인물이 대면하는 특정한 상황을 만들어내는 것이다.

미국으로 이주한 아시아계 민족들의 지난한 삶의 흔적과 고통은 양질의 문학작품을 통해 생생하게 그려져 왔다. 정체성의 문제, 언어의 문제, 국적의 문제, 세대 간의 갈등 등이 이창래(Lee Chang-rae)의 『네이티브 스피커』(*Native Speaker*)를 비롯한 많은 작품들에서 탐색되었다. 대체적으로 가족이 함께 이민을 선택한다는 점에서, 어른들의 삶이 힘들고 고통스러운 만큼 그 가족 내 어린 구성원들의 삶 역시 힘들었을 것이다. 익숙하지 않은 문화와 낯선 언어, 친절하지 않은 주변 환경을 이겨내야만 하는 이 어린 구성원들은 어른들보다 훨씬 연약하고 예민하여 상처받기 쉽다. 게다가 어른들로부터 보호받고 보살핌을 받아야 할 나이에 오히려 어른들을 돌보고 그들의 삶에 깊숙이 관여해야만 하는 상황들 속에 빈번히 놓이게 된다. 수키 킴(Suki Kim)의 『통역사』(*The Interpreter*)에서도 영어가 서툰 부모를 대신하여 통역을 해야만 하는 어린 딸의 당혹함이 생생하게 그려진다.

미국의 1980년대는 다양한 국적의 이민자들이 폭발적으로 증가한 시기이며, 이 즈음에 라틴계나 중국계 청소년들을 다룬 작품들이 등장하게 된다. 이민의 문제를 청소년의 시각으로 그려낸 로자 가이(Rosa Guy)의 『친구들』(*The Friends*), 로렌스 옙(Lawrence Yep)의 『용의 날개』(*Dragonwings*)는 각각 서인도제도와 중국에서 미국으로 이주한 가족의 이야기와 그들이 겪는 문제를 매우 사실적으로 그려낸 초기 작품들이다. 한국계 미국인을 그린 작품들 역시 1980년대를 전후하여 등장하기 시작하였는데, 초기작들은 대체적으로 미국 문화에 어떻게 성공적으로 안착하는가를 다루고 있으며, 이후 미국사회의 모순 때문에 갈등을 겪는 다양한 주인공들이 등장하게 된다.

미국의 다문화정책은 이민자들을 포용하기 위한 정책이었으나, 실제로는 인종간의 차별을 없애거나 약화시키지 못했으며, 이민자들은 아메리칸 드림(American Dream)이라는 왜곡된 허상에 좌절하게 된다. 미국으로 이주한 이민세대들은 이주를 했든 그곳에서 태어났든 간에 '완벽한 미국인'이 되기 어렵다. 미국은 『보이지 않는 인간』(*Invisible Man*)에서 화자인 '나'(I)가 경험했듯이 "광학적 백색"(Optic White)(217)을 지향하는 나라이자 온전히 백인을 위한 나라이기 때문이다. 기성세대와 권력자들에 의해서, 그리고 미국을 기회와 평등의 땅이라는 낡은 프레임으로 아름답게 미화하는 사람들에 의해서, 미국은 여전히 못다 한 꿈을 이루어 줄 수 있는 나라로 포장된다. 그러나 이 포장된 백인의 나라는 이민자들과 그 자녀들이 허상을 직시해야 하는, 인종과 국적, 계급, 부와 젠더의 문제가 뒤얽혀 있는 모순의 공간일 뿐이다.

자발적인 선택으로 이주한 사람들뿐만 아니라, 전쟁이나 가난, 혹은 친부모에 의해서 버려져 타국으로 입양된 아이들을 비롯하여 유학생, 국제결혼 등으로 미국에는 수많은 이민자들이 모여 나름대로의 꿈을 꾼다. 그런데 이민자나 유색인종에게는 이 꿈을 성취하고 현실화하는 것이 몹시 어려운 환상일 수 있다. 이것을 깨닫는 순간, 아시아인들이 선택할 수 있는 길은 두 가지이다. 냉혹한 현실에 좌절하여 스스로를 망가뜨리면서 모든 것을 다 잃은 채 고국으로 되돌아가거나, 인종적, 계급적 차별 등을 무릅쓰고라도 그 틀 안에서 생존의 기술을 배워가는 것이다. 미국이라는 거대한 시스템에 편입되기를 원하는 이민자들은 불합리하거나 부도덕한 일, 정의롭지 않은 일들을 숱하게 겪으면서도 미국이 만들어놓은 법과 규칙의 틀 안에서 어떻게든 미국사회의 구성원이 되기를 원한다.

이 연구에서는 디아스포라를 경험하는 이민자들의 삶, 특히 아동과 청소년의 삶에 주목한다. 고국을 떠나는 이민의 결정은 자의에 의한 것이든 아니든 간에 어른들에게는 하나의 선택이었을 테지만, 어린 아이들은 이런 선택에 참여할 수 없으며 어른이 내리는 결정을 받아들여야만 한다. 문제는 심리적 충격이 한순간에 끝나지 않으며, 새로운 땅에서 사는 동안 내내 다른 형태로 변형되어 나타나는 충격들을 겪어야 한다는 것이다. 이질적인 문화에서 오는 문화적 충격과 서로 다른 언어에서 오는 언어적 충격, 가정 내의 불안정함에서 비롯되는 심리적 충격 등이 그 예일 것이다. 이를 살펴보기 위해 한국계 미국작가 안 나(An Na)의 『천국으로부터 한 걸음』(*A Step from Heaven*)과 중국계 미국작가 진 루엔 양(Gene Luen Yang)의 『미국출생 중국인』(*American Born Chinese*) 등 두 편을 심층적으로 분석한다.[1] 문화 충돌로 빚어지는 이질적인 경험들에 대한 반응과 미국 내 소수인종으로서의 고뇌, 십대가 겪는 정체성의 문제 등을 탐구할 것이다.

Ⅱ. 이질의 문화에서 뿌리 내리기

많은 사람들이 문화를 공유하거나 동일한 민족성이 기반을 이루는 삶의 터전을 떠나 낯설고 새로운 공간으로 이주하면서 살고 있다. 이산과 이민을 의미하는 디아스포라에 대해 장윤수는 다음과 같이 설명한다.

1 이 글에서 다루는 두 편의 작품을 칭하거나 원문을 인용할 때는 각각 『천국』(*Heaven*)과 『중국인』(*Chinese*)라는 약어를 사용한다.

> 정체성 및 문화와 밀접한 관련을 맺고 있으며, 다른 한편으로는 혼종성의 의미를 갖기도 한다. 특히 전 지구적인 탈영토화 과정, 국적을 초월한 이주와 문화적 혼종성을 의미한다. 그리고 디아스포라는 이제 문화적 혼종성 때문만이 아니라 다양한 이유들로 인하여 타자의 범주에 속하게 된 개인들까지도 포괄적으로 지칭하는 용어이자 정치적 경제적 환경의 변화와 맞물려 불안, 소외, 초월 등의 특징을 아우르는 메타포가 되었다. (50-51)

자의나 타의에 의해서 태어난 땅을 떠난 사람들은 낯선 장소에 머물러야만 하고, 본래 그 장소에 거주하는 사람들의 삶이나 문화와 쉽게 섞이지 못하는 이질적인 존재로 대상화되며, 잘 알지 못하는 언어를 사용해야 하고, 생존하기 위해 그 공동체에 섞여야 하며, 동시에 자신이 떠나온 곳, 자신의 언어, 자신의 문화를 잊지 않기 위해 고군분투해야만 한다. 이것이 유목민의 시대, 디아스포라의 상황에 놓인 사람들이 당면한 문제들이다. 전쟁이나 입양, 취업, 유학, 혹은 여행 등의 다양한 이유에 의해 일시적이거나 영구적으로 모든 사회에는 '떠나온 자'들이 존재한다. 이 '떠나온 자'들은 정착하고자 하는 장소에서 필연적으로 자신들과 이 낯선 땅 사이의 깊은 간극에 직면하게 된다. 이 간극은 단시간 내에 메워버릴 수 있는 종류의 것이 아니다.

사회의 가장 기본적인 구성단위인 가정과 사회의 건전한 구성원을 길러내기 위해 기본소양을 가르치는 학교는 아동과 청소년들을 돌보고 성장시키는 중요한 역할을 담당한다. 그런데 과연 가정과 학교에서 백인이 아닌 아시아인, 본래의 거주민이 아닌 이민자가 백인과 같은 대우를 받고 평등한 권리를 누리는가를 묻지 않을 수 없다. 이영애는 미국 다문화정책의 모순에 대해서 "미국은 아메리칸 드림으로 포장된 이미지를 고수하기 위해 소수민족의 문화와 정체성을 인정하는 관대한 정책을 펴고 있으나 현실적으로 자국의 안전과 백인 주류 사회에 위험이 되지 않는 범주라는 보이지 않는 한계를 정해두고 있다"(199)고 설명한다. 이민사회에서 아시아계 미국인이 되기 위한 분투, 영주권을 얻기 위한 노력은 고국에서의 모든 것을 포기하고 가장 밑바닥부터 시작된다. 철저하게 자본에 종속되고 차별에 익숙해지면서 이민자들은 '자신'을 잃어버린다. 개인의 정체성과 민족적 정체성은 일찌감치 사라지고 그 자리에는 오로지 아메리칸 드림이라는 허상이 들어선다. 낯선 문화 속에서 던져진 아동들과 청소년들은 이런 어른들을 바라보면서 자신의 정체성과 적응방법을 스스로 깨달아야만 하는 것이다.

1. 『천국으로부터 한 걸음』

안 나의 『천국으로부터 한 걸음』은 미국으로 이주하게 된 가정 내의 불안과 폭력, 정체성의 문제들을 영주(Young Ju)의 성장과 더불어 세밀하고 사실적으로 그려낸 작품이다. 린다 수 박(Linda Sue Park)의 『사금파리 한 조각』(*A Single Shard*)을 비롯하여 한국계 미국인 작가들의 아동청소년 문학작품이 국내외에서 호평을 받은 예는 여러 번 있으나, 특히 안 나의 작품은 한국의 전통문화나 옛이야기를 소개하는 등의 과거 지향적 이야기이거나, 막연한 기대와 희망을 품게 하는 해피엔딩의 이야기를 그리는 것이 아니라, 우리가 살고 있는 현재, 이 장소에서 일어나고 있으며 일어날 수 있는 지극히 사실적인 내용을 다루고 있다는 강점을 지닌다.

이 작품은 호칭이나 명사 등을 영어식으로 표기하지 않고 한국어 발음대로 사용함으로써 독자로 하여금 언어의 이질성을 느끼게 만들어 준다. '아빠'(Apa), '엄마' (Uhmma), '미국'(Mi Gook)과 같은 단어들뿐만 아니라 한국적인 사고방식과 행동을 강요하는 아빠의 말에서도 한국어가 영어로 그대로 표기되기도 한다. 영주가 비행기에서 부르는 '산토끼' 노래 가사는 "San toki. Toki ya. Uh dee ru ga nun yah. Ghang choung. Ghang choung dee men su. Uh dee ru ga nun yah"(*Heaven* 23)로, 한국어를 영어로 표기한 것이다. 이런 전략은 단지 언어의 이질성을 느끼게 하는 것을 넘어서서 문화적, 민족적 장벽을 독자들에게 효과적으로 전달한다. 영어 속에 들어가 있는 낯선 한국어들은 이 가족이 놓인 상황, 나아가 이민자들이 놓인 섞일 수 없는 이질적인 상황을 부가적인 설명 없이도 재현한다. 또한 이 작품을 영어로 읽는 외국독자들은 사전에서조차 의미를 알려주지 않는 이 낯선 단어들을 통해 낯섦과 소통의 부재, 이질성을 느끼게 된다.

단절된 의사소통의 문제는 그 언어를 사용하는 사람에게 영향을 미친다. 언어가 통하지 않는 낯선 곳에서는 이름조차 '영주'가 아닌 '영'으로 바꿔야만 한다. 영어를 알아듣지 못하는 영주에게 파편화된 영어는 문장이 아니라 단절된 소리에 불과하다. "마녀"(*Heaven* 29)처럼 생긴 선생님은 영주가 알아듣지 못하는 말을 한다. 영주가 듣는 말들은 한국어처럼 음절로 분화되어 들리는데, 영주에게는 "안녕"(How are you)이나 "이리 오렴"(come over here) 같은 간단한 말이 "Ho ha do," "ca mo ve he"(*Heaven* 29)처럼 의미를 파악할 수 없는 소리일 뿐이다. 한마디도 알아듣지 못하는 영주는 선생님의 몸짓 설명을 마치 유아인 것처럼 따라하며 해석하려 애를 쓴다. 모국어가 아닌 낯선 언어 앞에서, 모국어 환경에서 형성된 실제의 지적 수준이나 사고의 깊이는 아무런 영향력을 발휘할 수 없다. 한국어와 다른 어순을 지닌 영어는 입 밖으로 나오는 순간 "엄마가 만들어주던 스파게티처럼 뒤엉켜버린"(*Heaven* 41) 뒤죽박죽의 표현이 되어 그녀를 괴롭힌다.

이 작품의 제목인 "천국으로부터 한 걸음"은 미국에 대한 이민자들의 환상을 매우 극명하게 보여준다. 영주는 어른들이 미국에 대해 갖는 막연한 기대를 보며 "미국은 천국(heaven)이 틀림없다"(*Heaven* 13)고 생각한다. 가난과 무능력이 고등교육을 받지 못한 탓이라고 생각하는 아빠는 "도시에 있는 중요한 학교를 다니지 않더라도 돈을 많이 벌 수 있다"(*Heaven* 11)고 믿고, 팍팍한 일상에 지친 엄마는 미국에서는 "인형처럼 예쁘게"(*Heaven* 11) 살 수 있을 것이라고 기대한다. 미국을 대단한 기회의 땅으로 생각하는 한국 사람들은 한국에서 결코 얻을 수 없는 것들을 미국에서 성취할 수 있다고 믿는 것이다. 미국인 고모부 팀(Tim) 역시 미국이 천국만큼 좋은 곳이라면서 "천국으로부터 한 걸음 떨어져 있는 곳이야"(*Heaven* 26)라고 말한다. 백인인 고모부에게 미국은 평등한 기회를 제공하는 약속의 땅일 수 있다. 그러나 이민자들에게 이 낯선 땅에서의 삶이 모든 기회를 제공할 것이라는 기대는 허상이다. 미국인들이 누구나 마신다는 코카콜라의 첫인상이야말로 이민자들의 현실일지 모른다. 고모가 "미국에서는 누구나 코카콜라를 좋아한다"(*Heaven* 26)면서 건넨 컵에는 "더러운 검은 물"(*Heaven* 26)이 담겨 있다. "작은 물고기 가시를 삼킨 것처럼 입과 목 안쪽을 찌르는"(*Heaven* 26) 익숙하지 않은 음료를 마셔야만 하고 알아듣지 못하는 언어를 써야 하는 이 낯선 상황이 힘들다는 것을 어른들은 돌아보지 않는다. 미국 소녀처럼 파마를 하고 이런 낯선 음료에 익숙해져야만 "미국 소녀가 될 수 있다"(*Heaven* 26)는 기대는 순진하며 어리석지만, "무례한 태도를 보여서는 안 된다"(*Heaven* 26)고 생각하는 게 이민자들의 공통된 태도일 것이다. 무엇이든 미국의 것에 익숙해져야만 잘 살 수 있다는 두려움 섞인 기대를 지니고 있기 때문이다.

이민가정의 문제는 본래의 국적을 버릴 수 없는 상태에서 새로운 나라의 삶에 적응해야 하는 모순적 상황으로부터 시작된다. 한국에서 태어나 성인으로 자라난 부모는 가부장적 권위를 당연하게 여기는 한국사회에 여전히 심정적으로 속해있지만, 한국을 떠나 성장기를 미국에서 보내고 있는 아이들은 육체적으로나 심리적으로 수평적 관계를 이상적으로 생각하는 미국사회에 속해있다. 물론 이 수평적 관계란 표면적인 것에 불과하다. 왜냐하면 백인 중심의 사회, 백인이 여전히 우월한 위치를 점유하고 있는 사회는 피상적으로 기회의 평등을 강조하는 듯 보이만 실제로 유색인에게는 수평적일 수 없는 곳이기 때문이다. 섞일 수 없는 두 문화 '사이에 낀' 아이들의 삶은 더욱 불안정해진다. 어른들이 속하는 고루한 규칙의 세계와 청소년이 직접 부딪히며 경험하는 세계가 같을 리는 없다.

영주의 부모, 특히 아빠는 그녀와 준호(Joon Ho)에게 한국인이라는 사실을 잊지 말라고 강조한다. 집에서는 한국말을 써야 하고 바깥에서도 한국인처럼 행동해야 한다는 부모의 요구는 영주와 준호에게 거추장스럽고 부자연스럽게 느껴진다. 어른들의 권위적이고 보수적인 태도는 아이들이 한국과 미국 어느 쪽에도 뿌리를 내리지 못하게 만든다. 게다가 언어와 문화가 전혀 다른 낯선 곳에서의 삶이 쉽사리 안정적인 정착으로 이어질 리 없다. 아빠는 한국적인 사고를 강요하고 자신의 생각과 가치관을 폭력적으로 주입시킨다. 준호가 남자답지 못하다고 뺨을 때리면서 원하는 대답이 나올 때까지 그를 다그친다.

> 아빠는 계속해서 말한다. 이 세계에서는 강한 자만이 살아남는다. 오직 강한 자만이 미래를 만들 수 있는 거야. 네가 계집애처럼 울고 징징거리면 누가 네 말을 듣겠냐? 누가 듣겠냐고? 사나이처럼 말하고 사나이처럼 싸워. 그럼 세상에서 네가 원하는 것을 다 얻게 될 테니까. (*Heaven* 68)

아빠의 폭력성과 가부장적 사고는 준호에게 그대로 이어지는 것처럼 보인다. 준호도 아빠처럼 영주를 때리기도 하기 때문이다. 초도로우(Nancy J. Chodorow)는 "남자아이는 자신의 내부에서 여성적이라고 생각되는 특질들을 억압하며, 사회적 세계에서 여성과 그가 여성적이라고 여기는 모든 것을 거부하고 가치절하한다"(181)고 설명한다. 미국적인 혹은 자유로운 사고방식과 행동을 적극적으로 거부하고 자식들이 언제나 '한국적인 것'의 테두리 안에 머물러 있기를 요구하는 아빠는 영주와 준호에게 수시로 폭력을 행사하며 "다시 한국인이 되는 법을 깨닫기 전까지 일어날 생각도 하지 마"(*Heaven* 110)라고 윽박지른다.

한국적인 것을 고수하고 한국인임을 잊지 말라고 강요하는 아빠의 사고방식의 밑바탕에는 단일한 정체성을 지키는 것이 가장 중요하다는 의식이 깔려있다. 홀(Stuart Hall)에 따르면 "단일하게 공유되는 문화라는 관점에서 형성되는 '문화적 정체성'"(223)과 "'우리가 진정으로 누구인가'를 구성하는 심오하고 의미 있는 차이"(225)와 관련된 문화적 정체성이 있다. 아빠는 오직 전자의 문화적 정체성만이 의미 있는 것으로 여긴다. 게다가 그는 가장의 권위, 즉 남성의 권위를 지키기 위해 강요와 폭력이 필수적이라고 생각한다. '강한 남자'와 폭력이 남성의 권위를 보여주는 것이라고 믿고 있는 그에게 '한국적인 것'이나 '전통'이란 무력하고 무능력한 자신의 가부장적 권위를 폭력적으로 지키기 위한 것 이상이 되지 않는다.

타국으로 이주한 사람들이 주류의 문화에 끼어들기는 매우 어렵다. 정은숙은 이 작품이 "이민자들이 겪는 일상의 가혹함, 몇 개의 일자리를 전전하면서 아이들을 교육시켜야 하는 극도의 빈곤, 언어 장벽, 미국 내의 인종 및 계급 차이를 암시적으로 시사"(365)한다고 지적한다.

이국의 문화와 언어에 쉽사리 적응하지 못하는 무력한 가장의 화풀이 대상은 가부장제에 얽매어 있는 훨씬 더 연약한 여성과 어린이들이 될 수밖에 없다. 반면 이 작품의 모녀관계에 대해 분석하고 있는 박소진은 아빠의 젊은 시절을 긍정적으로 언급하는 엄마의 태도를 예로 들면서 "가부장제가 내세우는 남성의 권위를 대변하는 아빠의 폭력과 억압을 감내하는 엄마의 희생을 이분법적으로 대립시켜 강조하기보다 아빠와 엄마 모두 꿈이 있던 사람들이었음을 강조한다. […] 이 이야기는 개인의 꿈과 더불어 가족의 중요성과 존재의 뿌리에 대한 소중함을 상기시키며 마무리된다"(107-08)고 주장한다.

허먼(Judith Lewis Herman)에 따르면 "학대를 하는 가족 환경에서, 부모가 실행하는 권력은 자의적이고 집요하며 절대적이다. 규칙들은 변덕스럽고 일관성이 없으며 명백하게 부당하다"(98). 가족들은 아빠의 폭언과 폭력이 심각하다는 것을 알면서도 그의 말에 순종하면 아무런 문제가 없을 것이라고 믿는다. 그러나 그것은 문제의 해결이 아니라 일시적인 도피이며, 이 도피가 길어질수록 해결되지 않은 문제는 누적되어 곪아간다. 아빠의 술주정과 폭력이 시작될 때 "하느님께 기도하면 모든 일이 다 괜찮아질 거야"(*Heaven* 9)라며 하느님만이 아빠가 "항상 좋은 사람이 되도록"(*Heaven* 10) 만들 수 있다고 말하던 할머니조차 없는 미국에서, 아빠의 폭력은 더 빈번해지고 훨씬 포악해진다. 무력하게 쓰러지는 엄마를 도울 방법을 생각해내지 못하는 영주는 "제발, 제발, 하느님, 멈춰주세요. 하느님. 하느님?"(*Heaven* 138)이라고 간절히 기도한다. 하지만 마침내 하느님이 아니라 그녀 자신이 이 끔찍한 폭력의 고리를 끊을 수 있다는 것을 깨닫는다.

> 부서지는 소리와 엄마의 깊은 통곡 소리가 방에 가득하다. 나는 주먹으로 허벅지를 치며 아랫입술을 깨문다. 난 더 이상 어린애가 아니야. 하느님을 기다릴 시간이 없어. 나 밖에 없어. 멈춰. 멈춰. 이제 충분해.
> 나는 전화를 들고 귀에 갖다 댄다. "제발." 속삭이며 숨을 꿀꺽 삼킨다. "경찰을 불러주세요." (*Heaven* 139)

미국은 '천국'이 아니다. 천국이라면 하느님이 있어야 하고, 그 하느님이 아빠를 제정신이 들도록 만들 것이다. 그러나 천국에서 한 걸음밖에 떨어져 있지 않다는 미국이라는 현실에는 깨어진 이민자의 가정이 있고 권위적이고 보수적인 아빠의 눈을 피해 학교를 밥 먹듯이 결석하는 방황하는 청소년이 있으며 밤낮으로 세탁소와 식당 등에서 일을 해야 하는 엄마가 있을 뿐이다. 그곳에는 지속되는 가난과 반복되는 폭력, 고통과 신음소리만이 가득하다. 그 악순환의 고리를 끊을 수 있는 사람은 기도 속에서 열심히 부르던 하느님이 아니라, 두려움에 떨면서도 엄마를 구하기 위해 전화기를 든 어린 소녀 영주이다.

'한국적'인 것을 고수하며 낯선 땅과 문화에 적응하는 데 실패한 아빠는 다시 한국으로 돌아간다. 고국을 떠나는 것은 자발적이든 자발적이지 않든 간에 일종의 망명이자 유배이다. 가부장제의 폭력성을 그대로 물려받은 가해자이자 동시에 피해자인 그는 보수적이고 경직된 사고방식을 가진 사람들이 이 사회를 지탱해왔다고 여기는 거짓된 믿음을 결코 바꾸려 하지 않는다. 기회가 박탈당하고 학력과 계급에 따라서 삶이 정해지는 나라에서 보다 평등한 기회의 땅으로 가기를 바랐던 그는 다른 이민자들처럼 꿈에 부풀어 미국을 천국이라 여기지만, 결국 다른 많은 이민자들과 동일하게 보이지 않는 차별의 장벽 앞에서 좌절한다. 불평등한 현실을 탈출하고자 했던 그가 낯선 땅에서의 패배를 인정하고 익숙한 한국사회로 돌아간다고 해도 상황은 달라지지 않을 것이다. 한국에서도 여전히 두 세계 사이를 떠도는 망명자 혹은 유배자로서의 삶이 지속될 것이기 때문이다.

가부장적 폭력에 시달리던 엄마는 막상 영주가 아빠를 경찰에 신고하자 그녀를 원망한다. 폭행을 당하면서도 아빠를 두둔하던 엄마는 오랜 기간 학습되어 온 보수적인 가치관에서 벗어나지 못한 상태이다. 심지어 경찰서에서 나온 아빠가 다른 여자와 함께 가버리자 모든 것이 영주의 탓이라 여긴다. 남편의 말에 순종하며 부당한 손찌검에도 대꾸를 하지 않고 아이들을 때리며 훈육하는 남편을 감히 막아설 생각을 하지 않았던 엄마는 자신의 순종과 인내가 가정의 화목을 가져올 것이라고 믿었던 것이다. 그런 그녀가 우울함을 벗어날 때는 집이 아니라 직장에 있을 때이다. 영주는 직장 동료들 사이에서 "차갑고 맑은 밤에 뜬 보름달처럼 환하게 빛나"(*Heaven* 63)는 얼굴을 한 엄마를 보게 된다. 그녀는 "아주 다른 사람"(*Heaven* 63), "슬프고 지친 엄마가 아니라 동료가 있고 엄마만의 비밀스러운 언어를 가진 낯선 사람"(*Heaven* 63)으로 보인다. 집이 아닌 다른 공간에서 행복하게 보이던 엄마, '엄마'라는 호칭이 아니라 온전히 자신의 이름인 "순아"(*Heaven* 63)로 불리며 웃는 엄마는 집 바깥에만 존재한다. 집 안에서 엄마는 이름도 없고 의견도 없는 채로 아빠의 보수적인 가치관을 그대로 받아들이고 반복하는 수동적인 여성에 불과했을 뿐이다.

"미국에서는 여성들도 선택할 수 있다"(*Heaven* 129)던 엄마는 정작 자신의 삶이 파괴될 때까지 아무런 선택도 하지 못한다. "*엄마도* 선택할 수 있어"(*Heaven* 129)라고 되받아 말하던 영주의 신고 이후에야 엄마는 비로소 스스로 자신과 아이들의 삶을 선택하게 된다. 영주의 신고가 없었다면 엄마는 여전히 아빠의 폭력을 견디며 그것이 가정을 지키고 아이들을 키우는 최선의 방법이라 믿고 우울과 고통 속에서 살아갔을 것이다.

> 이 역사를 담은 엄마의 손금을 찬찬히 들여다본다. 그 손금들을 지워드리고 싶다. 흉터와 베인 상처를 지우고 피부에 남은 금들을 메우고 싶다. 나는 내 부드러운 손바닥으로 엄마의 손을 감싸 쥔다. 엄마의 손을 덮는다. 마치 책처럼. 두 손을 포개 기도한다. 내가 말한다. 엄마를 위해서 이 흉터들을 지울 수 있다면 좋겠어요.
>
> 엄마는 내 손에서 엄마의 손을 부드럽게 빼낸다. 그리고는 못이 박힌 피부를 잠깐 쳐다보더니 자신 있게 말한다. 이건 내 손이야, 영주야. 엄마는 길고 검은 내 머리카락을 귀 뒤로 넘겨주면서 내 허리를 감싼다. 우리는 해변을 따라서 계속 걸어간다. (*Heaven* 153)

엄마와 영주가 서로를 안은 채 해변을 따라 걸어가는 장면은 그들이 이제 동등한 관계로 거듭났음을 보여준다. 가부장적 폭력에 감히 반항하지 못했던 엄마와 그런 엄마를 돕지 못하던 어린 영주는 마침내 서로를 의지하고 함께 걸어갈 수 있는 동반자적 관계로 변모한다. 엄마와 영주는 신체적으로나 정신적으로 의존적인 상태, 강요된 순종의 상태를 벗어난다. 할머니와 엄마, 영주와 준호는 숨죽여 가부장의 권위를 인정하려 애쓰고 그의 폭력을 인내하지만, 가부장의 권위나 폭력, 가족의 인내가 미국에서의 안정적인 정착을 용이하게 만들거나 보장하지 않는다. 아빠가 한국으로 돌아간 후, 엄마와 영주, 준호는 아빠의 빈자리에 연연하기보다는 자신들에게 주어진 불안하지만 보다 평화로운 일상에 희망을 갖는다. 물론 이것이 반드시 이민가정의 행복한 삶을 보장하는 결말이라고 말하기 어렵다. 생존을 위한 노동과 차별에 맞서는 노력이 여전히 요구되기 때문이다.

2. 『미국출생 중국인』

진 루엔 양의 『미국출생 중국인』은 1.5세대 혹은 2세대 유색인종의 미국사회 적응기를 다룬다는 점에서 『천국』과 유사하다고 할 수 있지만, 이 작품의 표현스타일과 어조는 사뭇 다르다. 이 작품은 코믹스(comics) 혹은 그래픽 노블(graphic novel)로, 세 개의 각기 다른 이야기를 효과적으로 혼합하기 위한 전략에 매우 적절한 장르이다. 시각적 매체로서 단순하고 명료하게 이야기를 전달하기에 효과적인 만화는 대상의 특징을 부각시켜 "단순화를 통한 전달효과 확장"을 의도한다(McCloud 38). 새빈(Roger Sabin)은 "만화는 글과 미술로 짜인 일종의 천으로, 자체만의 독특한 구문론, 문법, 관례를 갖고 있어서 완전히 고유한 방식으로 사상을 전달할 수 있는 매체"(8)라고 설명한다. 16세기 중국 명대의 장편소설인 『서유기』(*Journey to the West*)의 주인공 손오공(Monkey King)의 등장과 더불어 첫 장을 여는 이 작품은 곧 미국에서 학교에 다니게 된 진(Jin), 그리고 백인 소년인 대니(Danny)의 이야기를 교차로 등장시킨다. 이 세 인물의 이야기는 처음에는 독립적으로 보이지만 서로 긴밀한 연관성을 갖는다. 손오공의 모험은 일종의 변신 이야기로 변형되어 진과 대니에게 십대 청소년이자 중국계 미국인으로서의 정체성에 대한 질문을 제기한다.

이 작품은 "문화적 변용, 정체성의 정치, 민족성, 어린시절, 청소년기에 대한 탐구"(Dong 232) 등을 다루는데, 특히 흥미로운 점은 지극히 중국적인 특성을 작품 곳곳에 배치하여 둔다는 데 있다. 화과산(flower fruit mountain)에서 원숭이 무리들을 평화롭게 다스리며 무술을 연마하던 손오공은 천상의 연회장에 들어갈 수 없다. 천상계의 연회장을 지키는 군사들은 손오공을 "신발을 신지 않은"(*Chinese* 14) "한낱 원숭이에 불과할 뿐"(*Chinese* 15)이라며 모욕한다. 이런 말을 듣고 난 후 손오공이 자신의 동굴에서 "심한 원숭이 털 냄새"(*Chinese* 20)를 맡게 되는 장면은 매우 의미심장한데, 그가 원숭이로서의 본모습을 초라하게 여기며 이런 모습에서 탈피하고자 무술수련에 들어가는 계기를 만들기 때문이다. 그는 마침내 "뭔가 다른"(*Chinese* 59) 거대한 원숭이로 변모하여 '손오공'이라는 이름을 버리고 스스로를 "하늘과 동등한 위대한 현자"(The Great Sage, Equal of Heaven)(*Chinese* 60), 제천대성(祭天大聖)이라고 부르기 시작한다.

손오공의 이야기가 펼쳐지는 한편, 미국 학교로 전학 간 진의 이야기가 시작된다. 진의 이름 진 왕(Jin Wang)을 제멋대로 징 장(Jing Jang)이라고 잘못 말하고 미국에서 태어난 진의 출신지를 확인하지 않고 당연하다는 듯이 중국이라고 말하는 교사의 태도는 동양인에 대한 선입견과 편견을 지닌 전형적인 백인들의 사고를 보여준다. 그들에게 동양이라는 장소나 동양인의 이름은 개별적 의미를 지닌 특별한 것이라기보다 한 범주 안에 묶어버릴 수 있는 공통의 특성을 지닌 것으로 여겨진다. "중국인들은 개를 먹는다"(*Chinese* 31)는 아이들의 말을 들은 교사가 중국이나 동양의 문화적 특성을 설명하는 대신 "미국에 와서 살게 되면 그런 짓을 하지 않을 꺼야"(*Chinese* 31)라는 단정적인 말로 응대할 수 있는 이유가 여기에 있다. 교사의 말에는 매우 명백하고 명료하게 '개를 먹는' 중국의 문화가 저급한 것으로, 그런 나라에서 온 중국인이 야만적으로 재현되어 있으며, 미국은 반면 고급스럽고 문명화된, 야만적인 행위를 하지 않는 나라로 은연중 각인된다.

낯설고 이질적인 것이 불러일으키는 막연한 공포는 그 대상이 동양인이었을 때 훨씬 야만적이며 확정적이 된다. 동양인이 누구인지, 그 동양인의 문화는 어떠한지 특별히 많은 정보를 가지고 있지 않아도 된다. 왜냐하면 사이드(Edward Said)가 말하듯이 먼 동양을 바라보는 서양 중심적 사고에서는 "모든 종류의 공상이나 연상, 혹은 가공의 이야기가 자신[서양인]의 공간 바깥의 낯선 공간을 가득 채우는 것처럼 보인다"(54). 실제로 개를 먹는지가 중요한 사실이 아니기 때문에 서양인들은 자신들이 하지 않은 야만적인 행동을 동양인이 할 것이라고 예측하며 그것을 확정적 사실처럼 이야기한다. 그러면서 매우 야만적으로 자신들은 이런 범주의 바깥에 선 문명인인 체 하는 것이다. "비주류 문화는 백인 중산계층의 문화가 정상적이라는 인식의 틀에 맞추어 규정되고 가치평가되"(Bradford 49)기 때문이다. 동양은 동양 자체로 존재하는 것이 아니라 서양의 대척점에 선 것으로 규정되는데, "유럽 혹은 서양이 스스로를 동양과 대조되는 이미지, 생각, 성격, 경험으로 정의"하기 때문이다(Said 1-2). 문명인인 체 하는 미국 아이들은 진을 비롯한 타문화권의 아이들을 괴롭히며 소외시키고 범주의 바깥으로 밀어낸다. 이런 상황에서 동양인들은 서양인들의 관찰의 대상, 비교의 대상이 되며, 동양인 스스로 주체적인 관계 정립을 하는 것이 불가능해지는 상태에 놓이게 된다. 진과 웨이첸(Wei-Chen), 수지(Suzy)가 그들만의 커뮤니티를 형성할 수밖에 없는 이유는 동양인들끼리 "같은 피"(*Chinese* 190)이기 때문이 아니라, 백인 아이들끼리 형성한 커뮤니티에서 언제나 제외되기 때문이다.

친키(Chin-kee)라는 괴상하고 우스꽝스러운 인물의 등장은 인물들이 겪는 갈등의 상황을 더욱 증폭시키는 역할을 한다. 둥그렇고 펑퍼짐한 얼굴과 툭 튀어나온 거대한 앞니에 중국 전통 의상을 입은 친키는 형편없는 영어 발음으로 아무데서나 큰 소리로 떠들어대고 참견하며 무례한 말을 던진다. "모두 친키를 싸릉해"(Everyone Ruvs Chin-Kee)(*Chinese* 43)라던가, "방가아, 미쿡"(Harro Amellica) (*Chinese* 43) 등 기묘한 발음으로 틀린 영어를 큰 소리로 말하는 친키는 금발머리에 농구를 잘하는 훤칠한 미국 소년 대니와 친척이다. 대니는 백인친구들에게 지나치게 '중국적인' 성향을 드러내는 친키 때문에 망신을 당하고 있다고 하소연한다.

> 친키는 일주일이나 이주일 동안 방문하면서 나를 따라 학교까지 와서는 그 멍청한 얘기들을 떠들고 멍청한 음식을 먹는 거야. 날 엉망으로 당황시킨다고. 친키가 떠날 때가 되면 아무도 나를 대니로 생각하지 않아. 난 그냥 친키의 사촌이 되는 거지. (*Chinese* 127)

학교까지 따라와 난리법석을 피우는 친키를 매우 부끄럽게 여기는 대니는 멜라니(Melanie)에게 데이트신청을 거절당하자 "난 친키랑 달라"(*Chinese* 123)라고 외친다. 데이트를 거절당한 이유가 오로지 친키 때문이라고 생각하며 친키와 자신이 아무 상관이 없다고 말하는 순간, 멜라니는 "네 앞니가 좀 튀어나온 것 같아"(*Chinese* 124)라며 대니와 친키가 닮았다는 것을 상기시킨다. 중국적인 특성을 기괴하게 극대화시킨 인물인 친키는 백인들의 고정관념에 자리 잡은 중국/동양인에 대한 편견을 총체적으로 구현하는 인물이다. 서양인들이 생각하는 동양인과 중국인의 전형적인 인물로 친키를 그림으로써 진 루엔 양이 십대들에게 인종적 편견을 심어주고 있다는 비판을 받기도 하지만, 오히려 "과장과 의도적인 언급으로 친키를 시끌벅적하게 그려냄으로써"(Dong 239) 통상적으로 받아들여지는 인종적 편견에 대한 불편한 시선을 드러내고 있다고 볼 수 있다.

친키와의 유사성을 강하게 부정하는 미국 소년 대니와 중국계 미국인 진은 실은 한 사람이다. 대니가 진으로 바뀌는 변신의 심리적 바탕에는 자신이 유색인종이라는 것을 부인하고 싶은 진의 복잡한 심경이 숨어있다. 미국인 친구는 진에게 "난 네가 아멜리아에게 잘 맞는 상대인지 잘 모르겠다"(*Chinese* 180)면서 아멜리아(Amelia)와 데이트하지 말 것을 종용한다. 이 '잘 맞는'(right)이라는 표현의 다른 의미는 '옳은'인데, 미국인 친구는 진에게 그가 아멜리아에게 '옳지 않은' 사람이라고 말하고 있는 것이다. 여자 친구를 정하고 사귀는 매우 개인적인 문제에서조차 유색인종이라는 이유로 거부당하고 배제되는 상황에서 진은 자신의 '유색'을 버리고 싶어진다. 그리고 그것은 작품의 전반부, "네가 원하는 것이면 무엇이든 쉽게 될 수 있단다. 네 영혼을 버릴 마음만 있으면 되지"(*Chinese* 29)라고 말하는 한약방 할머니와의 만남에서 이미 예견된 것이기도 하다.

진은 백인 친구들에게서 받은 수모와 자신의 감정을 솔직하게 말하지 못하는 스스로에 대한 분노를 동양인 친구 웨이첸에게 퍼부으면서 비겁한 자신을 변명하고 진심을 외면한다. "우리는 서로 닮아있다"(*Chinese* 191)고 말하는 웨이첸과 그의 여자 친구 수지를 조롱하며 백인들이 보여주는 인종차별적 사고와 행동을 모방하고 자신을 정당화한다. 동양인이면서도 동양인을 조롱하며 서양인과 자신을 동일시하는 순간 진은 놀랍게도 "새로운 얼굴"(*Chinese* 198)로 변한다. 그래픽노블의 장점이 십분 활용되어 시각적으로 진이 대니로 변신하는 과정을 설득력 있게 전달된다. 백인의 얼굴을 갖게 된 진은 스스로 "새로운 이름"(*Chinese* 198)인 대니로 자신을 바꾸어버린다. "변신로봇(transformer)이 되고 싶다"(*Chinese* 27)던 진의 꿈이 현실화되는 순간이다. 대니로 변하는 장면에서 만화의 프레임을 따라 친키의 신발 소리인 "딸깍 딸깍"(*Chinese* 198)이 반복해서 그려져 있다. 신체가 미국인처럼 변했다고 하더라도 그의 본질은 친키와 뗄 수 없는 관계에 있다는 것을 보여주는 장치인 것이다.

손오공이 수련을 통해 거대한 원숭이로 변하고 이름을 바꾼 것처럼 진 역시 백인이 되고 싶은 갈망을 품고 새로운 이름 대니로 변신한다. 하지만 모습을 바꾸고 이름을 바꾼다고 해서 그 본질이 변하는 것은 결코 아니다. 손오공은 치열한 노력을 거쳐 초라한 원숭이의 모습에서 "다른"(*Chinese* 61) 존재로 변신하는 데 성공한다. 그런데 문제는 그때부터이다. 다스리던 원숭이들에게 "모두 신발을 신어야만 한다"(*Chinese* 61)고 명령하는 그는 원숭이의 모습을 벗어버렸다고 생각하지만 여전히 본질적으로 원숭이인 것이다. 천상의 명령을 어겨 바위산에 오백년 동안 갇혀있던 손오공을 찾아온 법사는 "네가 취하고 있는 형상은 진정한 네 모습이 아니야. 너의 진정한 형상으로 돌아오면 자유로워질 것이다"(*Chinese* 145)라고 말한다. 이러한 손오공의 분투와 각성이 진과 대니의 이야기와 맞물려 펼쳐진다. 진 역시 중국인으로서의 특성을 벗어버리길 원하지만 절대 벗을 수 없다는 것을 깨닫게 된다.

"변신로봇이 되고 싶다"는 진의 꿈은 손오공의 꿈, 다른 인물/인종/신분이 되고 싶은 십대의 꿈과 닿아있다. 손오공이자 친키이며 진이자 대니인 이중의 정체성을 깨달아야만 진정한 자신의 모습을 발견할 수 있다. 원숭이인 손오공이 천상의 신들과 어깨를 나란히 하기 위해 자신을 거대한 모습으로 변신시켰듯이, 진 역시 동양인으로서의 자신을 부정하고 미국인의 모습으로 변신시켰던 것이다. 웨이첸의 본 모습이 원숭이라는 것이 드러난 뒤, 손오공은 웨이첸의 아버지로 진 앞에 나타난다. 손오공은 대니라는 백인 소년이 아닌 본모습으로 돌아온 진에게 "원숭이라는 사실이 얼마나 좋은지 알고 있었더라면 바위산 아래서 오백년 동안 갇혀있지는 않았을 텐데"(*Chinese* 223)라고 강조한다. 손오공의 각성처럼, 변신로봇이 되고 싶다던 진은 대니로 변신했다가 다시 본모습으로 돌아오는 과정을 통해서 중국인으로서의 자신을 받아들인다. "진정한 정체성을 찾기 위해서"(*Chinese* 149) 필요한 것은 백인의 외형을 갖는다거나 거대한 크기로 변하는 것과 같은 외적인 변신이 아니다. "진정한 모습"(true form)(*Chinese* 145)이란 원숭이로서의 정체성, 중국인으로서의 정체성과 닿아있으며 내면의 성장에서 우러나온다는 점을 말하고 있는 것이다.

Ⅲ. 나가기

부모세대는 자신들의 국적을 잃지 않으면서도 미국사회에 뿌리내리고 살기를 원한다. 이 '사이에 낀' 상태는 미국사회의 시스템에 진입해서 살아내야만 하는 어린이와 청소년들에게 매우 가혹한 것이다. 영주와 진 둘 다 이민가족의 구성원이며 아시아계 미국인이고 막 십대에 진입한 청소년이다. 부모세대가 고국의 경험과 문화, 전통으로부터 완전히 벗어날 수 없으며 언어에 대한 지식이나 능력도 부족하다. 그러므로 때로는 아이들이 어른들을 돌봐야 하는 등 어른보다 더 많은 짐을 진 채로, 두 세계 사이의 어정쩡한 경계선에 머물게 된다. 이민세대의 아이들은 가정 내에서 이미 떠나온 나라의 언어와 가치관을 강요받고 가정 밖 학교에서는 인종이 다르고 의사소통이 어눌하다는 이유로 따돌림을 당한다.

안 나와 양은 미국사회에 살아야 하는 청소년들의 고뇌와 갈등을 매우 현실적으로 그려낸다. 영주가 집과 학교에서 겪는 일련의 사건들은 한국에서도 빈번히 일어나는 일의 연장선에 있다. 폭력적인 가부장의 권위에 짓눌리는 가족구성원들, 집에서는 한국적인 것을 강요받고 바깥에서는 미국사회의 일원으로 살아가야 하는 상황에서 느끼는 갈등이 생생하게 그려진다. 진이 학교에서 겪는 인종차별과 이에 따른 내적 갈등 역시 우리가 예측할 수 있는 내용들이다. 영주는 아버지가 떠나고 대학에 들어가며 집을 얻어 가족과의 평화로운 삶을 기대한다. 그렇지만 그 삶은 완성된 것이 아니므로 미국 주류 사회의 변두리에 위치한 채 많은 난관을 겪게 될 것이다. 진은 자신이 조롱하던 웨이첸에게 사과하기 위해 한 달 동안 외곽의 조그만 중국식 카페를 방문하는데, 처음에는 어떤 중국차를 주문해야 할지 알지 못한다. 나중에는 제대로 주문을 할 수 있게 되지만, 웨이첸이 더 맛있는 차를 마시기 위해서는 더 조그만 카페로 찾아가야 한다고 말할 때 여전히 미국 사회의 외곽에 머물러 있는 타자들을 보게 된다.

미국과 천국은 한 걸음 차이가 아니다. 한 걸음 밖에 차이가 안 난다고 믿고 싶은 것은 어쩌면 아메리칸 드림에서 비롯된 꿈같은 허망한 기대 때문일 것이다. 영주의 부모나 진의 부모는 미국이라는 기회와 평등의 땅(으로 보이는 곳)에서 힘든 노동을 감내한다. 그들은 세탁소나 식당, 공장, 판매원 등 불안한 노동자의 삶을 살아간다. 그러면서도 부모들은 아이들이 자신들보다 더 나은 삶을 살 것이라고 믿는다. 막 태어난 준호에게 "대통령도 될 수 있다"(*Heaven* 38)면서 무한한 가능성을 언급하는 어른들, 맹자의 어머니가 교육을 위해 세 번 이사를 했다는 이야기를 들려주며 진의 교육을 위해 차이나타운을 떠나 교육환경이 더 좋아 보이는 곳으로 이사하는 진의 부모(*Chinese* 23-24)의 꿈은 지극히 동양적이다. 그런데 아이의 교육을 위해서 무엇이든 감내하겠다는 어른들은 막상 아이들이 새로운 환경에서 적응하지 못하고 상처받는 사실을 재빨리 알아차리지 못한다. 영주는 '한국적인 것'을 강조하는 권위적인 아버지로부터 고통 받고 가정 바깥의 세계인 학교에서도 언어의 불통 등으로 어려움을 겪는다. 친키의 방문을 기꺼이 받아들이는 진의 부모 역시 친키가 재현하는 '중국적인 특성'을 받아들일 것을 강조한다. 떠나온 나라와 현재 살고 있는 나라의 문화의 이질성이 청소년들의 정체성 문제와 맞물려 집중적으로 부각된다.

더 많은 사람들이 더 빈번히 자신의 거주지를 떠나 살아간다. '고유한' 문화나 '단일한' 혈통이란 더 이상 의미가 없는 세계화 시대인 것이다. 익숙한 공간을 떠나 낯선 곳으로 이주를 결심하는 것은 여전히 쉽지 않은 일이다. 서로 다른 문화가 부딪히고 교섭하는 과정에서 겪는 문화적 충격과 낯선 언어를 사용해야만 하는 상황에서 느끼는 언어적 충격, 이와 더불어 뿌리를 내리지 못한 가족 구성원들의 불안정한 삶에서 비롯되는 심리적 충격 등은 이민가정의 삶 속에 깊이 자리 잡는다. 이런 충격과 갈등은 쉽사리 봉합될 수 없는데, 모든 사람이 행복한 천국, 어떤 모습으로든 변할 수 있는 변신이란 없다. '천국'은 죽은 사람만이 갈 수 있으며 '변신'은 진정한 자신을 버리는 것을 의미하기 때문이다.

이 글은 『영어영문학21』 29권 3호(2016)에 「이질의 문화에서 뿌리 내리기 – 『천국으로부터 한 걸음』과 『미국출생 중국인』」이라는 제목으로 실린 논문이며, 오류 및 문장을 수정하였다.

다름과 틀림, 차이와 차별 사이 –학대와 폭력, 생존의 이야기

『호프라고 불러주세요』, 『아발론 죽이기』, 『초콜릿 전쟁』

Ⅰ. 들어가기

극심한 빈곤상태에 놓인 부모들이 자식들을 당연하다는 듯 갖다버리거나 목숨을 부지하기 위하여 자식들을 팔아먹는 끔찍한 일은 전래동화에 빈번히 등장하는 소재 중 하나이다. 「헨젤과 그레텔」("Hansel and Gretel")의 부모와 마찬가지로, 「엄지동자」("Hop o' My Thumb")의 부모 역시 아들 일곱 명을 먹여 키우기가 어렵다는 이유로 아이들을 숲 속에 갖다 버린다. 「미녀와 야수」("Beauty and the Beast")의 아버지는 자신의 목숨을 구걸하기 위해 딸을 야수에게 보낸다. 아이들은 경제적 이유에 의해서 혹은 가족 내부의 문제로, 더 나아가 사회제도의 허점에 의해서 버려지고 학대당한다. 중세 시대의 가혹하리만큼 고단했던 삶을 면밀히 분석한 단턴(Robert Darnton)은 "때때로 부모들은 구걸하고 도둑질 하라고 아이들을 길거리에 내보낸다. 때로는 아이들이 집에서 구걸하도록 내버려둔 채 부모들이 도주하기도 한다. 때로는 아이들을 악마에게 팔기도 한다"고 설명한다(30). 그들에게는 무엇보다도 "먹느냐 먹지 못하느냐"(Darnton 31)가 생존과 직결된 매우 중요한 문제였기 때문이다.

이 공포와 죽음의 이야기들은 오랜 시간동안 살아남아 여전히 현대의 독자들에게도 전해지고 있다. 혹독한 현실의 가난과 질병에 시달리던 중세 시대의 사람들의 머리 속에는 "어린시절을 위한 자리가 없었"(Aries 33)는데, 산업혁명과 근대화를 겪으면서 중산계급의 가정에 어린이가 점점 중심적인 존재로 부상하기 시작한 이후에도 여전히 아이들은 어른들이 건설해놓은 기존의 시스템을 지지하는 적절한 사회 구성원으로 키워져야만 했다. 그런 이유로 "18세기와 19세기의 많은 작품들은 불복종에 대한 무시무시한 처벌로 위협하면서 어린 독자들을 순종하도록 겁주려는 목적을 지니고 있었"(Stallcup 125)으며, 가혹하고 끔찍한 처벌을 담고 있는 이런 이야기들의 궁극적인 목표는 교훈과 가르침을 주려는 것이었다. 또한 동시에 어른의 권위에 대항하는 아이들의 도전을 억압하려는 시도 역시 담고 있다. 이처럼 폭력적인 이야기는 아이들에게 어른의 보호 아래 있어야만 안전하고 보호받는다는 것을 주지시킨다.

이야기에 그려진 폭력성은 "이야기들은 현실 세계에 뿌리를 두고 있다"(Darnton 34)는 점에서 사회적 현상을 반영한다는 것을 알 수 있다. 가부장적 폭력에 의해서 희생을 강요당하는 주인공들의 모습은 많은 이야기와 노래 속에 등장한다. 이에 대해 레이놀즈(Kimberly Reynolds)는 민담이나 전래동화, 자장가 같은 서사들이 "아이들을 겨냥한 폭력적인 사건, 무시무시한 상황과 다양한 위협을 포함하고 있다. 이런 위협은 부상, 유괴, 처벌과 죽음의 형태를 취하기도 한다"(132)고 분석한다. 그럼에도 불구하고 폭력적이고 잔인한 이야기를 아동의 눈높이에 맞춰 검열하여 개작하는 것에 반대하는 노들만(Perry Nodelman)은 "아직 경험하지 못한 고통스럽거나 혼란스러운 문제들에 대해 알아야 할 것들을 없애버리는 것은 아이들로 하여금 문제가 불가피하게 발생할 때 이를 인지하고 주의 깊은 태도로 이러한 문제들을 다룰 수 있도록 준비할 기회를 박탈한다"(103)고 말한다. 제임스(Kathryn James) 역시 "아동 소설에서 죽음의 재현은 사회 속에서 의미가 창조되고 공유되는 방법들을 이해하기 위한 대단히 명료한 기회를 제공할 수 있다"(2)고 주장한다.

위협과 폭력, 심지어 죽음의 재현은 아이들이 현실 세계에서 직접 경험할 수 없는 것들을 이야기 속에서 경험하게 함으로써 실제로 그들이 살아갈 세상에 대해 준비하도록 하는 연습이자 훈련일 수 있다. 게다가 전래동화나 민담 속에서 아이들이 직면하는 폭력이란 실은 어떻게든 극복할 수 있는 것으로 설정되어 있다. 아주 확실한 선악의 개념이 부여되어 있기 때문인데, 만일 아이들이 혼자서 이를 극복하기 어려울 경우 초인적인 힘이나 요정, 마법 등이 아이들을 위험에서 구해낸다. 아이들이 죽음과 공포, 위협을 극복하고 자신의 자리로 쉽게 돌아올 수 있는 이유는 "사람들은 전래동화를 통해서 도전과 생존, 고난과 희망에 대한 이야기를 한다"(Kidd 132)는 것이 무의식적으로 혹은 의식적으로 전제되어 있기 때문이다.

현대의 아동청소년소설에서 그리는 폭력은 전래동화 속 폭력과는 다른 양상을 띤다. 어쩌면 현대의 아동소설에서 재현하는 폭력이 훨씬 더 극복하기 힘든 것일 수 있다. 단지 선악의 의미를 비유적으로 가르치기 위한 것이라기보다 폭력을 위한 폭력, 권력을 쟁취하기 위한 폭력으로, 그 강도와 밀도가 훨씬 강해지기 때문이다. 게다가 그 폭력에 맞설 때 주인공을 돕는 마법적 힘이란 없다. 그들은 자신의 힘으로 넘어서거나 혹은 좌절을 받아들여야만 하는 비극적 상황에 놓인다. 훨씬 더 직접적으로 폭력을 경험해야만 하는 시대가 온 것이다.

본 연구에서는 각기 다른 형태의 폭력으로 고통 받는 아동청소년주인공들에 주목하였다. 올슨(Gretchen Olson)의 『호프라고 불러주세요』(*Call me Hope,* 2007), 맥카프리(Kate McCaffrey)의 『아발론 죽이기』(*Destroying Avalon*, 2006), 코마이어(Robert Cormier)의 『초콜릿 전쟁』(*The Chocolate War*, 1974)을 면밀히 탐구하면서 주인공들이 어떻게 학대와 폭력에 저항하고 어떤 희망과 절망의 상태에 놓이는가를 분석한다.

Ⅱ. 학대와 폭력, 생존

폭력의 가장 큰 문제 중 하나는 폭력이 모방과 학습을 통해 다른 사람에게 전이된다는 것이다. 폭력에 가까이 있으면 있을수록 폭력행사, 즉 폭력의 정도와 횟수에 아무런 가책이 없어진다. 게다가 폭력적인 사회는 가해자보다 피해자를 비난하거나 혹은 문제의 본질을 양비론으로 흐리게 만든다. 청소년 소설 속에서 폭력에 노출된 주인공들은 자신들의 결함을 먼저 탓해야만 한다. 터커(Nicholas Tucker)는 "아동문학에서는 시련을 겪는 어린 주인공이 소설의 마지막에 이들이 직면한 문제들을 극복할 수 있도록 그리는 것이 일반적이다"(201)고 말하는데, 아마도 바람직한 결말은 이 주인공들이 깨달음과 반성을 통해 희망을 발견하는 데 있을 것이다. 하지만 현실에서의 폭력이 결코 해피엔딩을 가져오지 않는 것처럼, 모든 주인공들이 행복한 결말을 얻게 될 것이라고 말하기 어렵다.

아동청소년문학에서 폭력은 다양한 양상으로 전개되어 드러난다. 가정 내의 학대와 폭력, 학교 폭력, 언어폭력과 사이버 폭력, 나아가

성폭력까지, 연약한 아이들을 보호해야 할 어른들과 동료들이 상대적으로 약자인 아이들을 괴롭힘으로써 자신들의 권위와 우월성을 확보한다. 살아남기 위해서 아이들을 팔아넘기고 학대하던 전래동화나 민담 속 악한들보다 현대의 가해자들은 훨씬 더 잔인하고 교활하게 진화하여 은밀하고 무차별적인 폭력을 행사한다. 학대와 폭력의 문제는 개인의 범주를 넘어선다. 개인의 범주를 넘어선 폭력은 결국 사회와 시스템, 권력집단과 자본과 밀접한 연관성을 갖는데, 기득권을 지키기 위해 끊임없이 비가시적인 폭력과 가시적 폭력이 번갈아 벌어지게 되는 것이다.

1. 언어폭력 – 『호프라고 불러주세요』

반드시 물리적 힘을 사용해야만 폭력이 되는 것은 아니다. 일상생활 속에서 누구나 크고 작은 폭력에 노출되어 있는데, 신체적인 폭력뿐만 아니라 언어폭력 역시 매우 심각한 트라우마를 남긴다. 말은 입 밖으로 나가 흩어지기 때문에, 글과 달리 기록이 남지 않은 것처럼 보인다. 그런 이유로 보통 물리적 폭력보다 언어폭력에 더 무심해질 수 있지만, 언어폭력 역시 커다란 고통과 상처를 남긴다는 점에서 결코 가벼운 형태의 폭력이 아니다. 만일 이 언어폭력이 가까운 사람에 의해서 빈번히 벌어지며 그 폭력적인 말들로부터 쉽게 벗어날 수 없는 상태라면 폭력의 피해자는 훨씬 더 깊은 상처를 입게 될 것이다. 올슨의 『호프라고 불러주세요』는 가정 내에서 가장 가까운 사람인 엄마로부터 지속적으로 언어학대를 당하는 아이의 이야기를 담고 있다. 더불어 이 작품은 호프의 절망적인 심리 상태와 2차 대전 당시 유대인 박해로 인해 고통 받던 안네 프랑크(Anne Frank)의 상황을 병렬시킴으로써, 비극적인 역사의 트라우마와 비극적인 개인사의 트라우마가 경중에 관계없이 진지하고 심각하게 접근하며 성찰해야 할 문제라는 것을 그려낸다.

호프 마리 엘리엇(Hope Marie Elliot)은 자신을 "호프리스"(Hopeless)(*Hope* 7)라고 부르고 다른 사람들 앞에서 아무 때나 "쟤는 진짜 멍청이죠"(*Hope* 9)라고 말하는 엄마 때문에 고통을 받는다. 아직 어린 소녀인 주인공은 집을 떠날 수도, 가해자인 엄마와의 관계를 단절할 수도 없기 때문에 매시간 극심한 고통과 공포의 상황에 놓여있다. 엄마가 화를 내며 정색을 하고 소리 높여 그녀를 부를 때마다 귀가 울리고 머리가 하얘지는 증상을 보이는 호프의 모습은 지속적인 언어 학대가 한 사람의 심리 상태에 얼마나 커다란 영향을 미치는가를 보여준다. 허드슨 선생님(Mr. Hudson)이 유대인 대학살과 관련하여 "인류가 저지른 끔찍하고 비인간적인 일들"(*Hope* 16)을 언급할 때 호프는 자신의 내면에 축적된 폭력적인 말들이 되살아나 그녀를 압도하는 것을 느낀다.

> *금지당했어. 숨어서 살았지. 고통.* 내 심장이 쿵쾅거리며 더 빨리 더 크게 뛰었다. … 깊이 숨을 들이마셨다. 충분하지 않았다. 한 번 더 숨을 쉬고 나니 내 다리와 팔이 축 늘어졌다. *내가 말했지. 넌 제대로 들은 적이 없어.* 이제 또 다른 목소리다. *넌 어쩔 수 없는 패배자야.* 머리가 뒤엉켜 빙빙 돌았다. *가망 없는 애라니까.* 여성의 목소리. *가망이 없어. 답도 없어.* 엄마의 목소리였다! (*Hope* 16-17)

안네 프랑크의 억압적 상황은 시공간을 뛰어넘어 호프의 현실 속으로 밀려들어온다. 호프는 안네의 고통을 마치 자신의 고통인 것처럼 반응하며 받아들이게 된다. 이렇듯 어렸을 때부터 수없이 들었던 폭력적인 언어들은 호프의 일상생활을 불가능하게 만든다. 집에서뿐만 아니라 학교에서조차 순간순간 엄마의 거친 말들을 떠올리게 되는 것은 호프의 삶이 매우 불안정하다는 증거이다. 아침식탁을 제대로 정리하지 못했다는 이유로 수없이 "머저리"(*Hope* 24)란 말을 들어야만 하는 호프는 자신도 모르게 친구들에게 거친 말들을 쓰고 있다는 것을 알게 된다. 때로는 엄마로부터 들은 "닥쳐"(*Hope* 48)라는 말을 베개에 얼굴을 파묻고 혼자 외쳐보다가 엄마의 얼굴을 보며 되돌려주고 싶은 충동을 느낀다.

호프가 망가진 곰 인형에게 『안녕 달님』(*Goodnight Moon*)이라는 책을 읽어주는 장면은 그녀가 갖지 못한 유년시절에 대한 슬픔이 깃들어 있다. 이 책은 아이들이 잠들 때 부모가 읽어주는 베드타임 스토리(bedtime story)로, 원색의 바탕에 아이들에게 친숙한 캐릭터들이 그려져 있다. 토끼와 생쥐, 따뜻하게 타오르는 벽난로, 아이가 잠들기를 기다리는 할머니, 노란 달님과 밤하늘 가득한 별들이 부드럽고 따뜻한 분위기를 선사하는 그림책인데, 호프는 망가진 곰 인형이 마치 자신의 유년인 것처럼 곰 인형에게 책을 읽어주며 스스로를 위로한다.

엄마의 언어학대로부터 자신을 지키기 위해서 호프는 안네 프랑크처럼 자신만의 비밀공간을 만든다. 그곳은 어떤 폭력적 언어도 통과하지 못하는 호프의 안락한 장소이다. 옷장 안에 비밀공간을 만들고 난 뒤 호프는 "호프의 점수표"(Hope's Point System)(*Hope* 57)를 고안해 낸다. 엄마에게서 폭력적인 말을 들을 때마다 그 거친 말에 점수를 매기는 것이다. 엄마가 노려볼 때 꾹 참으면 40점, 머저리라는 말을 들을 때 140점, 멍청이라는 말을 들을 때는 200점 등으로 스스로에게 보상을 주는 표를 만든다. 5000점을 달성하면 대상을 받을 수 있다고 정해 놓는데, 엄마로부터 "이렇게 하라니까"(should)(*Hope* 93)를 몇 번이고 들으면서 "정말 내가 바보가 된 것만 같다"(*Hope* 93)고 괴로워하는 순간 점수는 5000점을 넘기고 만다. 정말 대상을 받을 때처럼 커다랗게

"축하합니다! … 이제 엄마가 더 이상 비열하고 상처가 되는 말을 하지 않을 겁니다"(*Hope* 94)라는 축하의 메시지가 나타나는데, 호프의 절절한 소망이자 당장 이루어질 수 없는 바람이라는 점에서 오히려 슬프고 먹먹하게 다가온다.

가정 내에서 학대를 감내해야 하는 아이의 담담한 서술과 고통 속에서도 희망을 놓지 않으려는 치열한 노력이 눈물 나게 그려진다. 엄마의 언어학대에 힘들어하는 호프가 만일 가정 바깥의 공간에서도 동일한 취급을 당했다면 정말 견뎌내기 어려웠을지도 모른다. 그래도 호프에게 희망이 있었던 것은 엄마를 제외한 다른 어른들이 모두 그녀를 신뢰하고 도움을 주기 위해 노력했기 때문이다. 특히 호프의 처지를 단번에 알아차리고 호프가 눈치 채지 못하게 그녀를 지지하는 구제가게(Next to New)의 아니타(Anita) 아줌마는 호프에게는 일종의 대리엄마(surrogate mother)이다. 그녀는 호프의 말에 귀를 기울이고 상처받은 마음을 위로해준다.

"언어 학대는 신체적 학대만큼이나, 아니 그보다 더 심각한 상처를 남긴다"(*Hope* 131)고 설명하는 허드슨 선생님에게 마침내 호프가 "누군가-나를-사랑해줬으면-좋겠어요"(*Hope* 197)라고 떨리는 목소리로 말할 때 그것은 부모로부터 사랑받지 못하고 무시당하고 거부당했던 아이의 절규이다. 선생님들과 친구들, 호프의 오빠까지도 이런 호프의 조용한 절규에 귀를 기울이고 마음을 열지만 엄마는 여전히 귀를 닫고 들으려하지 않는다. "아이를 낳은 것은 놀라운 기적이지만 뜻하지 않은 많은 일들을 겪게 되죠. 많은 것을 포기해야만 해요"(*Hope* 236)라고 말하는 걸로 보아 엄마가 남편 없이 홀로 양육을 감당해야만 하는 상황에 많은 부담을 느꼈으며, 양육의 방법을 모르고 자신의 기분에 따라 아이를 함부로 대해왔다는 것을 알 수 있다. 선생님들과 호프의 친구들의 설득으로 그녀는 "부모가 된다는 건 자전거 타는 것보다 훨씬 더 힘들더구나. 게다가 난 여러 번 넘어졌지"(*Hope* 270)라며 자신의 실수를 인정하고 부모수업에 참여하면서 변화를 다짐한다. "나는 (폭력의) 고리가 되지 않을 꺼야"(*Hope* 226)라면서 폭력을 대물림하지 않겠다던 호프의 다짐과 주변 어른들의 적극적인 노력이 엄마의 변화를 이끌어내는 것이다.

2. 사이버폭력 – 『아발론 죽이기』

호프가 집에서 당하던 언어학대는 일 대 일의 폭력행위이지만, 이 언어학대가 일 대 십, 혹은 일 대 백이라는 더 많은 입을 통해 한꺼번에 행해진다면 그 상처의 깊이와 강도는 상상할 수 없을 것이다. 무한히 확대 재생산되며 대단히 빠르고 익명성이 보장되는 인터넷 상의 언어폭력이 그것이다. 호프는 엄마의 거친 말을 피하기 위해 구제가게나 비밀공간인 옷장에 숨을 수 있으며 또한 학대를 행하는 사람이 누구인지 분명히 드러나는 상태에서 이것을 피할 방법이 비교적 명확히 보인다면, 인터넷 상에서 행해지는 언어폭력은 완벽히 피하기 어려울뿐더러 학대의 행위자가 누구인지 쉽사리 드러나지 않는다.

직접적으로 이루어지는 고전적인 폭력행위는 주변 누군가에게 비교적 드러나기 쉽다. 집안이나 집밖에서 폭력행위가 일어난다면, 그 장소가 아닌 다른 곳으로 피할 수 있지만, 사이버 상에서 이루어지는 폭력은 전혀 다른 양상을 띤다. 사이버폭력은 시간과 장소를 가리지 않는데, 스물 네 시간, 어디에서나 접속이 가능한 곳에서 폭력행위에 노출될 수 있다는 점에서 더욱 끔찍한 것이다. 인터넷 상의 근거 없는 악의적 소문들은 악성댓글들이나 익명의 공격성 발언들로 더욱 커지게 된다. 사이버폭력에 가담하는 사람들은 무책임하게 글을 퍼 나르고 갖다 붙이며 심지어 조작한다. 예전에는 사람에서 사람으로 옮겨가던 비교적 느린 속도의 소문이 이제는 무차별적인 다수대중에게 빛보다 빠른 속도로 노출되어 흘러든다. 피해자가 접속을 하지 않을 때조차, 즉 악의적인 글을 읽거나 그 글에 반응하지 않을 때조차 거미줄처럼 촘촘한 인터넷망을 타고 누군가는 쉼 없이 댓글을 쓰고 퍼 나르면서 도저히 어찌할 수 없을 때까지 퍼져나간다. 어느 누구도 그 글의 진위에 대해서 생각하지 않는 지경까지 이르게 되는 것이다.

맥카프리의 『아발론 죽이기』가 바로 그러한 정보기술 사회의 극단적인 어두운 면인 사이버폭력을 다루는 작품이다. 정보의 검색과 저장, 속도감 있는 연락과 접속을 가능하게 만들어 인간의 생활을 편리하게 돕는 인터넷이라는 일종의 도구가 역으로 사람들을 공격하는 음습한 도구가 되어버린 것이다. 인터넷 상에 가상으로 형성되는 세계는 현실세계와 다르며, 그 세계에서 사용되는 언어 역시 일상적 언어와 다르다. 이 책에는 인터넷 상에서 사용하는 언어와 아이들의 이메일이 그대로 담겨있다. 독자들은 마치 인터넷 화면을 들여다보거나 혹은 다른 사람들이 주고받는 메일이나 채팅창을 실시간으로 읽고 있다는 생각을 하게 된다. 이 책은 1장을 시작하기에 앞서 인터넷 상의 약어들을 소개한다. 예를 들어 "bf"는 "boyfriend," "2moro"는 "tomorrow," "18r"은 "later"를 의미한다고 설명하고 있어서, 이런 약어에 익숙하지 않은 독자의 이해를 돕는다. 이 장치는 인터넷 상의 언어와 일상 언어 사이의 괴리, 인터넷을 상시 사용하는 세대와 구세대와의 간극 등을 매우 효과적으로 전달한다.

다른 것을 틀린 것이라 여기는 아이들은 전학 온 아이를 소외시키고, 외모가 다르다거나 성적 정체성이 다르다는 이유로 조롱하며 괴롭힌다. 학교에서의 일상적인 따돌림과 폭력이 사이버공간으로 옮겨가면서 그 폭력의 강도가 더욱 무차별적이고 무제한적으로 커지게 된다. "친구"(afriend)가 보낸 "네 평판"(Your reputation)(*Avalon* 10)이라는 메일을 열어보는 첫 장면은 아발론의 현재, 나아가 사이버폭력에 노출된 아이들의 현재를 실감나게 그려낸다.

> 그게 바로 내가 느끼는 거였다. 뭔가 잘못되었어. 내 앞의 키보드와 스크린을 차례로 노려보았다. 기분 나쁜 감정이 나를 집어먹을 듯이 위협하고 있었다. 내 위가 뒤틀리고 살갗에 작은 닭살들이 마구 솟아났다. 난 책상에서 일어서서 걸어가 버리지 않으려고 주먹을 꽉 쥐었다. (*Avalon* 9)

컴퓨터 화면을 노려보는 아발론의 심정은 절대로 열지 말아야 할, 그렇지만 열지 않을 수 없는 문을 바라보는 심정이었을 것이다. 그 문을 여는 순간 결코 되돌릴 수 없는 절망의 소용돌이에 휩쓸리게 될 것이기 때문이다. 실제로 메일을 열어 본 순간 아발론은 자신에 대한 근거 없는 악의적 발언들에 "뱃속이 뒤틀리고 눈물로 앞이 흐려"(*Avalon* 11)지는 것을 느낀다.

전학 온 아발론을 따뜻하게 대해주는 아이들보다 경계하거나 노골적으로 싫어하는 아이들이 더 많다. 아발론이 특별히 어떤 잘못을 저지르거나 다른 아이들에게 못 되게 군 것도 아니다. 그저 그녀가 다른 아이들보다 똑똑해 보여서, 남들과 잘 어울릴 것 같아서, 혹은 내가 좋아하는 누군가와 친하게 지낸다는 이유로 시작된 사이버공간의 악담은 어느새 감당할 수 없는 폭력적 수준으로 변질된다. "사람들이 널 헤픈 애라고 생각하지"(*Avalon* 11)로 시작하는 '친구'의 메일은 아발론에 대한 평판이 어떤 공개블로그에 올라와있는지 알려주는 내용으로, 그녀를 더욱 괴롭히기 위한 것이었다. 공개블로그에는 근거도 없는 말들이 난무하는데, "정말 잘난 척 하는군"(*Avalon* 70), "시골이 얼마나 좋은지 계속 떠들어 대더라"(*Avalon* 71), "시골에 그게 큰 남자애를 두고 왔다던데"(*Avalon* 71) 등 아발론이 했던 이야기를 악의적으로 왜곡하고 심지어 남자아이들을 유혹하는 "더러운 음탕녀"(*Avalon* 71)로 만들어 버린다. 아발론을 괴롭히는 온라인상의 글들은 점점 더 독해지고 외설적이 되며 폭력성을 띤다. 근거 없는 말들은 익명성을 등에 업고 훨씬 더 견딜 수 없고 믿을 수 없는 이야기로 퍼져 나가는데, "웹(web)이나 넷(net)은 사람들을 불러 모으는 사람과 사람 사이의 연결에 대한 은유일 수 있지만 그곳에 들어가는 사람들을 얽히게 하고 유혹하는 덫"(Harris 113)이라는 것이 드러난다.

사이버폭력이 무서운 것은 가해자가 누구인지 피해자로서는 전혀 알 수가 없다는 점이다. 심지어 가해자는 피해자를 제외한 모든 사람일 수도 있다는 의심이 피해자의 삶을 더욱 망가뜨린다. 사이버 상에서 이루어지는 폭력적인 발언들에 심각한 내적 상처를 입은 아발론은 학교에 도착했을 때 자신을 힐끔거리며 바라보고 뒤에서 수군거리는 아이들을 의식하며 "*너였어? 아니면 너야? 그거 봤어? 내가 누군지 알고 있어?*"(*Avalon* 80)라고 속으로 수없이 질문한다. 자신을 향한 악의적 소문들이 스물 네 시간 진행되고 있다는 불안감과 공포감에 아발론은 잠을 이루지 못한다. "깨어있을 때나 잠들어 있을 때나 항상 삶이 침해당하고 있는 것만 같다"(*Avalon* 98)고 괴로워하는 아발론은 자신을 둘러싼 악의적이고 폭력적인 말들의 증식을 느낀다.

이 폭력적인 말들은 컴퓨터 앞을 벗어나 학교에 있을 때조차 아발론을 따라다닌다. 인터넷 연결이 가능한 휴대전화 때문이다. 휴대전화 메시지는 쉼 없이 아발론을 모욕하고 조롱하는 말들을 보낸다. 사이버폭력은 아발론과 아발론을 보호하려는 다른 친구들의 삶을 망가뜨린다.

키보드를 두드릴 때 아무 생각 없이 쓰는 말들이 누군가를 죽이는 비수가 되어 신체에 흔적을 남기고 정신을 조각조각 파괴시킴에도 불구하고 정작 과도한 비난의 말과 악의적인 거짓말을 재미삼아 흘려 쓰던 아이들은 말로 하는 괴롭힘은 신체적 폭력이 아니므로 폭력이 아니며 그저 장난 수준이라고 생각한다. "폭력적이든 심리적이든 사람들을 기분 나쁘게 만들려고 하는 건 학대"(*Avalon* 209)라고 설명하는 앨리스(Alice)에게 토드(Todd)는 정말 이해할 수 없다는 듯 반박한다.

> "난 찬성할 수 없어. 그건 괴롭히는 거라고 생각 안 해. 너희들도 가끔씩 빈둥거리면서 욕도 하고 그러잖아." 그는 동의를 구하려는 듯 다른 아이들을 돌아봤다. "그냥 농담으로 하는 거지. 알잖아, 재미있다고 생각하잖아."
>
> 토드에게 뭐라고 할 말이 없었다. 혹시 이걸 사과라고 하는 거라면 정말 최악이다. (*Avalon* 209)

사이버폭력과 실제 공간에서 벌어지는 폭력을 견디지 못해 마샬(Marshall)이 자살한 후인데도 불구하고 토드와 같은 아이들은 자신들이 한 행위의 심각성을 전혀 깨닫지 못한다.

가상의 공간은 실제를 배반한다. 실제 정체성을 숨기고 익명으로 새로운 인물인 듯 가장할 수 있기 때문이다. 그래서 그 익명성은 점차 공격적이 된다. 현실 세계의 도덕과 규정, 가치판단에서 벗어나 자신의 모습을 숨길 수 있기 때문에, 기계의 뒤편에서 점차 더 악의적이 될 수 있다. 가해자들은 현실의 자신과 사이버 상의 자신이 달라지는 것을 느끼며, 서로 충돌하고 갈등을 빚는 두 개의 정체성 사이에서 길을 잃게 된다. 아발론에게 고통스러운 사실은 아발론과 아주 친한 친구였던 서키(Sukey)가 사이버공간에서 가장 먼저, 가장 극렬하게 그녀를 공격한 사람이었다는 것이다.

> ‘컴퓨터 앞에 앉아서 그런 것들을 쓰고 있을 때 난 더 이상 내가 아니었어. 넌 내 삶이 어땠는지 하나도 모르지.’ 서키는 나를 비난하듯이 쳐다봤다. ‘ … 거기서는 괴롭힘을 당하는 말라깽이 아이가 아니었어. 왕따도 아니었지. 굉장한 힘을 가질 수 있었던 거야. 내가 뭘 시작하면 금새 엄청나게 되었어. 난 리더였지. 누구도 나를 따라올 수 없었어. 다른 사람보다 더 똑똑했고. 너보다도.’ (*Avalon* 262)

서키는 자신의 불행한 삶에서 받은 심적 스트레스와 자신보다 나은 사람들에 대한 질투로 타인을 근거 없이 괴롭혔으면서도, 이 모든 일의 결과가 아발론 탓이라고 비난한다. 해리스(Maria Harris)는 사이버상의 의사소통을 다루는 소설들을 언급하면서 “대부분의 소설들은 악당이 그가 이웃이든 동료이든 간에 주인공과 물리적으로 가까이 있는 사람이라는 것을 밝힌다. 그렇게 함으로써 사이버공간 자체가 문제가 아니라는 것을 암시하고 있는 것이다”(121)고 분석한다. 결국 공간을 유용하게 사용하거나 악의적으로 사용하는 것은 사람들의 몫이 된다.

사이버 상의 폭력은 물리적인 폭력이 아닌 것처럼 보이지만 심리적인 충격이 결국 신체적인 충격을 야기시킨다는 점에서, 나아가 사이버 폭력이 실제의 물리적 폭력으로 이어질 수 있다는 점에서 결국 동일한 것이다. 아발론 대신 마샬로 공격대상을 바꾼 이 사이버공간의 폭력은 학교 안팎 규율이 느슨해지는 공간에서 물리적인 폭력으로 이어지고, 이를 견디지 못한 마샬은 자살하고 만다. 그는 사이버공간의 폭력적 언사와 실제 그에게 가해진 물리적 폭력의 비열함과 처참함을 견디지 못하고 스스로를 그 왜곡된 관계로부터 해체시켜 버리는 것이다. 물론 모든 사이버상의 관계가 폭력적일 리는 없다. 그러나 공격성은 점점 극단적이 되고 전염된다는 것이 문제가 된다. 폭력의 공격성이 강해지고 집단화될수록 도덕성은 희미해지고 죄책감은 사라진다. 폭력적인 집단의 일원이 되어 다른 약자를 함께 공격하면서 폭력성으로부터 얻는 비뚤어진 희열은 점점 더 자극적인 것을 원하게 되고 걷잡을 수 없이 퍼져간다. 사이버폭력과 그 폐해를 그린 이 작품에서 작가는 과학기술의 발달이 편리함에만 집중하고 윤리성을 소홀히 할 때 벌어지게 되는 비극적이고 참담한 상황을 적나라하게 그려내고 있다.

3. 학교 폭력 –『초콜릿 전쟁』

위의 두 작품이 비극적인 가운데서도 아이들과 어른들, 학교와 사회가 힘을 합해 어떻게든 작은 희망의 씨앗이라도 남기며 그래도 더 나은 학교와 더 안전한 사회가 되도록 노력하자는 교훈을 드러내는 반면, 코마이어의『초콜릿 전쟁』은 예상치 못한 결말로 많은 충격을 안겨준다. 학교 내의 괴롭힘과 폭력을 매우 사실적으로 그려낸 수작으로 꼽히는 이 작품은 청소년기의 성장과 정체성 획득과 같은 문제를 벗어나 극단적으로 폭력적인 상황에 놓인 청소년을 그리고 있는데, 어떤 희망도 제시하지 못한 채 주인공의 패배로 끝나는 충격적인 결말 때문에, 청소년들에게 해가 된다는 판단 하에 많은 도서관에서 이를 금서로 지정하기도 하였다.

"그들이 그를 죽였다"(*Chocolate* 3)는 첫 문장의 강렬함은 이 작품의 전체 분위기를 보여주는 듯 하다. '그들'과 '그'는 누구를 지칭하며, '죽였다'는 말은 어떻게 받아들여야 하는가를 고민할 새도 없이 "온통 뿌연 안개로 뒤덮인 것 같은"(*Chocolate* 3) 운동장에 대한 묘사가 나온다.

> 그들이 그를 죽였다.
>
> 그가 공을 잡으려고 몸을 돌리자, 머리 한쪽에서 둑이 터지고 수류탄이 뱃속을 산산 조각냈다. 메스꺼움이 확 몰려와서 그는 풀밭으로 고꾸라졌다. 입술이 자갈에 부딪혔고, 이가 몇 개 부러졌을까 봐 겁이 나서 그는 미친 듯이 침을 뱉었다. (*Chocolate* 3)

위의 장면은 주인공 제리(Jerry Renault)가 풋볼팀에 들어가기 위해 일종의 테스트를 받는 상황이지만, 마치 포탄이 쏟아지는 치열한 전쟁터에서 결국 죽음을 맞게 되는 듯한 장면을 연상시킨다. '죽였다'는 어휘의 선택은 단순히 강렬함을 선사하기 위한 것만은 아니다. 실제로 제리는 죽을 만큼 고통스러운 상황을 견디고 버텨보려 하지만 결국 무너져 죽음을 향해가기 때문이다.

제리가 그토록 분투하며 트리니티 고등학교(Trinity School)의 풋볼팀에 들어가려 한 이유는 갑작스럽게 엄마가 돌아가신 후 "공허함, 그의 가슴에 구멍처럼 입을 벌린 텅 빈 공간"(*Chocolate* 58)을 견디기 힘들었기 때문이다. 괴로움을 잊기 위해 엄마의 장례식이 끝나자 "그는 학교의 일상에, 아버지는 일터에 … 자신들을 던져넣었"(*Chocolate* 58)으며, 이러한 제리의 고단한 처지가 오히려 학생들의 지하조직인 "베르길리우스 단"(The Virgil)의 눈에 띄게 된다. 학교로부터 공식적인 인정을 받은 적이 없지만 교사들과 학생들 모두 무시할 수 없을 정도로 대단한 영향력을 지닌 이 단체는 시시때때로 학생들에게 "트리니티 고등학교의 전통"(*Chocolate* 32)을 강조하며 일종의 "임무"(assignment)를 부여한다. 게다가 그 임무의 정당성이나 합리성과는 상관없이 무조건 임무를 수행해야 한다고 학생들에게 요구한다. 제리 역시 그들로부터 학교 재정 충당을 위한 초콜릿 판매에 관련된 임무를 받는다.

그런데 연례행사로 진행되는 학교 차원의 이 초콜릿 판매는 "가치

있는 학교 영적 활동으로서가 아니라 학교 재정 부패의 징후"(Lopez-Ropero 148)라는 데 문제가 있다. 레온 선생(Brother Leon)이 베르길리우스 단의 책임자인 아치(Archie)를 불러 초콜릿 20,000개를 팔아달라고 제안하는 것은 음흉하고 비열한 저의를 담고 있다. 그는 학교 재정의 부패를 숨기기 위하여 과도한 양의 초콜릿을 부당한 가격으로 판매하도록 아치를 종용하는 것이다. 이 거래에는 트리니티 학교에서 결코 공식적으로 받아들이지 않았던 베르길리우스 단을 암묵적으로 인정해준다는 의미가 깔려있다. "완벽히 무시함으로써 이 단체가 활동하는 것을 허락했"(*Chocolate* 26-27)던 학교가 "너의 도움이 필요하다"(*Chocolate* 26)면서 먼저 베르길리우스 단에게 손을 내민다. 학교의 부패한 권력과 학생들의 폐쇄적인 권력집단이 손을 맞잡은 것이다. 이런 경우 이 결탁에 찬성하지 않은 사람들은 모두 어떤 식으로든 위협을 받게 될 것이 자명하다.

독자들은 불의와 부정에 저항하는 청소년의 모습을 보기를 원하며 이 청소년의 승리를 희망하지만, 어디에도 희망은 없다. 오히려 레온 선생 같은 부정한 어른들의 왜곡된 권위에 휘둘리고 조롱당할 뿐이다. 트라이츠(Robert Seelinger Trites)는 "청소년 소설에서 주인공들은 그들의 존재를 형성하는 사회적 권력에 대해서 배워야만 한다"(3)고 설명하는데, 청소년문학의 주인공들은 성인 단계로 가는 훨씬 더 복잡한 구조의 중심을 통과해야 하기 때문이다. 그런데 대체적으로 그 구조의 중심에 선 권력은 청소년들을 조롱하거나 억압한다. 수업시간에 느닷없이 레온 선생 앞으로 불려나간 베일리(Bailey)는 이유 없이 뺨을 맞고 전 과목 A를 받기 위해 부정행위를 저질렀다는 누명을 쓰게 되자 당황하며 공포감을 느낀다. 레온은 베일리를 마치 실험실의 쥐처럼 갖고 놀며 오히려 레온의 부당한 폭력에 저항하지 않은 베일리와 학생들을 경멸한다. 부패한 권위와 권력이 득세한 이 폐쇄된 공간에서 "소년들은 남성성의 헤게모니적 버전에 순응해야 한다는 사실에 고통받는다"(Wannamaker 3). 권력을 지닌 강자 앞에서는 몸을 수그리며 "심부름하는 소년처럼"(*Chocolate* 24) 복종하다가도 교실에 들어와 학생들 앞에 설 때는 "능글맞게 비아냥거리며"(*Chocolate* 24) "코브라처럼"(*Chocolate* 24) 독을 품고 학생들을 괴롭히는 레온 선생은 부패하고 타락한 기성 권위의 전형이라 할 수 있다.

레온이 "초콜릿 판매의 가장 아름다운 부분은 이것이 전적으로 학생들의 프로젝트라는 점"(*Chocolate* 79-80)이라고 말할 때 그 말을 믿는 사람은 아무도 없다 하지만 어느 누구도 각자 할당받아 판매해야만 하는 초콜릿 50통을 거절하지 못한다. 지금까지 어떤 학생도 감히 시도해 본 적이 없기 때문이다. 그러나 제리가 "아니요"(*Chocolate* 81)라고 말하는 순간 소위 "트리니티는 개인의 의사에 반해서 참여하도록 결코 강요하지 않는다. 이것이 트리니티의 위대한 명예이다"(*Chocolate* 82)라는 레온의 말은 자승자박이 되어버린다. 매일 아침 학생들의 출석을 부르면서 초콜릿 판매를 독려하고 초콜릿을 배당하던 레온은 제리가 "아니요"라는 거절 의사를 반복하자 이를 자신과 학교에 대한 반항으로 여긴다. '아니요'라는 제리의 대답으로 부패와 타락 위에 견고하게 세워진 트리니티의 세계는 균열을 일으키며 몰락하기 시작하는 것처럼 보인다. 하지만 실제로 몰락하고 부서지는 것은 제리의 세계이다.

제리가 처음 초콜릿 판매를 거부하겠다면서 "아니요"라고 대답할 때, 이것은 베르길리우스 단이 요구한 제리의 '임무'였다. "열흘 동안 초콜릿 판매를 거부하고 그런 다음 받아들이는 것"(*Chocolate* 108)이 제리가 해야 할 일이었던 것이다. 그런데 그에게 주어진 열흘 동안의 임무 수행 기간이 끝났음에도 불구하고 제리는 여전히 초콜릿 판매를 거부한다. 판매 거부는 이제 단순한 임무 수행을 벗어나, 제리 자신의 불안하고 불확실하지만 결코 중단할 수 없는 의지가 된다.

> "르노."
>
> 정말 "예"라고 외치는 것은 쉬운 일이었을 것이다. "레온 선생님, 제가 팔 초콜릿을 주세요"라고 말하는 것. 다른 아이들과 똑같이 해서 매일 아침 그 끔찍한 눈동자와 대면하지 않아도 되는 것은 쉬운 일일 것이다. 레온 선생님이 마침내 고개를 들었다. 출석 점호의 속도가 깨졌다.
>
> "아니요." 제리가 대답했다.
>
> 그는 슬픔에 휩싸였다. 뼛속까지 스며드는 깊은 슬픔, 그를 해변에서 파도에 씻기는 사람처럼 황량하게 남겨두는 슬픔, 낯선 사람들로 가득 찬 세상에서 홀로 남은 생존자였다. (*Chocolate* 124)

"예"라는 대답이 부당한 권력과 부패한 조직에 대한 순응을 의미한다는 것을 알고 있는 제리는 이를 거부하기로 마음먹는다. 제리는 자신의 사물함에 붙여놓은 포스터에 적힌 엘리엇(T.S. Eliot)의 싯귀인 "내 감히 우주를 어지럽히랴?"(*Chocolate* 123)에 걸맞은 행동을 시작한다. 물론 "『초콜릿 전쟁』에는 반항적인 주인공도 도덕적 결정도 반여성주의 수사에 대한 저항도 없다"(97)고 타르(Anita C. Tarr)는 주장하기도 한다. 제리의 초콜릿 판매 거부의 시작이 그 스스로의 가치관이나 의지에서 비롯된 것이 아니며 작품의 마지막에서 영웅적인 면모를 보이는 것도 아니기 때문이다. 하지만 중요한 것은 제리가 끝까지 초콜릿 판매를 거부하기로 마음을 먹는다는 사실이다. 그런 그에게 한밤중에 걸려오는 정체불명의 전화, 엉망이 된 사물함과 찢긴 운동화, 풋볼 경기장에서의 공격 등 적대적인 일들이 생기기 시작한다. 그것은 일종의 경고이다. 베르길리우스 단과 학교로부터의 경고, "감히" 관례와 전통을 거부하는 신입생에 대한 경고인 것이다.

베르길리우스 단은 제리를 권투경기로 끌어들인다. 그러나 이 경기는 스포츠의 규칙이나 정정당당함과 아무런 상관이 없다. "경기장 위에 서 있는 선수들은 자신들의 의지를 가질 수 없"(*Chocolate* 230)는데, 돈을 내고 제비를 산 관중들의 지시대로 공격권을 얻고 방어권을 빼앗는 이 불평등하고 불합리한 권투경기는 제리가 속해 있는 세계의 폭력성을 극명하게 보여준다. 수지나(Jan Susina)는 "축구 경기장을 떠나도록 강요받고 권투장으로 끌어들여지면서 제리는 게임의 세계에서 훨씬 더 원시적이고 야만적인 세계로 들어서게 된다"(174)고 설명한다. 아동소설이나 청소년소설의 전통적인 해피엔딩의 구도에 익숙한 "독자는 주인공의 놀랄만한 마지막 순간의 승리를 기대한다. 그러나 주인공이 박살나고 야만적으로 두드려 맞아서 그의 생존조차도 의심이 되는 순간 많은 독자들은 배반감을 느끼며 혼란스러워한다"(Iskander 12). 방어권을 박탈당한 채로 무참히 얻어맞고 의식을 잃어가는 제리는 자신의 패배를 인정한다.

> 사람들은 너에게 네 일을 하라고 말하지. 하지만 그런 말을 하고 있는 게 아니야. 사람들은 네가 네 일을 하기를 바라지 않아. 그게 그들의 일이 아니라면 말이지. 구버. 조롱이야. 속임수지. 우주를 어지럽히지 마라, 구버. 포스터에 뭐라고 쓰여 있든 상관없어. (*Chocolate* 248)

자신을 깨우려 애쓰는 구버에게 제리는 "내 감히 우주를 어지럽히랴"는 포스터의 문구가 현실 세계에 어떤 영향을 미칠 수 없다는 것, 만일 "감히" 저항한다면 자신처럼 무참히 쓰러지고 말 것이라는 것을 전달하려 한다. 스스로를 "몽상가"(dreamer)(*Chocolate* 7)라고 말하던 제리는 결국 현실의 견고한 벽을 뛰어넘지 못한다.

제리의 패배는 폭력의 고리에서 개인이 쉽사리 벗어날 수 없다는 것을 보여준다. 특히 기존질서의 권위로 인한 폭력, 시스템의 폭력, 관례적이며 상투적인 폭력은 보이는 것보다 더 거대하고 더욱 잔인할 수 있다. 맥캘럼(Robyn McCallum)은 "『초콜릿 전쟁』은 학교 조직이 더 큰 사회 조직의 유사물이라는 정치적 알레고리이다. … 그러나 그것은 또한 제도 내의 권력의 작동에 대한 알레고리이다"(44)라고 말한다. 잔인한 폭력성이 개인에게 점차로 내재화되면 어느 누구도 적극적으로 대항할 수 없을뿐더러 오히려 억압당하는 약자인 자신의 처지를 잊고 억압하는 강자에 심정적으로 동조하며 그들의 편에 선다. 이렇게 저항의 동력이 약해지면 약해질수록 내재된 폭력성은 더욱 공고해진다. 그리하여 권력은 더욱 공고해지고 개인은 더욱 종속적이 되어간다.

Ⅲ. 나가기

폭력의 목적은 상대를 굴복시키는 데 있다. 부당하게 힘을 과시하면서 그 불합리하고 몰상식한 폭력에 굴복하는 약자들 위에 자신들이 군림한다고 생각하는 것이다. 그들에게 약자는 단지 자신의 권력을 부각시켜 줄 대상물에 불과하다. 그러나 한 번 학대와 폭력에 노출된 신체와 정신은 회복되기 어려운 좌절과 절망, 깊은 내적 "상처"(*Hope* 131)를 남겨 완벽히 복원되지 않는다.

> 경쟁적인 탐욕을 부추김으로써 갈등을 야기시키는 것은 이제 더 이상 그 대상이 갖고 있는 내재적 가치가 아니다. 대상들에게 가치를 부여하는 것도 더 잘 분출한 핑계를 만들어내는 것도 바로 폭력 그 자체이다. 이때부터 폭력이 주도하게 된다. (지라르 216)

폭력은 약자를 삼키고 강자를 더욱 강하게 만든다. 이렇게 강해진 비뚤어진 권위와 권력은 그것을 지키기 위해 그보다 더 강한 폭력을 산출한다. 폭력이 폭력을 낳는 악순환이 지속되는 것이다.

우리가 아동과 청소년을 올바르게 키운다고 생각하면서 그들에게 일정한 이미지를 강요할 때, 그 이미지는 언제나 배반당한다. 아동과 청소년이 어른들의 손아귀에 잡히는 일은 더 이상 없기 때문이다. 오히려 그들은 어른들을 반영한다. 어른들의 삶의 폭력성, 불합리와 차별이 만들어내는 삶의 면면들을 아이들이 거울처럼 반영한다. 정의롭지 않은 권력과 부패하고 폭압적인 권위의 억압은 아동과 청소년에게 쉽사리 전이되고 증폭된다. 뒤틀린 이미지들, 왜곡된 상들, 거짓과 기만의 그림자들이 아동과 청소년의 삶을 통해 어른들의 민낯으로 드러난다. 아동과 청소년이 폭력적이라면 이 사회가 매우 폭력적이라는 반증이다. 그들이 고통 받는다면 이 사회가 고통의 괴물을 키우고 있다는 의미이다. 폭력과 학대는 아이들의 삶에 지우지 못할 트라우마를 남기며, 그 트라우마는 다시 더 큰 어두움이 되어 아이들 스스로를 갉아먹고, 마침내 더 큰 괴물이 되어 다른 이들을 쓰러뜨린다.

이 글은 『통합인문학연구』 8권 2호(2016)에 「다름과 틀림, 차이와 차별 사이: 아동청소년문학에 그려진 학대와 폭력, 생존의 이야기」라는 제목으로 실린 논문이며, 오류 및 문장을 수정하였다.

Ⅳ

문학작품을 활용한 영어교육

스토리텔링을 활용한 영어교육 –영어독서지도 사례연구

Ⅰ. 들어가며

교육현장에서 영어를 가르치는 교수법은 영어교육 연구자들이나 학교 영어교사들 뿐 아니라 집에서 자신의 아이들을 가르치는 부모들에 의해서도 연구된다. 어떻게 영어를 가르치느냐의 문제는 곧 어떤 교재를 선정하느냐에 닿아있고 어떤 활동을 통해 아이들이 좀 더 부담 없이 영어를 습득하느냐와 연관되어 있다. 우리나라에서는 한동안 문자읽기가 가장 중요한 문제로 부각되면서 파닉스(phonics)가 인기를 끌었는데, 파닉스를 이용한 교수법이 단기간의 성과를 낼 수는 있지만 장기적으로는 단순반복에서 오는 지루함 때문에 학습 효과가 떨어진다는 것을 인지한 이후에는, 단계별로 학습의 내용이 구성되어 있는 단계별 읽기책, 소위 코스북(course books)이 인기를 끌었다. 코스북은 퍼핀(Puffin), 스콜라스틱(Scholastic) 같은 국외출판사들뿐만 아니라 국내의 출판사들에서도 출판하고 있는, 영어단어를 의도적으로 제한하여 만든 읽기학습용 책들이다. 문자해독능력에 중점을 두는 코스북은 몇몇 작품을 제외하고는 대부분 독서의 즐거움이나 감동을 느끼기 어려운 매우 단순화된 내용으로 구성되어 있다. 이런 단순한 읽기책의 단점을 보완하고자 하는 국내 학부모들의 관심은 미국학생들이 수업에서 실제 사용하는 미국교과서에 집중되었으며, 수입교재 출판사들이 발 빠르게 미국교과서를 수입하여 한동안 이를 활용한 영어수업이 폭발적인 인기를 얻기도 했다.

근래에는 이와 더불어 영어동화책(그림책 포함)이 새로운 대안으로 떠올라 이의 활용도가 점점 높아지고 있다. 영어동화책을 교육현장에서 활용하려는 교사나 강사, 학부모들, 그리고 졸업 후의 취업을 걱정하는 대학생들이 영어동화책 활용방법을 배우려는 움직임 또한 최근 몇 년 사이 꾸준히 계속되어, 대학 학부과정으로 영어구연동화나 스토리텔링과목을 개설하는 대학이 생겼으며 대학 부설기관인 평생교육원이나 문화센터 등에서도 관련강좌가 이어지고 있다. 지난 몇 년 동안 영어동화책을 영어교육에 활용하는 것이 좋다는 연구와 그 실행결과들에 대한 많은 연구논문들도 나오고 있다. 교육 관련 학위논문들 역시 영어동화책이나 전래동화, 스토리텔링을 영어교육현장에서 어떻게 활용할 것인가를 다룬 경우가 많다. 최근 필자가 참여한 다수의 학회에서도 영문학전공자들과 영어교육전공자들이 영어교육과 영어동화책 혹은 스토리텔링을 접목한 연구결과물들을 발표하였는데, 대부분 스토리텔링을 이용한 읽기 전략이 얼마나 많은 학습효과를 가져오는가에 대한 것들이었다.

영어동화책을 하나의 '문학작품'으로 바라보고 이를 연구하는 필자는, 영어동화책을 영어교육의 매개물로 이용하는 연구들에서 영어동화책이 외국인의 영어 학습을 위해 쓰인 작품이 아니라는 전제를 잊어버리고 교육적인 측면을 연구하는 것은 아닌지, 동화책의 고유한 문학적 가치를 이해하려는 노력이 미흡하지 않은지에 대한 의문을 갖게 되었다. 한글 그림책을 어린 아이에게 읽어주려는 부모가 한글을 가르치려는 목적을 최우선에 두고 그림책을 선정하지는 않는다. 이야기를 들으며 책 속의 그림을 들여다보는 아이 역시 이 재미있는 그림책을 한글을 배우기 위한 교재로 받아들이지 않는다. 그림책을 읽어줄 때 독자들은 그림책이 갖는 '가치'에 집중하고 그림책이 하는 이야기에 귀를 기울인다. 그림책 작가들 역시 자신들의 글이 한글을 가르치기 위한 교재나 수단으로만 이용되는 것을 원하지 않으리라고 본다. 영어동화책도 마찬가지이다. 그림책의 이야기에 관심을 기울이는 것이 첫 번째 할일이며, 그림책에 쓰인 글을 영어교육에 활용하는 것은 그 다음의 일이다.

현재 한국의 영어교육현장에서 많은 교사나 강사들, 학부모들은 영어동화책을 선택할 때 활용하기 쉽고 문장이 패턴화되어 있는 책을 주로 선택한다. 최근 초등학교 도서관이나 공공도서관에서도 영어도서를 구비하고 있는데, 대부분 손쉽게 활용할 수 있는 동화책들, 예를 들어 수십 권의 시리즈로 출판된 전집류의 동화책이나 원어민의 목소리로 노래와 챈트를 녹음한 시디가 부록으로 들어있는 동화책, 혹은 문장이 패턴화되어 있는 책들이다. 이런 책들을 영어수업에 사용하는 경우, 동화책이 문자와 그림을 통해 들려주는 이야기에 초점을 두는 대신 책에 쓰인 영어문장을 분석하고 이 문장을 수업에 활용하는 것을 중요하게 여긴다. 이런 이유로 '유용한' 동화책을 좋은 동화책으로 여기게 되어, '좋은' 동화책의 기준이 왜곡되기 쉽다. 교수법에 대한 연구는 물론 매우 중요하다. 좋은 책이 있더라도 잘 활용하지 못하는 것은 심각한 문제이며, "아무런 준비 없이 학급에서 이야기를 단순히 읽어주는 것은 아이들의 관심과 동기, 자기 확신을 잃게 만드는 재앙이 될 수도 있다"(Ellis and Brewster 24). 동시에 동화책 자체, 이야기 자체에 대한 연구 역시 매우 중요하다. 좋은 책을 고르고 훌륭한 교수법을 활용한다면 문학 감상과 영어교육이라는 두 개의 목표는 효과적으로 달성될 것이다.

필자가 유아나 초등학생을 위한 스토리텔링 수업이나, 학부모와 교사/강사들을 대상으로 한 교육 프로그램을 진행할 때마다 느끼는 점 중 하나는, 스토리텔링이 무엇인지 알고 싶어 하는 어른들이 실제로는 동화책을 거의 읽지 않는다는 것이다. 게다가 '좋은' 동화책을 선택하는 방법도, 어떻게 읽어야 하는지도 모르는 경우가 많다. 동화책을 많이 접하지 않은 사람이 좋은 동화책을 선정하여 가르치기는 어렵다. 필자는 이에 안타까움을 느끼고 어떤 동화책을, 어떻게 선택하여, 무엇을 가르칠 것인가에 대한 몇 가지 제안을 하고자 한다. 영어동화책을 교육현장에서 제대로 활용하려면 우선 왜 동화책을 활용하는가에 대한 숙고가 선행되어야 한다. 그리고 무엇을 선택하여 어떻게 읽힐 것인가의 고민이 뒤따라야 한다. 영어동화책을 왜 읽어주어야 하는가, 어떤 동화책을 선택해야 하는가, 무엇을 가르칠 것인가에 대한 의견을 제시하며 그림이 있는 영어동화책을 활용한 실제 수업 사례와 관련시켜 설명을 전개하려 한다.

Ⅱ. 영어동화책 선택기준

영어동화책을 선택할 때 학부모나 교사/강사들이 대체적으로 우선 고려하는 문제는 영어의 난이도와 학습 활용도에 있다. 왜 동화책을 사용하는가에 대해서 엘리스(Gail Ellis)와 브루스터(Jean Brewster)는 "아이들은 모국어로 이야기를 듣는 것을 좋아하고 서사의 관습을 이해한다. … 동화책은 아이에게 친숙한 문맥 속에 드러난 외국어를 이상적으로 제시할 수 있도록 해 준다"(1)고 말한다. 동화책의 서사에 익숙해진 아이들은 모국어든 외국어든 상관없이 이야기의 세계를 이해할 수 있으며, 이런 이해를 바탕으로 외국어를 보다 쉽게 받아들일 수 있다. 아이들은 이야기 속에서 자란다. 특히 좋아하는 이야기를 반복해서 듣는 것을 좋아한다. 동일한 그림책이나 동화책을 반복해서 읽는다는 것은 아이들이 그 이야기 속에서 매번 새로운 내용을 발견하고 새로운 것을 탐색한다는 의미이다. 이런 반복적인 독서는 아이들이 무언가를 학습한다는 강압적인 느낌 없이 자연스럽게 이야기 속에 녹아든 언어를 배울 수 있기 때문에 언어학습에 긍정적인 도움을 준다. 만일 그 동화책이 "예측 가능한 책"(predictable book)이라면 효과는 더욱 배가될 수 있다.

아이들이 가장 사랑하는 책 중 하나인 『갈색곰, 갈색곰, 무얼 보고 있니?』(*Brown Bear, Brown Bear, What do You See?*)는 대표적인 "예측 가능한 책"으로, 소리 내어 문장을 읽을 때 강약의 리듬을 음악처럼 느낄 수 있는 작품이다. 이 책을 펼치면 양쪽 페이지에 걸쳐 한 마리의 동물이 아주 선명한 원색으로 크게 그려져 있다. 그림과 색깔이 아이들의 시선을 사로잡는데다가, 문장이 간결하고 반복적이어서 영어를 처음 접하는 아이들은 낯선 언어에 거의 부담을 느끼지 않는다. 이 책의 왼쪽 페이지에는 "무얼 보고 있니?"(What do you see?)라는 질문이, 오른쪽 페이지에는 "나를 보는 (동물)을 보고 있지"(I see [an animal] looking at me)라는 대답이 교차되면서 끝까지 반복된다.[1] 반복적인 문

---

1 이 그림책의 저자인 빌 마틴 주니어(Bill Martin Jr.)는 글쓰기가 굉장히 어려운 작업이지만, 어떤 경우에는 놀랍게도 단어들이 쉽게 흘러들어온다고 말하면서, 이 책을 쓰게 된 날을 다음과 같이 설명한다. "어느 날 기차를 타고 출근하는 길에 '갈색곰, 갈색곰, 무얼 보고 있니?'라는 말이 들렸다. 그래서 그걸 받아 적

장을 통해서 아이들은 다음 페이지에 나올 문장을 예측할 수 있고, 쉽게 따라 말하면서 새로운 언어에 대한 자신감을 획득할 수 있다.

단순한 문장의 반복은 주로 "예측 가능한 책"이나 "문장이 누적되는 책"에서 볼 수 있다. 문장이 누적되는 책은 처음 나온 문장에 두 번째 문장이 더해지고, 다음 페이지에서는 이 두 개의 문장에 세 번째 문장이 더해져서 끝까지 모든 문장을 다시 읽게 되는 책을 말한다.[2] 이런 종류의 책들은 단순한 문장이 반복되므로 자연스러운 학습 효과가 생겨, 아이들의 영어 학습을 쉽게 만들어준다. 학부모나 교사/강사들은 영어 학습에 용이하게 활용할 수 있다는 이유로 예측 가능한 책이나 문장이 누적되는 책을 선호하는 경향이 있다.

그러나 문장이 반복되거나 누적되는 영어동화책의 경우에도 아이들이 이 책들을 영어 학습을 위한 교재로 인식하는 것은 바람직하지 않다. 무엇보다도 동화책은 재미있는 것이라고 여기는 감상적 행위가 먼저 이루어져야 한다. 이런 감상행위를 위해서는 아이들의 언어수준뿐만 아니라 선호도를 고려한 적절한 동화책 선정이 중요하다. 엘리스와

었다. … 그리고 나는 '나를 바라보는 빨간 새를 보고 있지요'라고 적었고, 이어서 '노란 오리,' '파랑 말,' '초록 개구리,' '보라 고양이.' '하얀 개' 등을 썼다" 면서 전체 문장을 완성하는 데 수 분도 채 걸리지 않았다고 말한다(Kovacs and Preller 42).

2 대표적으로, 전래동요를 바탕으로 한 그림책인 『잭이 지은 집』(*This is the House That Jack Built*), 『파리를 삼킨 할머니』(*There Was an Old Lady Who Swallowed a Fly*), 오드리 우드(Audrey Wood)의 『낮잠 자는 집』(*The Napping House*) 등이 있다. 『잭이 지은 집』의 경우, 첫 문장은 "이것은 잭이 지은 집이랍니다"이고, 이어지는 문장은 "이것은 잭이 지은 집에 놓여있던 엿기름이죠"(This is the malt that lay in the house that Jack built), 다음 문장은 "이것은 잭이 지은 집에 놓여있던 엿기름을 먹은 쥐랍니다"(This is the rat that ate the malt that lay in the house that Jack built)로, 이야기가 끝날 때까지 문장이 계속 덧붙여져 늘어나게 된다.

브루스터는 많은 출판업자들이 영어 학습을 위해서 단순화된 동화책(simplified storybooks)을 출판한다면서 "그러나 아이들의 영어 학습에 적합한, 영어권 아이들을 위해 쓰인 많은 진정성 있는 동화책(authentic storybooks)이 있다. … 진정성 있는 동화책을 영어 학습에 사용할 때의 장점은 '생생한' 언어의 예를 보여주며 교실에 살아있는 세계를 보여줄 수 있다는 것이다"(9)고 주장한다. 그러므로 매우 당연한 말이지만 교사/강사의 편의를 위해 활용하기 쉬운 그림책, 간략하게 문장을 다듬거나 이야기의 구조를 단순화시킨 책을 고르는 것보다 아이들이 좋아할 수 있는 작품을 고르는 것이 중요하다.

이야기의 역사와 파급력에 대해 설명하는 비티(Janice J. Beaty)는 "어린 아이들에게 적당한 이야기와 책을 선택"하는 것이 중요하며, "그림책의 이야기를 어떻게 들려줄지 배워라"고 제안한다(5). 또 "이야기를 바탕으로 한 활동을 만들어라"고 강조한다(5). 아이가 좋아할 수 있는 책을 아이의 눈높이에 맞추어 읽어주고 이야기를 바탕으로 다양한 활동을 전개하는 것이 좋다는 것이다. 롸이트(Andrew Wright) 역시 이야기 선택에 대해 설명하면서 "교사가 좋아하는 책, 어린이에게 적합하다고 생각되는 책, 어린이가 잘 이해하고 즐길 수 있는 책, 풍부한 언어경험을 제공하는 책"(*Storytelling* 11)을 고르라고 말한다. 파커(Richard Parker)와 파커(Rona Parker) 또한 "아이들과 교사가 즐기고 또 즐길 수 있는 책" (184)을 선택해야 한다면서, "그림(삽화)은 특히 영어가 제2외국어/2차 언어인 어린 학습자들을 위한 책에서 정말 중요하다"(185)고 강조한다.

그림책을 읽을 때 영어로 쓰인 문자정보가 상대적으로 중요하지 않은 경우는 흔히 접할 수 있다. 그림책은 글보다 그림이 많은 것을 전달하기 때문이다. 그림책의 그림에 접근하는 태도는 아이들과 성인이 상당한 차이를 보인다. 필자는 학부 교과목인 "영미아동문학" 강의 시간에 학부생들에게 약 다섯 권 정도의 그림책을 주고 감상하도록 했다. 그림책이 유아를 위한 쉬운 책이라고 생각하던 학생들은 위즈너(David Wiesner)의 『화요일』(*Tuesday*)을 읽으면서 난감해했다. 글 없는 그림책(wordless book)에 가까운 『화요일』은 "화요일 저녁 8시경"(2) 정도의 문자정보만 제공할 뿐, 수많은 개구리가 연잎을 타고 둥둥 떠오르는 그림이 여러 페이지에 걸쳐 전개될 동안 더 이상 설명을 덧붙이지 않는다(그림 1 참조). 이런 그림책들은 글과 그림의 관계가 같은 이야기를 반복하거나 보충하는 정도에 그치는 것이 아니라, 서로 다른 이야기를 할 수 있다는 것을 보여준다.[3] 즉 이야기에 접근할 때 문자정보만이 중요한 것이 아니며, 그림도 글만큼 중요하다는 것을 매우 명백하게 드러내는 예이다. 어른들은 문자에 익숙하기 때문에 이런 책들을 낯설어하고 당황스러워한다. 반면 어린 아이들은 이런 작품들에서 어른들과 달리 즐거움을 발견한다. 아이들은 문자정보가 아니라 그림이 주는 정보에 즉각적이고 직관적으로 반응할 수 있기 때문에 즐겁게 그림책을 감상할 수 있는 것이다. 이런 그림책이 이미 문자정보에 익숙해진 어른들에게 난해하기 그지없는 어려운 세계가 되는 이유는 어른들이 아이들과 달리 논리적으로 해석이 가능한 영역 내에서만 그림책을 해석하려고 애를 쓰기 때문일 것이다.

---

3 글과 그림의 상관관계는 같은 이야기를 반복하는 대칭 유형, 서로 보완하는 보충 유형, 서로를 강조하고 확장시키는 강화 유형, 서로 다른 이야기로 의미를 만들어내는 대비 유형, 각기 다른 방향의 이야기를 하는 모순 유형이 있다 (Nikolajeva and Scott 226).

그림 1.『화요일』

이 그림책을 아이들과 함께 읽을 때 가장 중요한 점은 그림을 '같이' 바라보는 것이다. 아이들이 그림을 볼 때 논리적이거나 현실적인 설명을 원하는 것은 아니다. "와, 개구리가 날아가네. 어떻게 개구리가 날아가지?" 등의 질문을 하면 아이들은 그림과 질문에 대해서 생각하고 스스로 답을 찾아간다. 이처럼 아이들에게 그림이란 또 다른 언어가 된다. 롸이트는 언어를 가르치는 교사들이 왜 그림을 활용해야 하는가를 설명하면서 다음과 같이 밝히고 있다.

> 구두 언어(verbal language)는 우리가 맥락으로부터 의미를 알게 되는 방법의 하나일 뿐이다. 우리가 보는 것들은 우리에게 영향을 주고 정보를 제공하는 대단한 역할을 하고 있다. 우리는 우리가 듣고 읽는 것들뿐만 아니라 우리 주변의 것들을 보고 우리가 본 것을 기억하는 것들로부터 예측하고 추론하고 추측한다. (*Pictures* 2)

그림책을 읽을 때 문자정보만큼이나 그림정보가 중요하다는 말은, 다시 말해서 영어동화책을 선정할 때 그림책의 질적 수준이 반드시 고려되어야 한다는 것을 의미한다.

그러므로 어떤 수준의 동화책을 선정할 것인가의 문제보다 더욱 중요한 문제는 어떤 주제의 동화책을 선정할 것인가에 있다. 이런 고민은 아마도 우리가 어린이와 아동문학에 대해 갖고 있는 숱한 가정들, 좀 더 직접적으로 말하면 많은 편견과 고정관념에서 비롯된 것이다. 어른들은 전쟁, 삶의 비참함, 부모의 이혼, 결손가정과 다문화가정, 고아, 학교폭력과 왕따 문제, 섹스와 폭력, 동성애와 같은 어두운 주제를 다루는 책들을 피하고 싶어 한다. 아이들이 고통이나 죽음과 같은 심각한 문제를 제대로 이해하기 어려울 것이라고 주저하며, 가능하면 모든 인물들이 잘못을 뉘우치고 해피엔딩에 이르는 책들을 선정하려는 것이 보통 어른들의 마음이다. 이런 태도를 노들만(Perry Nodelman)과 라이머(Mavis Reimer)는 "검열"하려는 태도라고 설명하면서 "그러한 검열은 아이들에게서 문학의 기본적인 즐거움을 박탈하며, 실제로 고통을 겪지 않고도 괴로운 환경을 경험하여 현실의 삶에서 어려운 상황과 감정을 다루기 전에 미리 연습하는 기회를 박탈한다"(313)고 주장한다. 전래동화에서 빈번히 등장하는 폭력과 죽음의 문제를 생각해보면 노들만과 라이머의 주장이 얼마나 설득력이 있는지 쉽게 알 수 있다. 아이들은 전래동화에 등장하는 죽음의 문제를 권선징악의 구현으로 생각하며 실제로 벌어지는 현실세계의 죽음과는 다르게 받아들인다.

『아기돼지 삼형제』(*The Three Little Pigs*)에서 셋째 돼지가 늑대에 대한 두려움을 극복하고 꾀를 써서 늑대를 저녁식사로 잡아먹는다는 마지막 페이지를 읽고 난 후, 어른들과 아이들은 상당히 대조적인 반응을 보인다. 어른들은 대체적으로 돼지가 늑대를 잡아먹는다는 것을 끔찍하게 생각하며 아이들에게 적절하지 않은 내용이라고 여긴다. 그러나 이런 반응은 우리의 사고가 먹이사슬의 바깥으로 한 발짝도 나가지 못했다는 반증이다. 동화책을 읽을 때조차 우리는 합리적인 해석의 가능성에 더 많은 무게를 두는 것이다. 어른들은 이해할 수 있는 범주 내로 모든 이야기들을 끌어들이려 노력한다. 하지만 이것은 동화의 세계이다. 동화의 세계에서 돼지는 귀엽고 순수하거나 혹은 어리석은 피해자로 남는 것을 당당히 거부하고, 먹이사슬을 거슬러 늑대를 잡아먹는 승리자가 될 수 있다. 어른들의 우려와 달리 아이들은 이 이야기의 놀라운 반전을 통쾌한 승리로 받아들인다. 어리고 약한 아이들은 스스로 약자인 돼지가 되어 무시무시하게 위협하며 자신들을 잡아먹으려는 늑대와 싸운다. 아이들은 싸움의 온전한 승리란 그 위협을 없애는 것이며, 돼지가 늑대를 잡아먹어야만 위험이 사라지고 평화로운 세상이 올 수 있다는 것을 안다.

죽음의 문제를 매우 일상적이고 평온한 것으로 그리면서 아이들의 눈높이에서 설명하는 책도 있다. 버닝햄(John Burningham)의 『할아버지』(*Grandpa*)는 손녀와 할아버지의 평화로운 일상을 느린 속도로 보여주는데, 이제 새로운 것을 배워가면서 점점 생기를 띠어가는 손녀와 그 손녀를 사랑스럽게 지켜보며 점점 조용해지는 할아버지가 등장한다. 마지막 페이지에는 할아버지가 늘 앉아있던 의자가 텅 비어있고 이 텅 빈 의자를 가만히 바라보는 손녀가 그려져 있다. 죽음은 끔찍하거나 비극적인 것이라기보다 오히려 일상적으로 받아들이고 감내해야 하는 상실이라는 것을 어떤 문자적인 정보 없이도 설득력 있게 보여준다.

아이들의 심리상태를 섬세하게 다룬 책 역시 아이들의 공감대를 이끌어내어 독서에 몰입할 수 있도록 만든다. 센닥(Maurice Sendak)의 『괴물들이 사는 나라』(*Where the Wild Things Are*)나 새넌(David Shannon)의 『안 돼, 데이비드!』(*No, David!*) 같은 책들이 그러하다. 이 책들을 읽을 때는 아이들의 감정적 상태를 표현하는 그림에 대한 분석이 문자정보만큼이나 중요하다. 『괴물들이 사는 나라』의 맥스(Max)가 엄마에게 반항하다가 그에 대한 벌로 방에 들어가야만 하는 순간을 그린 페이지를 펼쳐보면, 쫙 펼쳐진 양쪽 페이지에서 맥스의 공간은 오른쪽 페이지의 아주 작은 사각형 안에 갇혀있다. 하지만 이야기가 전개되고 맥스의 상상력이 커질수록 맥스를 설명하는 그림은 점점 커져 오른쪽 페이지를 다 채우고 마침내 왼쪽 페이지까지 꽉 채워버린다. 이 작품에서 그림의 크기는 아이들의 심리적 상태를 표현한다. 현실에서 아이들은 몸집이 작고 아직 지적 능력이 부족한 자신들이 어른보다 훨씬 왜소하다고 여긴다. 하지만 상상의 세계에서 그는 얼마든지 통치자가 될 수 있으며 가장 힘 있는 왕이 될 수도 있다. 상상의 세계에서 영원히 살 수 없는 맥스는 다시 현실세계인 자신의 방으로 돌아오는데, 이 때 맥스의 공간은 첫 페이지의 작은 사각형과는 달리 온전히 오른쪽 페이지 전체를 채운다. 상상의 세계를 통해 그는 스스로의 분노를 조절하고 엄마의 사랑이 여전하다는 것을 깨달으며 훨씬 확장되고 성장한 자신을 인식하게 된다.

이 외에도 다양한 문화적 체험을 위해서 다른 나라의 문화가 담겨있는 동화책을 고르는 것도 필요하다. 맥더모트(Gerald McDermott)의 『태양으로 날아간 화살』(*Arrow to the Sun*)이나 『거미 아난시』(*Anansi the Spider*), 에드 영(Ed Young)의 『일곱 마리 눈먼 생쥐』(*Seven Blind Mice*) 같은 작품은 이야기 자체도 재미있거니와, 푸에블로(Pueblo)의 설화나 서아프리카와 카리브지역 민담의 주인공, 혹은 그림에 담겨있는 중국적 특성을 작품을 읽으면서 즐겁게 감상할 수 있다. 반대로 우리나라의 전통문화를 영어그림책이나 동화책으로 펴낸 작품들도 있는데, 어느 정도의 수준이 있는 학생이라면 『사금파리 한 조각』(*A Single Shard*) 같은 이야기를 읽을 수 있을 것이다.

영어도서를 구입할 때 구입가와 구입의 편의성을 우선적으로 생각하는 어른들은 대개 할인율이 높으면서도 수십 권을 한꺼번에 마련할 수 있는 전집을 선택하게 된다. 그러나 전집으로 구입할 경우 아이들의 선택권이 현저하게 낮아진다는 것을 유념할 필요가 있다. 유사한 패턴이 반복될 가능성이 높은 영어전집도서를 1권부터 마지막 권까지 읽어낼 수 있는 아이들은 드물 것이다. 게다가 전집으로 출판된 책의 경우 대체적으로 출판사 편집과정에서 일정한 판형과 통일된 표지디자인으로 구성이 되기 때문에 본래의 다양성이 사라지게 된다. 특히 축약본은 좀 더 많은 문제를 안고 있다. 옥스퍼드(Oxford) 출판사에서 나온 『책벌레』 시리즈(*Bookworm Series*)는 400개의 단어에서 2500개의 단어까지 단계별로 영어단어의 수를 제한하여 편집한 책들로, 전래동화부터 20세기 소설에 이르는 다양한 장르의 많은 작품들을 축약하여 출판한다. 이 시리즈는 무엇보다도 제한된 수의 영어단어를 알고 축약된 작품의 줄거리를 끝까지 완독하는 것을 각 단계의 목표로 삼는다. 독서의 진정한 목적이 줄거리 파악에 있는 것이 아니라고 볼 때, 간략하게 축약되어 편집된 책들은 어휘의 수를 제한한 덕에 눈에 보이는 독해력 향상에는 도움이 되겠지만, 장기적으로 독서의 즐거움을 경험하는 것을 방해할 위험성을 내포하게 된다.

문학작품의 독서는 자신과 사회, 나아가 세계에 대해서 생각할 기회를 제공한다. 하지만 국내의 상황을 고려할 때 축약본은 영어능력 향상의 부교재 정도의 역할밖에 하지 못할 가능성이 크다. 행간에서 느낄 수 있는 숨겨진 의미, 장면마다에 숨겨져 있는 여백의 공간들을 읽어내는 능력은 축약되지 않은 책을 접할 때 개발되고 발전되는 능력이다. 이것이야말로 독서의 힘이다. 그러므로 다양한 판형, 다양한 그림체, 다양한 주제를 담은 여러 작가들의 작품을 낱권으로 구입하는 편이 장기적으로 아이들의 정서와 영어교육에 도움이 될 것이다. 이왕이면 축약되지 않은 판본으로, 한 페이지마다 공을 들인 글과 그림이 있는 책을 선택하는 것이 좋다. 아이들 개개인이 좋은 책을 찾아 구입해서 읽는 일은 쉽지 않기 때문에 양질의 동화책을 선정하여 아이들의 손 가까이 놓아두는 일은 전적으로 학부모와 교사/강사의 몫이다.

Ⅲ. 영어동화책 활용법

책을 읽는다는 것은 우선 감상행위이다. 다양한 주제를 효과적으로 전달하는 동화책을 읽으면서 단지 언어학습에 초점을 맞추어 책을 파편적으로 접하기보다 하나의 작품으로 감상하게 되면, 전체적인 맥락의 이해와 더불어 언어학습의 효과가 더욱 배가될 것이다. 엘리스와 브루스터는 영어동화책이 "언어학습을 개발시키는 방법"(2)이 될 수 있으며, 나아가 "수학이나 과학, 역사, 지리, 환경, 미술과 공예, 음악과 드라마"(3) 등 다양한 교과주제를 아우를 수 있다고 주장한다. 영어동화책을 통해서 어린이독자들은 영어라는 외국어뿐만 아니라 그 나라의 문화와 역사, 사회, 사람들이 부대끼고 살아가는 공동체의 모습을 알게 된다.

그럼에도 불구하고 국내의 여건상 영어그림책이나 동화책을 선택하여 읽어줄 때 어른들이 가장 염두에 두는 것 중 하나는 영어 학습일 수밖에 없다. 이 때 어른들이 주로 저지르는 실수는 어떤 책을 읽을 때 아이들이 그 속에 담긴 모든 문자정보를 완벽하게 습득해야 제대로 책을 읽은 것이라고 여기는 것이다. 어른들은 아이들이 단어의 뜻과 철자를 알아야 하고 책에 쓰인 문장도 읽거나 쓸 수 있어야 한다고 믿으며, 만일 아이들이 그렇게 하지 못할 때 시간을 낭비하고 있다고 부정적으로 생각한다. 하지만 이렇게 영어책을 읽어야 한다면 아이들의 흥미는 오래 지속되기 어려우며, 장기적으로 독서에 대한 부담감을 늘려주는 부작용을 낳기 쉽다. 게다가 영어동화책 내의 모든 단어를 100% 암기하는 것만이 바람직한 학습방법은 아니다.

책은 교재가 아니다. 교재는 학습자의 학습목표를 극대화시키기 위하여 필수적으로 필요한 정보를 여러 번의 검증을 거쳐 정제된 상태로 내놓은 것이다. 즉 교재 안에 들어있는 정보는 학습에 필수적으로 필요하기 때문에, 그 정보를 가능한 한 최대한 습득하고 기억하여 활용하는 것이 당연히 중요하다. 하지만 책이란 이야기를 들려주어 독자의 사고 범주를 확장하고, 이를 통해 세상을 보는 눈을 넓히는 데 목적을 둔다. 이런 점에서 반드시 책에 있는 모든 문자정보를 외우고 기억할 필요는 없다. 다시 말해서 독자가 당면한 가장 최우선의 목표는 단어나 문장의 암기가 아니라 사고력의 확장이다. 자신의 마음에 드는 일부분의 정보만을 습득하더라도 충분히 "책을 읽었다"고 말할 수 있는 것이다.

아이들에게 이야기를 효과적으로 읽어주기 위해서는 교사/강사의 세밀한 계획과 준비가 필요하다. 비티는 "아이들의 관심을 얻기 위해서 책을 어떻게 소개할 것인지, 어떤 말과 대화를 극적인 목소리로 읽어줄 것인지, 어떤 독서 후 활동을 할 것인지 결정하고 준비하라"(19)고 말한다. 필자 역시 영어그림책이나 동화책에 대해서 강의할 때 "즐거운 감상, 분석적 감상, 창조적 감상"을 강조한다. 동화책의 재미를 알아내고 인물과 주제에 대해 생각해보는 작업은 자연스럽게 창조적이고 창의적인 독서 후 활동으로 이어지게 되기 때문이다.

보통 스토리텔링을 준비할 때 세 단계의 활동계획이 필요하다. 학습

활동 계획은 "모든 수업에 균일화된 활동을 제시하는 것보다 수준과 상황을 고려하여 다양한 활동을 배치하는 것이 좋다"(손향숙, 이수진 외 235). 좀 더 세부적으로 활동계획을 세운다면 읽기 전 활동(Activities Before Reading), 읽기 중 활동(Activities While Reading), 읽기 후 활동(Activities After Reading)이 그것이다.[4] 물론 이 세 가지 활동 이전에 반드시 교사/강사의 사전작업이 있어야 한다. 사전작업이란 책을 읽어주기 전에 미리 내용을 파악하고 학습활동 계획을 수립하는 것을 말한다. 어린이를 위한 책이라고 해서 작가들이 쉬운 단어만을 골라 쓰지는 않는다. 게다가 우리가 생각하는 쉬운 단어의 기준이 일상적으로 원어민들이 사용하는 모든 단어를 다 포함하고 있는 것이 아니기 때문에 미리 어휘를 점검하지 않으면 책을 읽어줄 때 낭패를 당할 수도 있다. 이 때 아이들과 클래스 수준에 적절한 활동계획을 수립하고 책을 효과적으로 읽어주기 위해 필요한 준비물들(예를 들어 단어카드, 문장카드, 인물그림이나 인형, 스토리보드 등)을 점검해야 한다.[5]

1. 읽기 전 활동

읽기 전 활동은 책을 읽기 전에 아이들과 함께 하는 사전작업이라고 볼 수 있다. 읽기 전 활동에는 동화책의 표지그림에 대한 이야기, 새로운 단어 소개하기, 브레인스토밍(brainstorming) 작업, 책 내용 예측하기 등이 있다.

---

4 『영어독서지도 이론과 실제』 234-38 참고.

5 여기에서 말하는 스토리보드(storyboard)는 유아나 초등 저학년들에게 이야기를 들려줄 때 벨크로 테이프나 자석 등을 이용하여 단어카드나 인물그림을 붙여서 보여줄 수 있는, 펠트나 부직포, 합석 등으로 만들어진 판을 말한다.

아이들을 위한 동화책은 특히 삽화가 상당히 중요한 부분을 차지하는데, 보통 문자정보를 읽는 것에 익숙한 어른들은 표지에 그려진 그림을 자세히 보지 않고 지나치는 경우가 많다. 동화책의 표지는 이야기의 시작이자 일부분이다. 주인공을 소개하기도 하고, 어떤 일이 벌어질지 예측하게 만들기도 하며, 사건의 한 장면을 독자에게 던져주기도 한다. 표지그림을 자세히 들여다보고 누가, 무엇을, 어디에서 하고 있는지 등을 질문하는 것은 책에 몰입하도록 만드는 좋은 방법 중 하나이다. 『개구리의 점심식사』(*Frog's Lunch*)의 표지에는 연잎 위에 앉아있는 개구리가 몸을 움직이지 않은 채 커다란 눈동자로 오른쪽을 노려보는데, 미소 짓는 입 사이로 혀가 살짝 드러나 있다. 개구리가 아무런 이유도 없이 이렇게 앉아있는 것은 아니다. 책을 펼쳐 속표지를 보면 개구리가 바라보던 방향에 통통한 파리 한 마리가 날아가는 것이 보인다(그림 2 참조).

그림 2. 『개구리의 점심식사』 표지와 속표지

이 동화책을 읽을 때 표지에 대해 열심히 생각해보지 않는다면, 개구리의 눈동자와 혀, 다음에 등장하는 파리의 관계가 어떻게 구성되어 있는지 놓칠 수도 있다. 이렇게 표지에 대해 이야기를 나누는 것은 동화책을 문학작품으로 감상하는 중요한 첫걸음이 된다.

브레인스토밍 작업이란 아이들이 표지나 제목에서 얻은 정보를 바탕으로 다양한 생각들을 쏟아내는 활동인데, 어떤 단어들을 선택하여 그 단어에 대해 설명하고 생각하는 것 역시 독서를 즐겁게 만드는 준비과정에 속한다. 단어나 문장, 인물, 표지나 그림책 속 한 장면을 키워드로 삼고 이에 대한 생각을 확장해나가면 된다. 위의 작품에서는 표지에 등장한 개구리를 중심단어로 놓고 개구리에 대해서 아이들이 얼마나 알고 있는지, 어떤 점을 흥미로워하는지 알아볼 수 있다. 아이들의 이해도와 흥미도를 책을 읽는 중이나 책을 읽고 난 다음의 활동과 연계시킬 수 있을 것이다.

2. 읽기 중 활동

읽기 중 활동은 책을 읽을 때 아이들이 지속적으로 흥미를 느끼면서 사고를 확장할 수 있도록 돕는 내용으로 구성된다. 인물들이 등장하여 어떤 상황에 놓일 때 아이들이 느끼는 감정을 말하도록 하는 활동, 중요한 대목에서 읽기를 잠시 멈추고 아이들이 다음 상황이나 장면에 대해서 예측해보도록 하는 활동, 사건의 목록을 작성해보는 활동, 인물의 행동을 정리하고 추측해보는 활동 등이 독서의 흐름을 깨뜨리지 않으면서 자연스럽게 다양한 생각을 표현해볼 수 있도록 돕는다.

3. 읽기 후 활동

읽기 후 활동은 동화책을 읽은 다음, 내용을 정리하거나 분석하고 아이들로 하여금 자신들의 생각을 다양한 방법으로 표현해 볼 수 있도록 만들어준다. 읽기 후 활동은 독서가 끝난 뒤 책의 내용을 정리하는 것으로 시작한다. 보통 책의 내용을 이해했는지를 묻는 질문, 혹은 책 내용을 활용한 참과 거짓(True or False) 게임 같은 활동이 있다. 책의 내용을 보다 적극적으로 아이들의 활동에 활용하려면, 주어진 문장의 빈칸을 채우는 활동, 섞여 있는 문장을 이야기의 순서대로 배열하는 활동 등을 할 수 있다. 읽기 후 활동 중 필자가 아이들과 가장 많이 하는 작업은 이야기지도(story map) 그리기와 책 만들기(Book making)인데, 이 두 활동은 독서경험의 즐거움과 언어 학습이라는 두 목표를 동시에 달성하도록 만들어준다. 아이들 역시 독서과정 중에 얻은 다양한 생각을 창의적으로 표현할 수 있어 이 두 가지 활동을 매우 선호한다.

이야기지도 그리기는 이야기의 중요 장면을 선택하여 도화지에 그려보는 활동을 말한다. 이야기지도 그리기 활동은 이야기를 다시 말해보는(retelling) 활동과 밀접한 관련이 있다. 교사/강사로부터 들은 이야기를 다시 말해보려면, 아이들은 이야기의 인물과 주제, 구성에 대한 이해와 더불어 문법적 사항에 대한 지식을 지니고 있어야 한다. 따라서 이야기지도를 그리면서 아이들은 자신들의 부족한 부분을 탐색하고 교사/강사는 이를 보충해 줄 수 있다. 책 만들기 역시 아이들의 창의적인 사고를 자극하고 이를 통해 결과물을 만들어내는 매우 뛰어난 읽기 후 활동이다. 간단한 종이접기나 책 접기를 활용하여 책의 형태를 만든 뒤 아이들은 동화책에서 재미있었던 장면, 인상 깊은 대목, 가장 마음에 드는 인물이나 사건, 혹은 결말 이후의 이야기 등을 책에 적어본다. 연령대나 영어수준과 상관없이 아이들이 가장 몰입하는 활동 중 하나가 바로 이 책 만들기 활동이다. 하지만, 이야기지도를 그리거나 책을 만드는 활동이 단순히 책의 내용을 기억한다거나 중요구문을 반복해서 학습하는 것에만 목적을 두어서는 안 된다. 이 활동들의 목적은 이야기를 다시 재구성하며 이해도를 높이고, 창의적인 변형을 가하여 자신만의 관점을 확립해가는 데 있다.

독서란 새로운 경험을 전달하고 이를 바탕으로 아이들은 자신의 사고력을 확장하며 나아가 창의적인 결과물을 만들어 낼 수 있게 만들어 준다. 이것이 바로 영어동화책이 영어학습의 교재에 그쳐서는 안 되는 이유이다.

> 교사가 이야기를 단순히 문법이나 어떤 어휘범위나 기능을 소개하고 연습하는 데 사용한다면, 아이들은 교사에 대한 믿음과 '이야기'라는 단어의 의미를 상실하게 된다. 언어의 특성에 관심을 기울일 때는 이야기의 마법을 전적으로 잃어버리지 않도록 주의하라! (*Storytelling*, Wright 5)

아이들이 재미있는 동화책을 읽어주는 교사/강사에게서 숨겨진 언어학습의 의도를 발견하면, 이야기 자체에 기울이는 관심이 줄어들게 된다. 이렇게 관심이 줄어들면, 독서량이나 독서태도에 영향을 미치고, 장기적으로는 독서의 즐거움을 잃게 될 것이다.

Ⅳ. 사례 연구

유아들과 초등학생들에게 이야기를 들려줄 때 작품 선정의 문제는 매우 중요하다. 앞선 장에서 설명했다시피 다양한 선택기준이 있겠지만, 아이들의 선호도가 우선적인 기준이 되어야 한다. 필자가 사례 연구에서 설명하려는 작품들의 목록과 대상연령은 다음과 같다.

책제목	저자	출판사	대상(가능)연령
An-I-Can-Read 시리즈	various authors	Harper Collins	유아~ 초등고학년
What's the Time Mr Wolf?	Collin Hawkins	Mammoth	유아~ 초등저학년
Henny Penny	H. Wener Zimmermann	Scholastic	유아~ 초등저학년
Green Eggs and Ham	Dr. Seuss	Harper	초등
Piggybook	Anthony Browne	Walker	초등
Cloudy with a Chance of Meatballs	Judy Barrett	Aladdin	초등/중등

위의 동화책들은 국내외 출판사가 만들어놓은 기준과는 상관없이, 필자의 수업에 참여한 학생들의 영어수준과 한 클래스의 정원, 수업시간, 수업 후 활동 가능 정도에 따라 선정한 것이다. 아래 사례에 해당하는 수업은 보통 단기프로젝트로 기획되었음을 미리 밝힌다.

1. J 교육원 여름특강 스토리텔링 수업

이 클래스는 초등학생들을 대상으로 한 여름 특강 스토리텔링반이었다. 영어 습득과 구사 정도에 따라 상중하로 나누어진 학생들의 수준별로 반이 구성되었지만, 각 반에 들어온 학생들 내에서조차 영어수준의 편차가 매우 심했다. 특강기간은 3주로 구성되었고 매일 한 시간씩, 한 주에 한 권의 동화책을 읽는 것이 수업의 목표였다. 선정한 동화책은 하퍼 콜린스(Harper Collins) 출판사의 『난 책읽기가 좋아』(*An-I-Can-Read*) 시리즈 중 세 권이었다.[6]

---

6 국내 출판사 비룡소에서 *An-I-Can-Read* 시리즈를 번역출판하면서 『난 책읽기가 좋아』라는 제목으로 번역하였으므로, 이를 그대로 사용함을 밝힌다.

약 40페이지로 이루어진 동화책 한 권을 매 시간 같이 읽는 방식으로 수업이 진행되었다. 대부분의 학생들은 동화책의 단어들을 읽고 해석할 수 있는 상태였고 두세 명의 아이들만이 이를 버거워했는데, 필자는 단어를 많이 알고 있느냐 아니냐가 중요하지는 않다고 말해주었다. 현재 문자정보를 읽어낼 수 있느냐가 이 동화책을 즐길 수 있느냐와는 크게 관련이 없었기 때문이었다. 열다섯 명 정도의 아이들이 각자 돌아가면서 한 페이지씩 읽기를 끝내면 전체적인 내용을 간략히 설명하였고, 영어수업의 특성상 전체가 즐길 수 있는 쉬운 워크시트나 활동을 준비하여 목표언어를 반복하였다. 무엇보다 중점을 둔 부분은 각 이야기에서 다루는 주제, 문화의 다양성을 보여주는 예, 엉뚱하고 환상적인 사건과 인물들의 대응 등 독서의 즐거움 자체를 알려주는 것이었다.

어느 날 한 학생이 수업이 끝난 뒤 동화책을 들고 와 모든 단어의 뜻을 하나씩 물어보면서 책에 적기 시작했다. 이유를 물었더니 "엄마가 한 단어라도 모르면 안 된대요. 선생님한테 전부 물어보고 오랬어요"라고 대답했다. 이 학생의 학부모는 아마도 '영어수업'을 들으면서도 영어동화책을 완벽히 읽지 못하는 아이의 상황을 이해하지 못했던 것 같았다. 그 부모들에게 영어동화책은 영어를 습득하기 위한 수단일 뿐, 그 안에 어떤 이야기가 들어있는가는 중요하지 않았던 것이다. 다른 학생들에게는 즐거운 경험이었을 그 수업이 이 아이에게는 영어수업의 연장일 뿐이었다. 이 아이에게 영어동화책 읽기가 행복한 독서 경험이 아니라 동화책의 겉모습을 한 영어공부로만 남을 것이 예견되어 매우 안타까운 순간이었다. 동화책은 우선 즐거운 독서 경험이어야만 한다. 영어로 쓰였다고 해서 동화책을 영어를 배우는 교재로 생각해서는 안 될 것이다. 만일 이런 불편한 경험이 계속된다면 아이는 동화책을 볼 때마다 모르는 영어단어를 공부하고 외워야만 하는 교재 이상의 느낌을 받지 못할 것이다.

2. N 지역도서관 여름특강 수업

지역에 있는 도서관의 여름특강에서 수강대상은 3학년부터 6학년이었다. 실제 수업이 열리기 전 행정담당자는 그 지역에서 방학 때 영어를 공부하려는 아이들이 얼마나 될 것인지 불분명하다는 우려 섞인 전화를 걸어왔고, 수강대상이 많지 않을 것이라면서 수준별로 반을 나누는 것은 불가능하다고 말했다. 실제로 수업을 시작하자, 아이들의 연령대가 매우 다양하다는 것이 드러났다. 수강대상인 3-6학년뿐만 아니라 언니오빠를 따라온 동생들까지 들어와, 6세부터 6학년까지 한 반에 같이 있는 상황이 되었다. 수업은 소강당에서 이루어졌는데, 올망졸망한 아이들의 눈망울에는 기대가 가득했다. 마룻바닥에 무리지어 앉은 아이들의 영어수준이 그보다도 더 다양했음은 말할 필요도 없다. 알파벳도 모르는 아이부터 학교에서 영어를 배우고 있는 6학년까지, 다양한 아이들의 관심사를 끌 수 있는 재미있는 그림책이 필요했다. 영어의 수준을 높인다거나 영어단어를 더 배우게 만드는 것이 수업의 목표가 될 수 없다는 점은 분명했다. 아이들과 영어로 '놀이'를 해야 했던 것이다. 선택한 책은 다양한 연령대의 아이들이 모두 즐겁게 즐길 수 있는 『늑대 아저씨 몇 시에요?』(*What's the Time, Mr Wolf?*)와 『헤니 페니』(*Henny Penny*)였다.

『늑대 아저씨 몇 시에요?』는 간결한 그림을 바탕으로 특정한 문장(What's the time, Mr. Wolf?)이 반복되고, 그림의 힌트를 통해 상황을 예측할 수 있도록 쓰여 있다. 아이들이 쉽게 알아들을 수 있는 간단한 문자정보만을 갖고 있는 셈이다. 이런 동화책을 이용하여 숫자와 시간을 가르치는 것은 쉽지만, 이 특강수업처럼 연령대가 다양하고 영어수준도 천차만별인 클래스에서 영어문장을 반복 공부시키는 것이 최우선의 목표일 수 없었다. 아이들의 흥미를 떨어뜨리지 않고 언어학습의 목표도 달성할 수 있는 활동이 필요했다. 다양한 활동을 하기 위해서는 항상 교사의 발상의 전환이 중요하다. 교사는 예측 가능한 활동도 준비해야 하지만, 아이들의 사고를 확장시킬 수 있는 활동도 준비해야 한다. 『늑대 아저씨 몇 시에요?』에서는 우선 표지에 대한 이야기로 수업을 시작했으며, 늑대의 특성과 늑대가 나오는 다른 이야기들에 대해 질문해보았다. 늑대가 주인공인 그림책을 읽으면서 문자정보에만 초점을 맞춘다면, 늑대가 주인공이든 아니든 중요하지 않은 문제가 된다. 그러나 표지그림을 자세히 들여다보는 활동을 통해서 늑대의 일반적인 습성과 이 동화책에 등장하는 늑대의 특성 등을 생각해볼 수 있게 된다.

그림에서 얻을 수 있는 정보 외에 이 수업에서 중점을 둔 것은 시간에 대한 아이들의 개념을 확장해보는 활동이었다. 아침, 점심, 저녁에 해야 할 일이 대체적으로 정해져 있는 세상을 별다른 의문 없이 살고 있는 아이들에게 이런 세상을 뒤집어보고 탈출해보도록 하는 것이 이 활동의 가장 큰 목표였다. 아이들을 조별로 나누고 커다란 종이와 크레파스를 나누어 준 뒤 "이상한 나라의 시간표"를 만들도록 했다. 매일 하는 일들을 적은 종이띠와 시간이 적힌 종이띠를 각각 뽑아서 시간표를 작성하는 활동이었다. 예를 들어, "오후 두시"(It's two p.m.)라고 적힌 종이띠와 "잠을 잔다"(I go to sleep)라는 종이띠를 함께 뽑으면, 그 조의 아이들은 오후 두시에 해당하는 칸에 "잠을 잔다"라고 쓰는 것이다. 결과적으로 매우 뒤죽박죽인 이상한 시간표가 만들어지는데, 아이들은 말도 안 되는 이 시간표를 매우 열성적으로 만들어 발표했다.

이야기의 시간순서를 섞어보는 것뿐 아니라, 이야기의 결말을 바꾸어보는 활동 역시 사고력의 확장과 밀접한 관련이 있다. 『헤니 페니』(*Henny Penny*)를 읽고 나서 가장 중점을 둔 활동은 결말을 다시 써보는 활동이었다. 이 책에서는 간결한 문장이 반복되며 누적되는 형태로 쓰여 있다. 간결한 문장의 반복은 언어학습을 효과적으로 만들 수는 있지만, 독서행위의 여운을 남기기는 어렵다. 따라서 아이들의 사고력을 확장시키고 기존의 사고를 전환시키는 수업이 필요하다는 생각을 하게 되었다. 이야기의 결말을 바꾸어 다시 써보는 활동은 우선 이야기를 제대로 이해한 상태에서 기발한 아이디어로 이 이야기를 비틀어볼 수 있어야 한다. 이 경우 개인 활동보다는 항상 조별활동이 더 효과적인데, 여러 사람의 논의 속에서 아이디어가 가지를 뻗으며 풍성해질 수 있기 때문이다. 게다가 이 클래스의 특성상 어린 아이들은 조별활동을 효과적으로 할 수도 없었다. 그래서 조구성은 언니가 데리고 온 어린 동생과 짝이 되거나 고학년이 유아들과 한 팀이 되는 식으로 이루어졌다. 조별로 각기 다른 결말을 만들어 그것을 드라마로 보여주도록 했다. 활동을 준비하는 시간은 약 30분 정도였으며, 리더가 역할을 나누고 각자가 해야 할 말을 연습하였다. 필자는 30분 동안 각 조를 돌아다니며 아이디어의 방향, 문장의 구성, 역할분담 등에 약간의 조언만 해주었다. 아직 영어가 서툰 어린 동생들도 같이 드라마에 참여했는데, 이 작품에는 동물들이 많이 나오므로 매우 적절하였다. 단 한마디의 영어도 제대로 발음하기 어려운 아이는 그냥 다른 아이들의 뒤를 따라다니는 동물 역할을 하면 되었던 것이다.

무슨 학예회나 연극발표회에서 하는 것처럼 근사하게 잘 짜인 드라마였을 리는 없다. 30분이라는 짧은 시간 동안 낯선 언어인 영어를 이용하여 무언가 발표해야 했기 때문이다. 거칠고 황당한 전개였을지도 모르지만 아이들은 자신들이 직접 만들고 참여하여 보여준 그 드라마를 매우 자랑스럽게 여겼다. 영어를 잘 하는 고학년에게도, 영어를 잘 못하는 어린 아이들에게도 한바탕 즐겁게 놀 수 있는 시간이었던 것이다.

3. K 교육원 여름특강 스토리텔링 수업

이 특강에서 선택한 동화책 중 한 권은 미국의 그림책 작가인 닥터 수스(Dr Seuss)의 『초록 달걀과 햄』(*Green Eggs and Ham*)이었다. 넌센스한 인물들이 등장하여 어이없는 상황들을 이어가는 이 책은, 풍부한 라임(rhyme)이 가득한 문장들을 제한된 어휘(50개)를 이용하여 담고 있다. 반복되는 간단한 문장들은 특히 소리 내어 읽을 경우 마치 음악처럼 리듬을 타는 것을 알 수 있다. 비티 역시 닥터 수스의 책은 "스토리텔러의 말이 아니라 저자의 말로 쓰인 그대로 크게 읽어줘야 한다"(17)고 제안한다.

이 책은 본래 미국 초등학교 아이들의 독서능력 향상을 목표로 두고 오로지 50개의 단어만을 사용하여 쓰였기 때문에 영어를 잘 모르는 아이들도 쉽게 이 작품을 완독할 수 있다. 영어학습의 측면에서 이 작품은 정말 유용한 동화책이다. 그러나 동화책의 목적이 영어실력 향상에 있는 것이 아니므로, 이 작품의 주제에 대해 다양하게 생각해볼 기회를 주기 위해 아이들에게 제목을 읽어주고 표지그림을 보여주면서 제목의 의미에 대해서 물어보았다. "초록 달걀과 햄"이란 어떤 뜻인지, 저자는 무엇을 말하려고 하는지 등의 질문은 아이들에게 상당히 어려웠는데, 이 작품의 경우 주제가 이야기의 결말에 이르러서야 선명해지기 때문이다.

닥터 수스의 동화책들이 미국에서 오랫동안 사랑받는 이유는 간결한 문장 속에 풍부한 라임을 담았다는 점 외에, 그 나름대로의 중요한 메시지를 전달한다는 데 있다. 이 작품은 편견에 대한 이야기이며, 고정관념을 깨뜨려보라는 메시지를 담고 있다. 음식의 고유한 색깔들을 변형시켜 독자들이 자신이 가진 고정관념과 편견을 인식하도록 만들려는 목적을 갖고 있는데, 음식의 색깔은 변하지 않는다고 여겼던 1960년대에 "초록 달걀과 햄"은 생각만 해도 메스꺼운 음식이었을 것이다. 음식에 대해 사람들이 갖는 보수적인 태도를 생각해보면 음식의 색깔을 변형시킨다는 것이 꽤 충격적인 일이었으리라 짐작할 수 있다.

1960년대와 달리 지금은 시중에서 연한 초록색을 띤 녹차 맛이나 클로렐라 맛 등의 소시지와 햄, 라면, 요플레 등을 쉽게 구입할 수 있다. 흰 색의 밥은 분홍색이나 검정색, 노란색으로 나오기도 하고, 고구마와 양파는 보라색, 수박은 노란 색의 새로운 품종이 개발되었다. 그런 이유 때문에 아이들은 "초록 달걀과 햄"이 어째서 맛없는 색깔인지 이해하지 못했으며, 음식의 색깔이 식욕을 떨어뜨린다는 것을 받아들이지 못했다. 따라서 닥터 수스가 말하려는 주제에 생생히 접근하기 위해서는 아이들이 '실제로 경험'하는 방법이 필요했다. 필자는 이 동화책을 끝내는 마지막 수업 전날 밤 식용색소를 준비하여 햄을 담가두었다. 12시간을 담군 햄은 매우 진한 초록색으로 변하였는데, 식욕을 떨어뜨리기에 충분했다. 이 햄을 요리하여 보여준 뒤 원하면 먹어보라고 했더니, 예민한 아이들은 끔찍해했으며, 호기심이 많은 아이들은 우선 색깔을 보고 냄새를 맡고는 먹어보기 시작했다. 색깔과는 달리 맛있다는 반응이 대부분이었는데, 단지 색깔만 달라졌을 뿐 맛이 달라진 것은 아니었기 때문이다.

모든 동화책 수업이 끝난 뒤 가장 재미있었던 책을 꼽아보라고 했더니 많은 수의 아이들이 닥터 수스의 작품을 꼽았고, 초록색 햄의 맛이 가장 생각난다고 답했다. 이 책을 읽으면서 아이들과 같이 한 활동은 음식의 색깔을 바꿔보는 다양한 게임, 색칠하기와 짝 맞추기 등이었지만, 기묘한 색깔을 띤 음식을 직접 맛보는 것이 가장 인상적인 활동으로 각인되었던 것 같다. 어떻게 읽히고 어떤 활동을 선택할 것인가에 대한 고민은 평범한 수업에서 경험할 수 없는 독특한 활동으로 이어졌다. 수업에 참여한 모든 아이들이 50개에 불과한 그 책의 단어를 완벽히 쓰거나 암기하지 못했을 수도 있다. 또한 문법적 사항에 대한 설명을 하지 않았으니 그에 대한 지식도 얻지 못했을 수 있다. 하지만 아이들은 자신이 갖고 있는 고정관념에 대해 생각을 해 볼 수 있는 값진 기회를 가질 수 있었다.

4. T 단기특강 스토리텔링

초등 고학년을 대상으로 가족 내의 성차별을 다룬 작품인 브라운(Anthony Browne)의 『돼지책』(*Piggybook*) 수업을 진행하였다. 『돼지책』은 그림책의 특성을 매우 잘 보여주는 책이다. 문자정보가 벌어진 사건만을 서술한다면, 그림은 그 서술의 이면에 숨겨진 상황과 감정을 아주 세밀하게 전달한다. 예를 들어 피곳 씨(Mr Piggot)와 두 아들이 엄마가 사라진 집에서 어쩔 줄 몰라 할 때 창문 밖에는 늑대의 그림자가 어른거린다. 이 장면에서 늑대에 대한 언급은 한 줄도 없지만 엄마 없는 빈 집에서 느끼는 공포감은 생생히 전달된다.[7]

---

7 브라운의 그림책에 대한 자세한 설명은 졸고, "흐려지는 경계와 확장되는 상상력: 앤서니 브라운의 그림책"(『판타지, 매혹적 상상의 세계: 영미아동문학 들여다보기』. 광주: 전남대출판부, 2013. 141-73) 참고.

『돼지책』에서 엄마인 피곳 부인(Mrs Piggot)이 집을 나갔을 때 아이들이 보여주는 반응은 상당히 흥미로웠다. 그림책 초반에 엄마 혼자서 집안일을 떠맡는 상황에서는 별다른 반응을 보이지 않았지만, 엄마가 벽난로에 "너희들은 돼지야"(You are pigs)라는 짤막한 편지 한 장을 남겨두고 집을 떠나는 장면이 등장하자 아이들은 각기 다른 의견을 드러내었다. 남자아이들은 집을 나가버린 엄마의 행동과 어머니의 '부재'라는 상황 자체를 견디기 힘들어했다. 엄마는 언제나 집에 있어야 하고 아이들을 양육해야 하는 막대한 책임을 진 존재이므로 엄마가 집을 떠나는 것은 자신의 책임을 방기하는 엄청난 배신행위라고 여겼기 때문이다. "칫, 엄마가 집을 어떻게 나가?"라고 말하거나 혹은 불편한 얼굴로 아무런 대꾸도 하지 않는 남자아이들은 이미 벌어진 상황과 자신들에게 미칠 영향에 대해 집중하였다. 반면 여자아이들은 어떤 이유로 이런 상황이 벌어졌는가에 관심을 기울였다. 여자아이들은 "아빠가 엄마를 도왔어야지"라고 상황을 정리하는데, 이는 남학생들에 비해 여학생들이 가정 내에서 엄마가 하는 노동의 강도를 훨씬 더 잘 이해하고 공감한다는 것을 보여주었다. 게다가 여자아이들은 엄마가 집을 나가버린 것은 놀라운 일이지만 한편으로는 그럴 수도 있다고 말했다. 남자아이들은 여자아이들에 비해서 '어머니'의 역할과 '여성'의 역할에 대해서 훨씬 보수적인 태도를 보여주었는데, 자신들이 아버지의 무관심함에 대해서는 관대한 반면, 어머니의 책임 방기에 대해서는 매우 가혹하고 엄격한 태도를 취하는 이중성을 지니고 있다는 것을 알지 못했다. 이는 가정과 사회의 가부장적인 분위기가 아이들에게 내재되어 있다가 무의식중에 드러난 것으로 보인다.

이 작품을 읽을 때 돼지로 변한 세 남자와 창문 밖을 어슬렁거리는 늑대 그림을 보면서 전래동화의 특성에 대해 아이들과 이야기할 수 있다. 또한 브라운이 페이지마다 그려놓은 다양한 소품들과 벽지 등을 관찰하여 다양한 이야기를 끌어낼 수도 있다. 주제 측면에서는 집안 노동의 불균형, 양성평등의 문제, 나아가 젠더의 문제를 제시할 수 있다. 이 경우 수업대상이 초등학생이었으므로 가장 손쉬운 활동인 역할놀이를 활용하였다. 엄마가 해야 하는 집안 노동의 목록을 만들어 얼마나 많은 일을 하는지 생각해보게 하였고, 그 목록에서 아이들이 엄마의 노동을 도울 수 있는 항목은 몇 개나 되는지 말해보도록 했다. 즉 이 수업에서는 영어문장을 얼마나 잘 말하느냐보다는 성역할이나 성차별 같은 이 책의 핵심내용을 어떻게 생각하느냐에 중점을 두었다. 영어 학습은 책의 주제를 열심히 생각해보면서 달성할 수 있는 부수적인 결과물이 된다.

5. J 교육원 중학생 대상 스토리텔링

중학생들에게 그림책을 활용한 스토리텔링을 하는 경우 위에서 살펴본 『돼지책』의 경우처럼 주제에 대한 동시접근이 필요하다. 게다가 중학생들은 영어실력 향상에 대한 동기부여가 되어 있는 상태이므로, 주제를 깊이 있게 탐구하는 것이 영어 학습 효과를 배가시킬 수 있다. 중학생의 특성상 초등학생들에게 하는 단순한 활동들, 예를 들어 그림에 색칠을 한다거나 단어카드를 사용한다거나 하는 것은 맞지 않다. 영영사전을 사용하거나 다양한 매체를 활용하여 학습욕구를 자극하는 것이 좋다. 수업에 활용한 작품은 『하늘에서 음식이 내린다면』(*Cloudy with a Chance of Meatballs*)으로, 동명의 영화가 수업 진행 중에 개봉되었다. 따라서 수업시간 중에 인터넷을 이용하여 영화 예고편을 같이 보고 수업에 활용할 수 있었다.

먼저 표지를 활용한 예측활동을 수행하였다. 이런 예측활동은 학생들로 하여금 이야기의 내용에 보다 집중하게 만드는 효과가 있으며, 동시에 학생들의 사고능력과 읽기능력, 쓰기능력을 미리 측정해볼 수 있는 기회가 된다. 특히 이 작품의 표지는 학생들에게 창의적인 결과물을 만들어보도록 하기에 아주 적절하였다(그림 3 참조).

그림 3

표지를 보여주기 전에, 빨간 사각형 안의 제목을 지우고 A4 용지에 복사한 뒤 아이들에게 나누어 주었다. 아이들은 그림을 꼼꼼히 살펴보고 여러 가지 추측을 해 본 뒤, 사각형 안에 표지의 상황이나 작품의 전체 내용을 예측하는 문장을 써 넣으면 된다. 아이들이 쓴 내용은 대부분 작품의 내용과는 무관한 엉뚱한 것들이 많았지만, 책을 읽으면서 비교해 볼 수 있었기 때문에 그 즐거움은 배가되었다.

영화 예고편의 활용도 호응이 좋았으며, 학생들의 다양한 생각을 들을 수 있는 기회가 되었다. 예고편을 통해서 간략하게나마 작품의 내용과 영화의 분위기를 비교하고 이를 글로 써보는 활동을 진행하였다. 학생들이 영어말하기에 다소 경직된 반응을 보였기 때문에 각자의 감상은 우리말로 설명하되, 이를 다시 정리하여 쓸 때는 반드시 영어를 사용하고 글을 완성한 후에는 읽어보도록 권유하였다. 물론 영화 전체를 수업시간에 보는 것은 바람직하지 않을 수 있다. 시간적 제약 때문이기도 하고, 영화는 텍스트를 기반으로 하지만 감독이나 연출자의 의도가 반영되는 별개의 작품이기 때문이다. 따라서 유사점과 차이점을 비교하는 활동 정도가 적당하다. 워크시트를 활용한 단어와 문장 연습뿐만 아니라 결말 재구성하기 같은 활동도 진행하였다.

중학생들이 그림책을 시시해 할 것이라는 선입견도 있을 수 있지만, 어떻게 활용하고 어떤 활동을 제시하며, 주제에 얼마나 깊이 있게 접근하느냐에 따라 달라질 수 있다. 다시 말해서, 한 권의 동화책, 한 장의 그림을 읽을 때 어떤 하나의 해석, 어떤 한 방향의 학습만이 최상의 것이 아니다.

> 새로운 책에 접근하는 방법은 두 가지이다. 먼저 이야기를 어떻게 활용할 것인가 계획하거나(예를 들어 플롯이나 인물을 묘사하거나 이야기를 계속하거나 편지나 일기를 쓰거나 어떤 소리나 구조를 연습하는 것 등), 혹은 아이들의 반응을 기다려서 살펴보고 계획한 활동에서 아이들의 반응을 따라가는 것이다. (Machura 72-73)

영어동화책을 읽을 때 가장 쉬운 방법은 “이야기를 어떻게 활용할 것인지 계획하는 것”이다. 이는 학습해야 할 영어단어와 문장구조를 반복적으로 훈련시키는 다양한 방법을 알면 된다. 하지만, 이런 활용법은 아이들의 독서행위를 수동적으로 만들거나 영어학습의 일환으로 만들기 쉽다. 따라서 동시에 “아이들의 반응을 기다려 살펴보는 것”이 이야기와 독서행위를 확장시키는 방법인 것이다.

V. 나가며

서점에 가면 아이들 책에는 유아를 위한 책, 저학년을 위한 책, 고학년을 위한 책 등의 구분이 되어있다. 마치 그 단계를 거쳐야만 다음 단계의 책을 읽는 것처럼 광고한다. 그러나 책에 어떤 단계가 있을 리가 없다. 책에 단계를 만드는 것은 아이들 각자의 개별적인 성장의 단계나 섬세한 차이를 무시하고 일률적이고 획일적으로 성장을 바라보는 매우 폭력적인 일이다. 모든 아이들, 모든 사람들에게는 각자의 성장단계가 있고 관심사가 다르며 반응도 다르다. 따라서 정말 좋은 책을 고르고자 한다면 이런 출판업자들의 단계구분에 현혹되어서는 안 된다. 영어동화책도 마찬가지인데, 국내에서 판매되는 대부분의 영어동화책에는 연령이나 학년의 구분이 되어있고, 이렇게 저렇게 읽어야 한다는 친절한 설명서까지 제공된다. 하지만 엘리스와 브루스터는 책의 레벨을 정하는 것은 쉽지 않은 일이라면서 "학생들의 개념 형성의 수준과 집중력 시간뿐만 아니라 다양한 연령대의 학생들에게 책이 어떻게 사용되느냐, 얼마나 자세히 읽기를 원하느냐, 얼마나 많은 시간을 들이느냐 등에 달려있다"(16)고 설명한다. 아이들의 학년과 연령, 성별이 아니라 아이들의 성장수준과 기호, 관심사 등이 책을 선정할 때 가장 먼저 고려되어야 할 사항인 것이다.

브라운이 아이들과 함께 만든 『곰돌이의 마술연필』(*Bear's Magic Pencil*)은 스토리텔링이 무엇인지, 스토리텔러가 할 일이 무엇인지를 매우 잘 보여준다. 이 책은 브라운이 그려놓은 그림에 아이들이 자신들의 상상력을 덧씌워서 만들어졌다. 작가의 상상력으로 완결되는 것이 아니라 독자인 아이들이 저자의 본래 그림에 자신들의 이야기를 덧붙이는 것이다. 파커와 파커는 "독서의 목적은 저자의 아이디어를 재구성하는 것이다. 숙련된 독자는 저자가 의도하는 메시지에 근접하기 위해서 페이지에 있는 정보뿐만 아니라 알고 있는 지식을 사용해 텍스트와 상호교류한다"(180)고 주장한다. 아이들은 저자의 의도와 어울리게, 혹은 저자의 의도와 상관없이 자신들의 이야기를 만들어내어 덧붙이며 이야기와 상호작용한다. 이런 모습이야말로 스토리텔링이 진정으로 지향하는 바람직한 독서일 것이다.

간략한 설명을 담은 이 논문은 좋은 영어동화책과 그림책을 선정할 때 결정적인 도움이 되지 않을 수도 있다. 더 좋은 방법은 직접 책을 경험하는 것이다. 지금 당장 서점으로 가서 진열되어 있는 많은 책들을 직접 읽어볼 것을 권한다. 책을 읽지 않은 사람은 좋은 책을 선별하기 어려우며, 책에 담긴 다양한 가치를 향유하고 가르치기 어렵다. 그러므로 결론은 매우 원론적이다. 책을 많이 읽고 그 축적된 경험으로 양질의 책을 선별할 수 있는 감각을 기르는 것이 좋다. 좋은 스토리텔러가 되고 싶다면 우선 독서량을 늘리고 독서폭을 넓히는 등 독서경험을 확장시키며. 이후 스토리텔링과 관련된 액티비티 책을 읽는 것이 순서이다.

21세기를 창의력의 시대라고 여겨서인지 창의력을 가르치는 학원과 학습지광고가 봇물을 이룬다. 하지만 창의성이란 학습지를 풀고 학원에서 강의를 듣는다고 해서 생기지 않는다. 자유로운 생각과 그 생각을 할 수 있는 시간이 창의성을 키운다. 그러므로 아이들에게 영어실력을 향상시키려는 목적을 노골적으로 드러낸 '유용한' 책이 아니라 시간을 들여 천천히 읽고 음미할 수 있는 '좋은' 책을 선정하여 쥐어주는 것이 중요하다. 무엇보다도 아이들에게 천천히 책을 읽을 시간을 주는 것이야말로 좋은 스토리텔러가 할 일이다. 진정한 스토리텔링은 영어동화책이나 그림책을 교재로 사용하여 영어로 말하고 쓰는 것을 향상시키는 영어교육에 목적을 두는 것이라기보다, 책을 감상하고 아이들의 내면에 잠재되어 있는 이야기를 꺼낼 수 있도록 돕는 것이다. 아이들에게 충분한 시간을 주고 기다리며 그들의 이야기를 귀 기울이면, 아이들은 어른들의 스토리텔링보다도 훨씬 더 멋진 스토리텔링을 들려준다. 그 스토리텔링은 단지 단어나 문장, 사건의 전후를 매끄럽게 앵무새처럼 암기하는 수준에서 벗어나, 거칠고 미숙하더라도 아이들 자신의 목소리가 가미된 훨씬 창의적인 이야기로 확장될 것이다.

이 글은 『영미문학교육』 18집 2호(2014)에 『스토리텔링을 활용한 영어교육: 영어독서지도 사례연구』라는 제목으로 실린 논문이며, 오류 및 문장을 수정하였다.

인용문헌

1. 앨리스와 분노하는 여성들 :『앨리스』 시리즈

미셸 푸코. 『광기의 역사』. 이규현 옮김. 서울: 나남, 2003.

Barrie, James M., Peter Pan: Peter and Wendy *and* Peter Pan in Kensington Gardens. New York: Penguin, 2004.

Baum, Frank. *The Wonderful Wizard of Oz*. New York: Oxford, 1997.

Carroll, Lewis. Alice's Adventures in Wonderland *and* Through the Looking-Glass and What Alice Found There. Ed. Peter Hunt. Oxford: Oxford UP, 2009.

Chodorow, Nancy J. *The Reproduction of Mothering: Psychoanalysis and the Sociology of Gender*. Berkeley: U of California P, 1978.

Darton, F. J. Harvey. *Children's Books in England: Five Centuries of Social Life*. Ed. Brian Alderson. Cambridge: Cambridge UP, 2011.

Gardner, Martin, ed. *The Annotated Alice: The Definitive Edition*. By Lewis Carroll. New York: Norton, 2000.

Gilbert, Sandra M., and Susan Gubar. *The Madwoman in the Attic: The Woman Writer and the Nineteenth-Century Literary Imagination*. 2nd ed. New Haven: Yale UP, 1979.

Hintz, Carrie, and Elaine Ostry, eds. *Utopian and Dystopian Writing for Children and Young Adults*. New York: Routledge, 2003.

Jackson, Rosemary. *Fantasy: The Literature of Subversion*. London: Routledge, 1991.

Kincaid, James R. *Child-Loving: The Erotic Child and Victorian Culture*. New York: Routledge, 1992.

Kingsley, Charles. *The Water Babies: A Fairy Tale for a Landbaby*. London: Wordsworth, 1994.

Lear, Edward. *A Book of Nonsense*. 1861. London: Routledge, 2002.

MacDonald, George. *At the Back of the North Wind*. Uhrichsville: Barbour, 2005.

Manlove, Colin. *From Alice to Harry Potter: Children's Fantasy in England*. Christchurch: Cybereditions, 2003.

Menges, Jeff A., ed. *Alice Illustrated: 120 Images from the Classic Tales of Lewis Carroll*. Introd. Mark Burstein. New York: Dover, 2012.

Nikolajeva, Maria. *Aesthetic Approaches to Children's Literature: An Introduction*. Lanham: Scarecrow P, 2005.

Nodelman, Perry. *The Hidden Adult: Defining Children's Literature*. Baltimore: Johns Hopkins UP, 2008.

Rubenstein, Roberta. *Home Matters: Longing and Belonging, Nostalgia and Mourning in Women's Fiction*. New York: Palgrave, 2001.

Shavit, Zohar. *Poetics of Children's Literature*. Athens: U of Georgia P, 1986.

Susina, Jan. *The Place of Lewis Carroll in Children's Literature*. New York: Routledge, 2010.

Tatar, Maria, ed. *The Classic Fairy Tales*. New York: Norton, 1999.

Thacker, Deborah Cogan, and Jean Webb. *Introducing Children's Literature From Romanticism to Postmodernism*. London: Routledge, 2002.

Thiel, Elizabeth. *The Fantasy of Family: Nineteenth-Century Children's Literature and the Myth of the Domestic Ideal*. New York: Routledge, 2008.

Wullschläger, Jackie. *Inventing Wonderland: The Lives and Fantasies of Lewis Carroll, Edward Lear, J. M. Barrie, Kenneth Grahame, and A. A. Milne.* New York: Free, 1995.

Zornado, Joseph L. *Inventing the Child: Culture, Ideology, and the Story of Childhood.* New York: Routledge, 2006.

2. "쿠션"과 "우산" : 『작은 아씨들』

Alberghene, Janice M., and Beverly Lyon Clark. *Little Women and the Feminist Imagination: Criticism, Controversy, Personal Essays.* New York: Garland, 1999.

Alcott, Louisa May. *Little Women.* New York: Puffin, 1989.

Auerbach, Nina. "Waiting Together: Alcott on Matriarchy." Alberghene and Clark 7-26.

Blackford, Holly. "Vital Signs at Play: Objects as Vessels of Mother-Daughter Discourse in Louisa May Alcott's *Little Women.*" *Children's Literature* 34 (2006): 1-36.

Butler, Judith. *Gender Trouble: Feminism and the Subversion of Identity.* New York: Routledge, 2006.

Chodorow, Nancy J. *The Reproduction of Mothering: Psychoanalysis and the Sociology of Gender.* Berkeley: U of California P, 1978.

Dawson, Janis. "Little Women Out to Work: Women and the Marketplace in Louisa May Alcott's *Little Women* and Work." *Children's Literature in Education* 34. 2(2003): 111-30.

Douglas, Ann. "Introduction to *Little Women.*" Alberghene and Clark 43-62.

Estes, Angela M., and Kathleen Margaret Lant. "Dismembering the Text:

The Horror of Louisa May Alcott's *Little Women*." *Children's Literature* 17 (1989): 98-123.

Fetterley, Judith. "*Little Women*: Alcott's Civil War." Alberghene and Clark 27-41.

Gilbert, Sandra M., and Susan Gubar. *The Madwoman in the Attic: The Woman Writer and the Nineteenth-Century Literary Imagination*. 2nd ed. New Haven: Yale UP, 1979.

Hollander, Anne. "Reflections on *Little Women*." *Children's Literature* 9 (1981): 28-39.

Hunt, Peter, ed. *Understanding Children's Literature: Key Essays from the Second Edition of The International Companion Encyclopedia of Children's Literature*. 2nd ed. London: Routledge, 1999.

Keyser, Elizabeth Lennox. "Domesticity versus Identity: A Review of Alcott Research." *Children's Literature in Education* 16. 3 (1985): 165-75.

____________________. " 'The Most Beautiful Things in All the World'?: Families in Little Women." Alberghene and Clark 83-96.

Quimby, Karin. "The Story of Jo: Literary Tomboys, *Little Women*, and the Sexual-Textual Politics of Narrative Desire." GLQ 10. 1(2003): 1-22.

Showalter, Elaine. Introduction. *Little Women*. New York: Puffin, 1989. vii-xxx.

Stimpson, Catharine R. "Reading for Love: Canons, Paracanons, and Whistling Jo March." Alberghene and Clark 63-81.

Webb, Jean. "Closing the Garret Door: A Feminist Reading of Little Women." *Introducing Children's Literature: From Romanticism and to Postmodernism*. Eds. Deborah Cogan Thacker, and Jean Webb. London: Routledge, 2002. 33-38.

3. 유리 구두에서 강철 발까지 :『신데렐라』와 패러디 작품들

가스통 바슐라르.『공간의 시학』. 곽광수 옮김. 서울: 동문선, 2003.

주경철.『신데렐라 천년의 여행』. 서울: 산처럼, 2005.

Bacchilega, Cristina, *Postmodern Fairy Tales: Gender and Narrative Strategies*. Philadelphia: U of Pennsylvania P, 1997.

Bettelheim, Bruno. *The Uses of Enchantment: The Meaning and Importance of Fairy Tales*. New York: Vintage, 1989.

Cashdan, Sheldon. *The Witch Must Die: The Hidden Meaning of Fairy Tales*. New York: Basic, 1999.

Chodorow, Nancy J. *The Reproduction of Mothering: Psychoanalysis and the Sociology of Gender*. Berkeley: U of California P, 1999.

Cole, Babette. *Prince Cinders*. London: Paperstar, 1987.

Crowley, Karlyn, and John Pennington. "Feminist Frauds on the Fairies?: Didacticism and Liberation in Recent Retellings of 'Cinderella'." *Marvels and Tales* 24. 2 (2010): 297-313.

Cullen, Bonnie. "For Whom the Shoe Fits: Cinderella in the Hands of Victorian Writers and Illustrators." *The Lion and the Unicorn* 27.1 (2003): 57-82.

Darnton, Robert. *The Great Cat Massacre and Other Episodes in French Cultural History*. New York: Vintage, 1984.

Dundes, Alan, ed. *Cinderella: A Casebook*. London: U of Wisconsin P, 1982.

Grimm, Brothers. "Cinderella." Tatar 117-22.

Hasse, Donald, ed. *Fairy Tales and Feminism: New Approaches*. Detroit: Wayne State UP, 2004.

Innocenti, Roberto, illus. *Cinderella*. By Charles Perrault. Mankato: Creative Paperbacks, 2013.

Jackson, Ellen. *Cinder Edna.* Illus. Kevin O'Mallen. New York: Lothrop, 1994.

Joosen, Vanessa. *Critical and Creative Perspectives on Fairy Tales: An Intertextual Dialogue Between Fairy-Tale Scholarship and Postmodern Retellings.* Detroit: Wayne State UP, 2011.

Levine, Gail Carson. *Ella Enchanted.* New York: Harper, 1997.

Louie, Ai-Ling, retold. *Yeh-Shen: A Cinderella Story from China.* Illus. Ed Young. New York: Paperstar, 1982.

Lurie, Alison. *Boys and Girls Forever: Children's Classics from Cinderella to Harry Potter.* New York: Penguin, 2003.

Meyer, Marissa. *Cinder.* New York: Feiwel, 2012.

Minters, Frances. *Cinder-Elly.* Illus. G. Brian Karas. New York: Puffin, 1994.

Perrault, Charles. *The Complete Fairy Tales of Charles Perrault.* Trans. Neil Philip and Nicoletta Simborowski. New York: Clarion, 1993.

Pool, Daniel. *What Jane Austen Ate and Charles Dickens Knew: From Fox Hunting to Whist—The Facts of Daily Life in Nineteenth Century England.* New York: Touchstone, 1993.

Reimer, Elizabeth. "Consumption, Femininity, and Girl Power in Gail Carson Levine's *Ella Enchanted.*" *The Lion and the Unicorn* 36 (2012): 35-55.

Tatar, Maria, ed. *The Annotated Classic Fairy Tales.* New York: Norton, 2002.

____________. *The Classic Fairy Tales.* New York: Norton, 1999.

____________. *The Hard Facts of the Grimms' Fairy Tales.* Princeton: Princeton UP, 1987.

Warner, Marina. *From the Beast to the Blonde: On Fairy Tales and Their Tellers.* New York: Farrar, Straus and Giroux, 1994.

Yolen, Jane. "America's Cinderella." Dundes 294-306.

Zipes, Jack. *Breaking the Magic Spell: Radical Theories of Folk and Fairy Tales.* Kentucky: UP of Kentucky, 1979.

_________. "Breaking the Disney Spell." Tatar, *The Classic Fairy Tales* 332-52.

_________. ed. *The Oxford Companion to Fairy Tales: The Western Fairy Tale Tradition from Medieval to Modern.* Oxford: Oxford UP, 2000.

_________. *Trials and Tribulations of Little Red Riding Hood.* New York: Routledge, 1993.

Cinderella. Dir. Clyde Geronimi. Walt Disney Productions, 1950. Film.

_______. Dir. Kenneth Branagh. Perf. Lily James, Cate Blanchett, and Richard Madden. Walt Disney Productions, 2015. Film.

Ever After: A Cinderella Story. Dir. Andy Tennant. Perf. Drew Barrymore and Dougray Scott. Flower Films, 1998. Film.

Pretty Women. Dir. Garry Marshall. Perf. Richard Gere and Julia Roberts. Touchstone Pictures, 1990. Film.

4. 스토리텔러로서의 웬디 : 『피터 팬』

Barthes, Roland. *A Roland Barthes Reader.* Ed. and Intro. Susan Sontag. London: Vintage, 2000.

Barrie, J. M. *Peter Pan: Peter and Wendy and Peter Pan in Kensington Gardens.* New York: Penguin, 2004.

Birkin, Andrew. *J. M. Barrie and the Lost Boys.* New Haven: Yale UP, 2003.

Cashdan, Sheldon. *The Witch Must Die: The Hidden Meaning of Fairy Tales.* New York: Basic Books, 1999.

Chaney, Lisa. *Hide-and-Seek with Angels: A Life of J. M. Barrie.* New York: St. Martin's, 2005.

Chassagnol, Monique. "Masks and Masculinity in James Barrie's *Peter Pan.*" *Ways of Being Male: Representing Masculinities in Children's Literature and Film.* Ed. John Stephens. New York: Routledge, 2002. 200-15.

Chodorow, Nancy J. *The Reproduction of Mothering: Psychoanalysis and the Sociology of Gender.* Berkeley: U of California P, 1999.

Coats, Karen. *Looking Glasses and Neverlands: Lacan, Desire, and Subjectivity in Children's Literature.* Iowa: U of Iowa P, 2004.

Garber, Marjorie. *Vested Interest: Cross-dressing and Cultural Anxiety.* New York: Routledge, 1992.

Gibson, Lois Rauch. "Beyond the Apron: Archetypes, Stereotypes, and Alternative Portrayals of Mothers in Children's Literature." *Children's Literature Association Quarterly* 13.4 (1988): 177-81.

Gilead, Sarah. "Magic Abjured: Closure in Children's Fantasy Fiction." *PMLA* 106.2 (1991): 277-93.

Kincaid, James R. *Child-Loving: The Erotic Child and Victorian Culture.* New York: Routledge, 1992.

Kristeva, Julia. *The Black Sun: Depression and Melancholia.* Trans. Leon S. Roudiez. New York: Columbia UP, 1989.

__________. *Powers of Horror: An Essay on Abjection.* Trans. Leon S. Roudiez. New York: Columbia UP, 1982.

Kroeber, Karl. *Retelling/Rereading: The Fate of Storytelling in Modern Times.* New Brunswick: Rutgers UP, 1990.

Lacan, Jacques. *Écrits: A Selection.* Trans. Alan Sheridan. New York: Norton, 1977.

Lurie, Alison. *Don't Tell the Grown-Ups: The Subversive Power of Children's Literature.* Boston: Little Brown, 1990.

McAfee, Noëlle. *Julia Kristeva.* London: Routledge, 2004.

Moretti, Franco. *The Way of the World: The Bildungsroman in European Culture.* Trans. Albert Sbragia. London: Verso, 2000.

Ricoeur, Paul. *Time and Narrative.* 2 vols. Trans. Kathleen McLaughlin and David Pellauer. Chicago: U of Chicago P, 1984.

Rose, Jacqueline. *The Case of Peter Pan or The Impossibility of Children's Fiction.* London: Macmillan, 1984.

Rotert, Richard. "The Kiss in a Box." *Children's Literature* 18 (1990): 114-23.

Routh, Chris. "'Man for the Sword and for the Needle She': Illustrations of Wendy's Role in J. M. Barrie's *Peter and Wendy.*" *Children's Literature in Education* 32.1 (2001): 57-75.

Showalter, Elaine. *Sexual Anarchy: Gender and Culture at the Fin de Siècle.* New York: Viking, 1990.

Tatar, Maria. ed. *The Annotated Peter Pan.* By J. M. Barrie. New York: Norton, 2011.

Thacker, Deborah Cogan, and Jean Webb. *Introducing Children's Literature: From Romanticism to Postmodernism.* London: Routledge, 2002.

Wullschläger, Jackie. *Inventing Wonderland: The Lives and Fantasies of Lewis Carroll, Edward Lear, J. M. Barrie, Kenneth Grahame and A. A. Milne.* New York: Free, 1995.

5. 이야기꾼의 "초록 안경" : 『오즈의 놀라운 마법사』

Baum, L. Frank. *The Wonderful Wizard of Oz.* New York: Oxford, 1997.

Campbell, Joseph. *The Hero with a Thousand Faces.* 2nd ed. Princeton: Princeton UP, 1968.

Coleridge, Samuel Taylor. *Biographia Literaria or Biographical Sketches of My*

Literary Life and Opinions. Ed. James Engell and W. Jackson Bate. 2 vols. Princeton: Princeton UP, 1983.

Durand, Kevin K. "The Wicked Wizard of Oz." *The Universe of Oz: Essays on Baum's Series and Its Progeny*. Ed. Kevin K. Durand and Mary K. Leigh. Jefferson: McFarland, 2010. 172-78.

Hearn, Michael Patrick. *The Annotated Wizard of Oz*. New York: Norton, 2000.

McMaster, Juliet. "The Trinity Archetype in *The Jungle Books* and *The Wizard of Oz*." *Children's Literature* 20 (1992): 90-110.

Nodelman, Perry, and Mavis Reimer. *The Pleasures of Children's Literature*. 3rd ed. Boston: Allyn, 2003.

Nye, Russel B. "An Appreciation." *The Wizard of Oz and Who He Was*. Ed. Martin Gardner and Russel B. Nye. East Lansing: Michigan State UP, 1994. 1-17.

Propp, Vladimir. *Morphology of the Folktale*. 2nd ed. Trans. Laurence Scott. Ed. Louis A. Wagner. Austin: U of Texas P, 1968.

Rogers, Katharine M. *L. Frank Baum: Creator of Oz: A Biography*. Cambridge: Da Capo, 2002.

Rushdie, Salman. *The Wizard of Oz*. London: Palgrave, 1992.

Taylor, Kristin N. "Home to Aunt Em: Sentimental Adaption in L. Frank Baum's *The Wonderful Wizard of Oz*." *Children's Literature Association Quarterly* 34. 4 (2009): 379-93.

Taylor, Quentin P. "Money and Politics in the Land of Oz." *The Independent Review* 9.3 (2005): 413-26.

Thacker, Deborah Cogan, and Jean Webb. *Introducing Children's Literature: From Romanticism to Postmodernism*. London: Routledge, 2002.

Todorov, Tzvetan. *The Fantastic: A Structural Approach to a Literary Genre*.

Trans. Richard Howard. Ithaca: Cornell UP, 1975.

Wagner, Vivian. "Unsettling Oz: Technological Anxieties in the Novels of L. Frank Baum." *The Lion and the Unicorn* 30. 1(2006): 25-53.

Wolstenholme, Susan. Introduction. Baum ix-xliii.

Zipes, Jack. "Oz as American Myth." *Fairy Tale as Myth Myth as Fairy Tale.* Ed. Jack Zipes. Kentucky: Kentucky UP, 1994. 119-38.

6. 변형과 확장의 스토리텔링 : 『아기 돼지 삼형제』와 패러디 그림책들

마틴 솔즈베리, 모랙 스타일스. 『그림책의 모든 것』. 서남희 역. 서울: 시공아트, 2012.

프레데릭 스테르. 『아기 돼지 세 자매』. 최윤정 역. 서울: 파랑새, 1999.

Bakhtin, Mikhail. *Problems of Dostoevsky's Poetics.* Ed and Trans. Caryl Emerson. Minneapolis: U of Minnesota P, 1984.

Bates, Charles. *Pigs Eats Wolves: Going into Partnership with Your Dark Side.* St. Paul: Yes International P, 1991.

Bator, Robert. *Signpost to Criticism of Children's Literature.* Chicago: ALA, 1983.

Beaumont, Jeanne-Marie Leprince de. "Beauty and the Beast." Tatar 32-42.

Benjamin, Walter. "The Storyteller." *The Novel: An Anthology of Criticism and Theory 1900-2000.* Ed. Dorothy J. Hale. Malden: Blackwell, 2006. 361-78.

Bettelheim, Bruno. *The Uses of Enchantment: The Meaning and Importance of Fairy Tales.* New York: Vintage, 1989.

Cole, Babette. *Princess Smartypants.* London: Paperstar, 1986.

Geist, Ken. *The Three Little Fish and the Big Bad Shark.* Illust. Julia Gorton. New York: Scholastic, 2007.

Golden, Joanne M. *The Narrative Symbol in Childhood Literature: Explorations in the Construction of Text.* New York: Mouton de Gruyter, 1990.

Grimm, Brothers. "Hansel and Gretel." Tatar 184-90.

Hasse, Donald. "Yours, Mine, or Ours? Perrault, the Brothers Grimm, and the Ownership of Fairy Tales." Tatar 353-64.

Hodges, Margaret, retold. *Saint George and the Dragon.* Boston: Little, 1984.

Lewis, Daniel. *Reading Contemporary Picturebooks Picturing Text.* London: Routledge, 2001.

Lukens, Rebecca J. *A Critical Handbook of Children's Literature.* 6th ed. New York: Longman, 1999.

Marshall, James. retold and illustrated. *The Three Little Pigs.* New York: Puffin, 1989.

Mitts-Smith, Debra. *Picturing the Wolf in Children's Literature.* New York: Routledge, 2010.

Munsch, Robert. *The Paper Bag Princess.* Toronto: Annick, 1980.

Nikolajeva, Maria. *Aesthetic Approaches to Children's Literature: An Introduction.* Lanham: Scarecrow, 2005.

Nikolajeva, Maria, and Carole Scott. *How Picturebooks Work.* New York: Routledge, 2001.

Nodelman, Perry, and Mavis Reimer. *The Pleasure of Children's Literature.* 3rd ed. Boston: Allyn, 2003.

Opie, Iona, and Peter Opie, gathered. *The Puffin Book of Nursery Rhymes.* New York: Penguin, 1963.

Perrault, Charles. "Little Red Riding Hood." Tatar 11-13.

Scieszka, Jon. *The Frog Prince: Continued.* New York: Puffin, 1994.

__________. *The True Story of the Three Little Pigs.* Illust. Lane Smith. New York: Puffin, 1989.

Tatar, Maria, ed. *The Classic Fairy Tales: Texts, Criticism.* New York: Norton, 1999.

Trivizas, Eugene. *The Three Little Wolves and the Big Bad Pig.* Illust. Helen Oxenbury. New York: Aladdin, 1993.

Whatley, Bruce. *Wait! No Paint!* New York: Harper, 2001.

Wiesner, David. *The Three Pigs.* New York: Clarion, 2001.

Yannicopoulou, Angela. "Focalization in Children's Picture Books: Who Sees in Words and Pictures?" *Telling Children's Stories: Narrative Theory and Children's Literature.* Ed. Mike Cadden. Lincoln: U of Nebraska P, 2010. 65-85.

Zipes, Jack. *Fairy Tales and the Art of Subversion: The Classical Genre for Children and the Process of Civilization.* 2nd ed. London: Routledge, 2006.

________. *When Dreams Came True: Classical Fairy Tales and Their Tradition.* 2nd ed. New York: Routledge, 2007.

The Three Little Pigs. Dir. Burt Gillett. Walt Disney Productions, 1933. Film.

7. 드러난 권위와 숨겨진 권위 사이 – 청소년문학의 디스토피아적 비전
:『해리 포터』,『나니아 연대기』,『기억 전달자』,『헝거 게임』,『딜러리엄』,『다이버전트』,『인카세론』

Benjamin, Walter. *Illuminations.* Ed. and introd. Hannah Arendt. Trans. Harry Zohn. New York: Schocken, 1969.

Collins, Suzanne. *Catching Fire.* New York: Scholastic, 2009.

____________. *The Hunger Games.* New York: Scholastic, 2008.

Fisher, Catherine. *Incarceron.* New York: Firebird, 2007.

Oliver, Lauren. *Delirium.* New York: Harper, 2011.

Hintz, Carrie. "Monica Hughes, Lois Lowry, and Young Adults Dystopias." *The Lion and the Unicorn* 26 (2002): 254-64.

Hintz, Carrie, and Elaine Ostry. eds. *Utopian and Dystopian Writing for Children and Young Adults.* New York: Routledge, 2003.

James, Kathryn. *Death, Gender and Sexuality In Contemporary Adolescent Literature.* New York: Routledge, 2009.

Lewis, C. S. *The Chronicles of Narnia: The Lion, the Witch and the Wardrobe.* New York: Harper Trophy, 1950.

Lowry, Lois. *Son.* New York: Houghton Mifflin, 2012.

__________. *Gathering Blue.* New York: Laurel-Leaf, 2000.

__________. *Messenger.* New York: Laurel-Leaf, 2004.

__________. *The Giver.* New York: Laurel-Leaf, 1993.

McGillis, Roderick, ed. *Voices of the Other: Children's Literature and the Postcolonial Context.* New York: Routledge, 2000.

Nikolajeva, Maria. *Aesthetic Approaches to Children's Literature: An Introduction.* Oxford: Scarecrow, 2005.

Robert, Marthe. *Origins of the Novel.* Trans. Sacha Rabinovitch. Bloomington: Indiana UP, 1980.

Roth, Veronica. *Divergent.* New York: Katherine Tegen, 2012.

Rowling, J. K. *Harry Potter and the Philosopher's Stone.* London: Bloomsbury, 1997.

Stephens, John. *Language and Ideology in Children's Fiction.* London: Longman, 1992.

Stringer, Sharon *A. Conflict and Connection: The Psychology of Young Adult Literature.* Portmouth: Boynton, 1997.

Totaro, Rebecca Carol Noël. "Suffering in Utopia: Testing the Limits in Young Adult Novels." Hintz and Ostry 127-38.

Trites, Roberta Seelinger. *Disturbing the Universe: Power and Repression in Adolescent Literature.* Iowa: U of Iowa P, 2000.

8. 몸의 전유와 리얼리티 쇼의 정치 전략 – "진짜야 가짜야?" : 『헝거 게임』 삼부작

르네 지라르. 『폭력과 성스러움』. 김진식, 박무호 공역. 서울: 민음사, 2000.
마이클 하임. 『가상현실의 철학적 의미』. 여명숙 역. 서울: 책세상, 1997.
장 보드리야르. 『사라짐에 대하여』. 하태환 옮김. 서울: 민음사, 2007
___________. 『시뮬라시옹』. 하태환 옮김. 서울: 민음사, 2001.
___________. 『토탈 스크린』. 배영달 옮김. 서울: 동문선, 1997.
Anders, Gunther. "The World as Phantom and as Matrix: Philosophical Consideration of Radio and Television." *The Obsolescence of Man.* Vol 1. <https://libcom.org/book/export/html/51647>. Web.
Collins, Suzanne. *Catching Fire.* New York: Scholastic, 2009.
_____________. *Mockingjay.* New York: Scholastic, 2010.
_____________. *The Huger Games.* New York: Scholastic, 2008.
Day, Helen. "Simulacra, Sacrifice and Survival in *The Hunger Games, Battle Royale*, and *The Running Man.*" Pharr and Clark 167-77.
Despain, Max. "The 'Fine Reality of Hunger Satisfied': Food as Cultural Metaphor in Panem." Pharr and Clark 69-78.
Dunn, George A. and Nicholas Michaud. The Hunger Games *and Philosophy: A Critique of Pure Treason.* New Jersey: Jonn Wiley & Sons, 2012.
Foucault, Michel. *Discipline and Punish: The Birth of the Prison.* Trans. Alan Sheridan. 2nd ed. New York: Vintage, 1995.
Frankel, Valerie Estelle. *Katniss The Cattail: An Unauthorized Guide to Names*

and Symbols in Suzanne Collins' The Hunger Games. Sunnyvale: Lit Crit P, 2012.

Gant, Tammy L. "Hungering for Righteousness: Music, Spirituality and Katniss Everdeen." Pharr and Clark 89-107.

Grimm, Jacob and Wilhelm. *Grimm's Fairy Tales.* London: Penguin, 1994.

Hansen, Kathryn Strong. "The Metamorphosis of Katniss Everdeen: *The Hunger Games*, Myth, and Femininity." *Children's Literature Association Quarterly* 40. 2 (2015): 161-78.

Henthorne, Tom. *Approaching the* Hunger Games *Trilogy: A Literary and Cultural Analysis.* Jefferson: McFarland, 2012.

Koenig, Gretchen. "Communal Spectacle: Reshaping History and Memory Through Violence." Pharr and Clark 39-48.

Latham, Don, and Jonathan M. Hollister. "The Games People Play: Information and Media Literacies in *The Hunger Games* Trilogy." *Children's Literature In Education* 45 (2014): 33-46.

Lem, Ellyn, and Holly Hassel. "'Killer' Katniss and 'Lover Boy' Peeta: Suzanne Collins's Defiance of Gender-Genred Reading." Pharr and Clark 118-27.

Miller, Jessica. " 'She Has No Idea. The Effect She Can Have.': Katniss and the Politics of Gender." Dunn and Michaud 145-61.

Mitchell, Jennifer. "Of Queer Necessity: Panem's Hunger Games as Gender Games." Pharr and Clark 128-37.

Montz, Amy L. "Costuming the Resistance: The Female Spectacle of Rebellion." Pharr and Clark 139-47.

Nikolajeva, Maria. *Aesthetic Approaches to Children's Literature: An Introduction.* Oxford: Scarecrow, 2005.

Olthouse, Jill. " 'I Will Be Your Mockingjay': The Power and Paradox of

Metaphor in *The Hunger Games* Trilogy." Dunn and Michaud 41-54.

Pharr, Mary F., and Leisa A. Clark, eds. *Of Bread, Blood and* The Hunger Games: *Critical Essays on the Suzanne Collins Trilogy.* Jefferson: McFarland, 2012.

Sambell, Kay. "Carnivalizing the Future: A New Approach to Theorizing Childhood and Adulthood in Science Fiction for Young Readers." *The Lion and the Unicorn* 28. 2 (2004): 247-67.

Tan, Susan Shau Ming. "Burn with Us: Sacrificing Childhood in *The Hunger Games*" *The Lion and the Unicorn* 37. 1 (2013): 54-73

Tatar, Maria, ed. *The Classic Fairy Tales.* New York: Norton, 1999.

Wilson, Leah, ed. *The Girl Who was On Fire.* Dallas: Benbella Books, 2010.

Wright, Katheryn. "Revolutionary Art in the Age of Reality TV." Pharr and Clark 98-107.

The Truman Show. Dir. Peter Weir. With Jim Carrey, Laura Linney and Noah Emmerich. Paramount Pictures, 1998.

9. 이질의 문화에서 뿌리 내리기 – 디아스포라
: 『천국으로부터 한 걸음』, 『미국출생 중국인』

박소진. 「분리를 넘어 상호성장으로 –『여기는 천국이 아니야』에 나타난 모녀관계와 청소년 여주인공의 성장」. 『동화와 번역』 2014 (27): 91-115.

이영애. 「『원어민』에 나타난 미국다문화주의 비판」. 『영어영문학 연구』 51. 2 (2009): 197-214.

장윤수. 『노마디즘과 코리안 디아스포라 문학』. 성남: 북코리아, 2011.

정은숙. 「안 나의 『천국에서 한 계단』에 나타난 정체성 교섭과 다문화 이데올로기」. 『영어영문학 연구』 57. 2 (2015): 353-75.

An Na. *A Step From Heaven.* New York: Speak, 2001.

Botelho, Maria Jose, and Masha Kabakow Rudman. *Critical Multicultural Analysis of Children's Literature: Mirrors, Windows, and Doors.* New York: Routledge, 2009.

Bradford, Clare. "Race, Ethnicity and Colonialism." *The Routledge Companion to Children's Literature.* Ed. David Rudd. London: Routledge, 2010. 39-50.

Chodorow, Nancy J. *The Reproduction of Mothering: Psychoanalysis and the Sociology of Gender.* Berkeley: U of California P, 1999.

Dong, Lan. "Reimaging the Monkey King in Comics: Gene Luen Yang's American Born Chinese." *The Oxford Handbook of Children's Literature.* Eds. Julia L. Mickenberg and Lynne Vallone. New York: Oxford UP, 2011. 231-51.

Ellison, Ralph, *Invisible Man.* New York: Vintage, 1995.

Guy, Rosa. *The Friends.* New York: Laurel-leaf, 1973.

Hall, Stuart. "Cultural Identity and Diaspora." *Identity, Community, Culture, and Difference.* Ed. Jonathan Rutherford. London: Lawrence, 1990. 222-37.

Herman, Judith Lewis. *Trauma and Recovery.* New York: Basic, 1997.

Kim, Suki. *The Interpreter.* New York: Picardor, 2004.

Lee, Chang-rae. *Native Speaker.* New York: Riverhead, 1996.

McCloud, Scott. *Understanding Comics: The Invisible Art.* New York: Harper, 1993.

McGillis, Roderick, ed. *Voices of the Other: Children's Literature and the Postcolonial Context.* London: Routledge, 2000.

Nodelman, Perry. "The Other: Orientalism, Colonialism, and Children's Literature." *Children's Literature Association Quarterly* 17.1 (1992): 29-35.

Park, Linda Sue. *A Single Shard.* Boston: Houghton, 2011.

Sabin, Roger. *Comics, Comix and Graphic Novels: A History of Comic Art*. New York: Phaidon P, 1996.

Said, Edward W. *Orientalism*. New York: Vintage, 1979.

Yang, Gene Luen. *America Born Chinese*. New York: Square Fish, 2006.

Yep, Laurence. *Dragonwings*. New York: Harper, 1975.

10. 다름과 틀림, 차이와 차별 사이-학대와 폭력, 생존의 이야기 : 『호프라고 불러주세요』, 『아발론 죽이기』, 『초콜릿 전쟁』

르네 지라르. 『폭력과 성스러움』. 서울: 민음사, 1997.

Aries, Philippe. *Centuries of Childhood: A Social History of Family Life*. Trans. Robert Baldick. New York: Vintage, 1962.

Brown, Margaret Wise. *Goodnight Moon*. London: Harper Trophy, 1977.

Cormier, Robert. *The Chocolate War*. New York: Ember, 1974.

Darton, Robert. *The Great Cat Massacre And Other Episodes in French Cultural History*. New York: Vintage, 1984.

Harris, Marla. "Contemporary Ghost Stories: Cyberspace in Fiction for Children and Young Adults." *Children's Literature in Education* 36.2 ((2005): 111-28.

Herman, Judith Lewis. *Trauma and Recovery*. New York: Basic, 1997.

Iskander, Sylvia Patterson. "Readers, Realism, and Robert Cormier." *Children's Literature* 15 (1987): 7-18.

James, Kathryn. *Death, Gender and Sexuality in Contemporary Adolescent Literature*. New York: Routledge, 2009.

Kidd, Kenneth B. " 'A' is for Auschwitz: Psychoanalysis, Trauma Theory, and the 'Children's Literature of Atrocity.' " *Children's Literature* 33

(2005): 120-49.

Kincaid, James R. *Child Loving: The Erotic Child and Victorian Culture*. New York: Routledge, 1992.

Lopez-Ropero, Lourdes. " 'You are a Flaw in the Pattern': Difference, Autonomy, and Bullying in YA Fiction." *Children's Literature in Education* 43 (2012): 145-57.

McCaffrey, Kate. *Destroying Avalon*. Fremantle: Fremantle Press, 2006.

McCallum, Robyn. *Ideologies of Identity in Adolescent Fiction: The Dialogic Construction of Subjectivity*. New York: Routledge, 1999.

Nodelman, Perry and Mavie Reimer. *The Pleasure of Children's Literature*. 3rd ed. Boston: Allyn and Bacon, 2003.

Olson, Gretchen. *Call Me Hope*. New York: Little, Brown and Company, 2007.

Perrault, Charles. *The Complete Fairy Tales of Charles Perrault*. Trans. Neil Philip and Nicoletta Simborowski. New York: Clarion, 1993.

Reynolds, Kimberly. *Radical Children's Literature: Future Visions and Aesthetic Transformations in Jevenile Fiction*. New York: Palgrave Macmillan, 2007.

Smith, Katharine Capthaw. "Forum: Trauma and Children's Literature." *Children's Literature* 33 (2005): 115-19.

Stallcup, Jackie E. "Power, Fear, and Children's Picture Books." *Children's Literature* 30 (2002): 125-58.

Susina, Jan. "*The Chocolate War* and 'The Sweet Science.'" *Children's Literature in Education* 22.3 (1991): 169-77.

Tarr, C. Anita. "The Absence of Moral Agency in Robert Cormier's *The Chocolate War*." *Children's Literature* 30 (2002): 96-124.

Tatar, Maria, ed. *The Classic Fairy Tales*. New York: Norton, 1996.

Trites, Roberta Seelinger. *Disturbing the Universe: Power and Repression in*

Adolescent Literature. Iowa: U of Iowa P, 2000.

Tucker, Nicholas. "Depressive Stories for Children." *Children's Literature in Education* 37 (2006): 199-210.

Wannamaker, Annette. *Boys in Children's Literature and Popular Culture: Masculinity, Abjection, and the Fictional Child*. New York: Routledge, 2009.

11. 스토리텔링을 활용한 영어교육 - 영어독서지도 사례연구

손향숙, 이수진 외. 『영어독서지도: 이론과 실제』. 서울: 에피스테메, 2012.

이수진. 『판타지, 매혹적 상상의 세계: 영미아동문학 들여다보기』. 광주: 전남대출판부, 2013.

Barrett, Judi. *Cloudy With a Chance of Meatballs*. Drawn by Ron Barrett. New York: Aladdin, 1978.

Beaty, Janice J. *Picture Book Storytelling: Literature Activities for Young Children*. Fort Worth: Harcourt Brace College P, 1994.

Browne, Anthony. *Piggybook*. London: Walker, 1986.

Browne, Anthony, and Friends. *Bear's Magic Pencil*. London: Harper, 2010.

Brumfit, Christopher, Jayne Moon, and Ray Tongue, eds. *Teaching English to Children: From Practice to Principle*. Harlow: Longman, 1984.

Burningham, John. *Grandpa*. London: Red Fox, 2002.

Ellis, Gail, and Jean Brewster. *The Storytelling Handbook for Primary Teachers*. London: Penguin, 1991.

Hawkins, Colin. *What's the Time, Mr. Wolf?* London: Mammoth, 1983.

Kovacs, Deborah, and James Preller. *Meet the Authors and Illustrators: 60 Creators of Favorite Children's Books Talk about Their Work*. vol 2. New

York: Scholastic, 1993.

Lillegard, Dee. *Frog's Lunch.* New York: Scholastic, 1994.

Machura, Ludmila. "Using Literature in Language Teaching." Brumfit 67-80.

Marshall, James. retold and illustrated. *The Three Little Pigs.* New York: Puffin, 1989.

Martin, Bill, Jr. *Brown Bear, Brown Bear, What do You See?* Illust. Eric Carle. London: Puffin, 1984.

McDermott, Gerald. *Anansi the Spider: A Tale from the Ashanti.* New York: Scholastic, 1972.

________________. *Arrow to the Sun: A Pueblo Indian Tale.* London: Penguin, 1974.

Nikolajeva, Maria, and Carole Scott. *How Picturebooks Work.* New York: Routledge, 2001.

Nodelman, Perry, and Mavis Reimer. *The Pleasure of Children's Literature.* 3rd ed. Boston: Allyn, 2003.

Parker, Richard, and Rona Parker. "Real Reading Needs Real Books." Brumfit 178-90.

Park, Linda Sue. *A Single Shard.* Boston: Houghton, 2011.

Sendak, Maurice. *Where the Wild Things Are.* London: Harper, 1963.

Seuss, Dr. *Green Eggs and Ham.* London: Harper, 1960.

Shannon, David. *No, David!* New York: Scholastic, 1998.

Taback, Simms. *There Was an Old Lady Who Swallowed a Fly.* New York: Viking, 1997.

____________. *This is the House That Jack Built.* New York: Puffin, 2004.

Wiesner, David. *Tuesday.* New York: Clarion, 1991.

Wood, Audrey. *The Napping House.* Illust. Don Wood. Orlando: Harcourt, 1984.

Wright, Andrew. *Pictures for Language Learning.* New York: Cambridge UP, 1989.

_____________. *Storytelling with Children.* Oxford: Oxford UP, 1995.

Young, Ed. *Seven Blind Mice.* New York: Puffin, 2002.

Zimmermann, H. Werner. *Henny Penny.* New York: Scholastic, 1989.